采购与供应链创新系列丛书

国有企业采购供应链数字化成熟度评价手册

《企业采购供应链数字化成熟度模型》释义

中国物流与采购联合会　组织编写

王志刚　主　编

郑坤秀　翟　磊　樊少勇　副主编

中国财富出版社有限公司

图书在版编目（CIP）数据

国有企业采购供应链数字化成熟度评价手册：《企业采购供应链数字化成熟度模型》释义 / 中国物流与采购联合会组织编写；王志刚主编；郑坤秀，翟磊，樊少勇副主编 . —北京：中国财富出版社有限公司，2023.8

（采购与供应链创新系列丛书）

ISBN 978－7－5047－7902－1

Ⅰ. ①国… Ⅱ. ①中… ②王… ③郑… ④翟… ⑤樊… Ⅲ. ①数字技术 – 应用 – 国有企业 – 采购管理 – 供应链管理 – 中国 – 手册 Ⅳ. ①F279.241 –62

中国国家版本馆 CIP 数据核字（2023）第 158787 号

策划编辑	王 靖	**责任编辑**	王 靖	**版权编辑**	李 洋
责任印制	尚立业	**责任校对**	杨小静	**责任发行**	敬 东

出版发行	中国财富出版社有限公司
社　　址	北京市丰台区南四环西路 188 号 5 区 20 楼　　　**邮政编码**　100070
电　　话	010－52227588 转 2098（发行部）　　　010－52227588 转 321（总编室）
	010－52227566（24 小时读者服务）　　　010－52227588 转 305（质检部）
网　　址	http://www.cfpress.com.cn　　　**排　版**　宝蕾元
经　　销	新华书店　　　**印　刷**　宝蕾元仁浩（天津）印刷有限公司
书　　号	ISBN 978－7－5047－7902－1/F·3569
开　　本	710mm×1000mm　1/16　　　**版　次**　2023 年 9 月第 1 版
印　　张	22　　　**印　次**　2023 年 9 月第 1 次印刷
字　　数	360 千字　　　**定　价**　75.00 元

《国有企业采购供应链数字化成熟度评价手册》
编写委员会

主　任：胡大剑

副主任：彭新良

编　委（以姓氏汉语拼音排序）：

曹　展	陈　楠	程　功	程卫华	樊少勇	郭晓萌
胡婧玥	华遥峰	黄　磊	李　琳	李志勇	梁丰爽
廖海涛	刘　宁	刘婷婷	刘延慧	刘志兴	柳晓莹
马天琦	牛　跃	潘新英	饶绚君	盛　菲	石彤阳
宋　翔	苏成金	陶刚毅	王春蕊	王　燕	王一凡
王志刚	吴　凯	吴树贵	熊乐琴	杨寅超	姚　磊
曾明明	翟　磊	张朝阳	张　鹏	张　然	郑坤秀
郑　敏					

《国有企业采购供应链数字化成熟度评价手册》
编写组

主　　编：王志刚

副主编：郑坤秀　翟　磊　樊少勇

编写组：刘婷婷　柳晓莹　曾明明　王春蕊　曹　展　马天琦
　　　　吴英健　胡婧玥　余　斌

前　言

2023 年 6 月，中国物流与采购联合会发布了《企业采购供应链数字化成熟度模型》团体标准（T/CFLP 0058—2023）（以下简称《成熟度模型》）。该标准是企业在采购与供应链领域进行数字化转型的一个全方位标尺，对于加快我国企业采购供应链数字化建设、推进我国产业链供应链数字化转型、提升数字化转型的实效具有重要意义。

该标准提出了采购供应链数字化成熟度模型的架构、指标及成熟度等级标准。其评价指标和评价标准为企业采购供应链数字化转型提供了一个科学的实施路径，包括"战略驱动、技术赋能"的顶层设计、"能力建设、场景应用"的落地行动和"资源保障、绩效验证"的效果呈现。

该标准可用于对企业采购与供应链数字化水平进行全面评价，帮助企业准确衡量其采购与供应链数字化成熟度，明确企业的采购供应链数字化程度和发展阶段，发现和定位企业采购供应链数字化现存的短板和差距，明确未来的优化提升方向。

本书是针对《成熟度模型》解读与应用的配套评价手册，由两篇组成。第一篇是《成熟度模型》的编制说明，主要介绍了《成熟度模型》的编制背景、设计逻辑和使用说明；第二篇是对该标准正文中企业采购供应链数字化成熟度模型（简称 PSC—DMM）的架构及指标、成熟度分级、指标评分细则和应用的说明和解释。本书对《成熟度模型》中指标的含义及评价方法进行了逐条解释，便于企业开展自评或委托第三方评价。

受时间和作者研究编写水平所限，书中疏漏不妥之处在所难免，恳请广大专家和从业人员对《成熟度模型》和本书提出宝贵意见和建议。同时欢迎各企业就该标准的宣贯和评价工作与中国物流与采购联合会采购与供应链管理专业委员会联系。联系地址：北京市丰台区铭丰大厦 1213 室、中国物流与采购联合会采购与供应链管理专业委员会，联系人：吴老师，电子邮箱：wuyj@ chinascm. org. cn，电话：010 - 83775750。

编　者

2023 年 6 月

目　录

第一篇

《企业采购供应链数字化成熟度模型》编制说明

一、模型编制背景

供应链的数字化变革始于 2009 年，以 IBM 提出的"智慧的未来供应链"为标志。近年来，数字经济的蓬勃兴起，以及工业革命 4.0、数字化技术（如 5G、物联网、云计算、大数据和人工智能等技术）的高速演进，尤其是企业数字化战略思维和数字化意识的不断增强，推动全球供应链数字化转型有了长足发展。

整体来看，我国的供应链数字化尚处于转型探索阶段，部分企业进入践行实施阶段，少数企业达到数字化转型深度应用阶段。2016 年 G20 杭州峰会"数字经济"概念的提出——国家对数字经济发展提出要求，2017 年《国务院办公厅关于积极推进供应链创新与应用的指导意见》，2018 年《商务部等 8 部门关于开展供应链创新与应用试点的通知》以及国务院国资委从 2015 年以来持续开展的中央企业采购管理对标评价活动等，都进一步推动了我国企业数字化转型和供应链数字化发展，使一批领先的数字化供应链成功企业涌现出来。

采购供应链是企业供应链的重要组成部分。采购供应链是以物资、工程、服务采购为核心，根据企业的工程建设和生产服务需求，企业采购部门协调进行采购计划、寻源谈判、合同管理、供应商管理、订单管理、物流管理、质量管理、结算支付管理等主要活动，从上游供应商及其配套供应商处采购相关资源，并将其供应给企业内部设计研发、生产制造、工程建设、经营管理等部门以支持企业工程建设和生产服务的一系列活动和关系网络。

企业采购供应链数字化是企业数字化转型的重要内容。在供应链国家战略的积极推动下，我国很多企业正在积极进行采购供应链数字化创新建设，采购供应链管理水平得到大幅提升。但与投入的人力物力相比，采购供应链的收益却与预期相去甚远。采购供应链数字化的建设成效远远低于企业的期望，甚至一些企业采购供应链的信息化系统成了企业新的负担，部分原因是企业对采购供应链数字化建设的认识存在误区，缺乏数字化建设前期的规划与统筹。

企业的采购供应链数字化（Procurement Supply Chain Digitalization）水平直接决定着其采购供应链数字化转型成功与否。但在实践过程中，很多企业对其自身的供应链数字化转型程度如何、转型是否完成、还需要往哪个方向推进、自身的转型长板短板在哪里等存在很多疑问；还有一些企业则对供应链数字化转型如何开展、从何处着手、从哪些方面转型等感到困惑，亟须理论和实践方面的指导。

目前，国内外关于供应链管理方面的研究方兴未艾。美国供应链管理专业协会（CSCMP）制定了《供应链管理流程标准》，国际供应链理事会（SCC）开发了《供应链运作参考模型》（SCOR）。我国国家标准《物流术语》《供应链管理业务参考模型》分别对供应链的定义做了解释，内容包括供应链概念及其结构与特征、供应链管理概念及内涵、供应链业务参考模型等。经查阅资料发现，这类标准中，有的涵盖了供应链管理但未涉及数字化内容，有的专注于数字化管理但没有涉及供应链，尚未发现关于供应链数字化相关评价指标体系或供应链数字化成熟度方面的专门标准或模型。

因此，从现实需要的角度来看，研究建立适用于我国企业的采购供应链数字化成熟度评价模型，辅助我国企业对其采购供应链数字化水平进行全面评价，帮助企业准确衡量其采购供应链数字化成熟度，明确企业的采购数字化程度和发展阶段，发现、定位企业现存的短板和差距，明确未来的优化提升方向，对促进我国企业采购供应链数字化转型健康发展具有重要意义。

本课题的研究成果"企业采购供应链数字化成熟度模型"（Digitalization Maturity Model of Enterprise Procurement Supply Chain，PSC—DMM）即为此而设计。本模型提出了采购供应链数字化成熟度模型架构及评价指标体系，评价指标体系包括四个评价维度，每个评价维度项下设计了若干一、二、三级指标，应用该模型将企业采购供应链数字化成熟度划分为五个层级。

二、PSC—DMM 设计逻辑

数字化是利用信息通信技术，将物理世界中复杂多变的数据、信息、知识转变为一系列二进制代码引入计算机内部，形成可识别、可存储、可计算的数字，再以这些数字建立起相关的数学模型，进行处理、分析、应用的过程。

采购供应链数字化是指充分运用 5G、云计算、大数据、物联网、区块链、人工智能、数字孪生等新一代通信技术和数字化技术，将传统线性供应链转变为基于网络相互连接、数据驱动、透明可视、协同智能、动态可预测、弹性自适应的数字化供应链的变革活动。

（一）企业采购供应链数字化的路径

我国的国有企业采购供应链数字化工作须遵循国家关于数字经济的发展战略，落实国务院国资委"全面推进数字产业化发展、加快推进产业数字化创新"的总体要求，从顶层设计入手，按照战略、行动、成效、评价、优化的实施路线，制定采购供应链数字化的专项规划，组织开展数字化转型能力建设和落地实施，并定期进行阶段性成效评价。通过评价验证实施效果，不断优化调整工作计划和保障措施，进一步优化提升数字化转型工作。

1. 战略

采购供应链数字化应从制定企业战略规划开始，明确采购供应链数字化的目的、方向、范围，做好总体及分阶段的规划，制定近、中、远期要达到的目标，以及为实现上述目标而采取的保障措施。

2. 行动

战略确定之后应即采取行动付诸实施，即按照战略规划、战略目标、实施范围制定相应的工作计划并组织实施。行动内容包括为落实战略进行的采购供应链组织能力建设、采购供应链数字化设施建设，并在规划确定的全部范围内，推进采购供应链数字化在各个业务场景的落地应用等各项工作。

3. 成效

为验证采购供应链数字化场景应用效果，企业应建立采购供应链数字化成效度量指标、采购供应链绩效指标，形成相应的计算模型。依托采购供应链数字化管理平台获取指标要素相关数据，通过计算模型，测算采购供应链数字化成效和对采购供应链绩效改进的贡献，以便调整采购供应链数字化相关措施，持续推进采购供应链数字化行动。

（二）企业采购供应链数字化的基本目标

1. 业务在线

业务在线是采购供应链数字化的基本要求，企业应在目标范围内，推动与采购供应链相关的业务操作及业务管理上线运行，实现业务流程全覆盖、全品类覆盖、全组织覆盖的全面数字化。

2. 集成协同

采购供应链数字化，要求企业应建立采购供应链管理平台以及相关的业务及管理系统，所有系统之间应实现高度集成或一体化建设，实现业务操作和业务管理与企业上下游、内外部相关主体在线协同。

3. 数据驱动

充分运用数字技术和大数据分析技术，开展建模仿真，挖掘和利用采购供应链全流程数据要素，指导和推动业务运行，变流程驱动为数据驱动，提高全产业链协同绩效，加速全要素数字化转型。

4. 生态智能

构建数字化连接、智能化决策、自动化执行的采购供应链生态，形成全场景服务能力，培育数字化采购新模式和新业态。

（三）PSC—DMM 逻辑架构

基于上述路径和目标要求，PSC—DMM 模型的逻辑设计兼顾国家宏观政策、企业微观表现、社会责任贡献等，其总体逻辑架构涵盖政策依据、目标要求、设计逻辑、指标体系、评价依据、预期成效等部分，完整描述我国企业推进采购供应链数字化转型的过程和基于目标与成效的评价、验证、改进、提升路线，形成闭环。

PSC—DMM 逻辑架构如图 1 所示，以顶层的政策为主要依据、以基本目标要求为导向，从战略、行动、成效三个域和数字化战略、数字化能力建设、业务数字化场景应用、数字化成效与贡献四个维度，以及对应每个维度的指标体系，来逐步细化对企业采购供应链数字化各要素的分析，通过收集/获取、验证/查证企业提供的文件、资料、数据、系统、平台、清单、列表、标准、证书等各种评价依据资料，按照指标体系评价要求和每个指标的分级标准，对企业采购供应链的数字化程度或成果进行客观全面的评价。

评价结果将以企业采购供应链的数字化成熟度等级来表征其采购供应链数字化水平，同时可以出具评价报告；以评价报告的形式来详细说明企业的采购供应链数字化实际水平与本模型每一个评价指标的符合度情况，评价报告可以以文字分析、说明或以雷达图等形式直观展示。

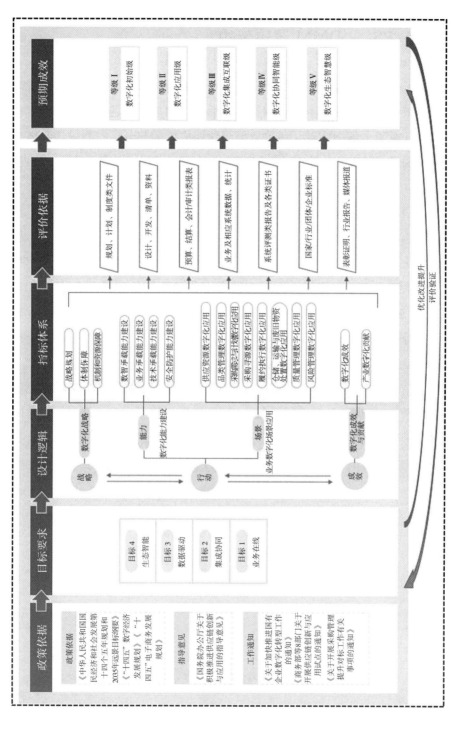

图 1 PSC—DMM 逻辑架构

三、PSC—DMM 使用说明

《成熟度模型》适用于衡量企业采购供应链的数字化成熟度水平。

本评价手册内容分为两篇，第一篇是《企业采购供应链数字化成熟度模型》编制说明，第二篇是《企业采购供应链数字化成熟度模型》释义及评价指南，第二篇内容包括四章，分别是：PSC—DMM 架构及指标、PSC—DMM 成熟度分级、PSC—DMM 指标评分细则、PSC—DMM 应用。各企业在评估自身采购供应链数字化成熟度水平时，应首先了解本模型架构及指标、成熟度级别设置，然后按照模型要求的评价方式及流程，根据指标评分细则对各个三级指标水平进行档次分值确定，结合各个三级指标权重，按照模型评价得分计算方法，算出企业 PSC—DMM 综合得分与专项得分，依照级别确定规则，最终确定企业现有采购供应链数字化成熟度级别。

本模型中的三级指标在档次分值确定时，本着"就低不就高"的原则进行评定。如企业的采购供应链某评价指标现有数字化水平超出低档次标准描述的特征，但还达不到高一档次标准描述的特征，须按照低档次分值计算得分。本模型三级指标在 5 个档次标准外不再设定中间状态。在此，希望广大企业的采购供应链管理者向着高档次标准所描述的特征努力精进，早日带领企业达成高档次数字化水平目标。

案例 1：数字时代，华为如何重塑供应链

2023 年 4 月 19 日，在 2023 华为全球分析师大会上，时任华为轮值董事长孟晚舟结合华为的数字化转型实践分享了其对数字化转型的三个核心洞见。她说，数字化转型，战略驱动是根本。数字化本质是战略选择和战略规划，

成功的数字化转型都是由战略驱动的。

在明确的战略目标指引和驱动下，华为全力推进供应链数字化转型行动和实践，即在业务数字化、流程及 IT 服务化、场景化算法建模三个基础上，建设供应链两层智能业务体系，推动作业模式和管理模式转型。通过近八年的数字化转型，华为打造数字化主动型供应链，在不确定的外部环境下保障了供应连续，提升了客户体验，支撑了公司经营增长。下一步，华为的供应链数字化转型将朝着"数治化"继续迈进。

华为的实践很好地诠释了战略、行动、成效的企业采购供应链数字化转型实施路径和业务在线、集成协同、数据驱动、生态智能的基本目标要求。

一、华为供应链数字化转型的目标

华为于 2015 年启动了供应链数字化转型的 ISC＋（Integrated Supply Chain，集成供应链）变革，聚焦于提升客户体验和创造价值，并以 ISC＋愿景为牵引，打造数字化主动型供应链，力争实现六大转变：

①将华为当前以线下为主的业务模式转变为线下、线上并重的业务模式；

②将原信息串行传递式的工作方式转变为信息共享的协同并行作业方式；

③将大量手工作业的工作内容转变为系统自动化处理；

④将依赖个人经验和直觉判断的决策模式转变为基于统一的数据仓库和数据模型的数据分析使能的决策支持模式；

⑤将原来以深圳为中心的"推"式计划分配模式转变为预测驱动的"拉"式资源分配模式；

⑥将原来的集中管理方式转变为一线自主决策、总部机关提供能力支撑和监管的管理模式。

二、华为供应链数字化转型的历程

从 ISC＋变革启动到现在，华为供应链的数字化转型主要经历了数字化和数智化两个阶段。数字化，即构建数字化能力基础，包括数据底座和流程/IT 服务化；数智化，即在数字化的基础上，通过算法和场景建设，让业务变得更加智能。

（一）构建实时、可信、一致、完整的数据底座

数据是数字时代新的生产要素。只有获取和掌握更多的数据资源，才能

在新一轮的全球话语权竞争中占据主导地位。华为供应链充分认识到数据在生产过程中的重要价值，并从三个方面推动业务数字化，构建供应链的数据底座（见图2）。

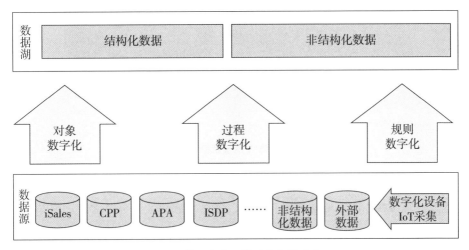

图2　从三个方面推动业务数字化

第一是业务对象数字化，即建立对象本体在数字世界的映射，如合同、产品等；第二是业务过程数字化，即实现业务流程上线、作业过程的自记录，如对货物运输过程进行自记录；第三是业务规则数字化，即采用数字化的手段管理复杂场景下的规则，实现业务规则与应用解耦，使规则可配置，如存货成本核算规则、订单拆分规则等。通过以上三个方面的业务数字化，华为供应链已经初步完成了数据底座的建设，还将面向新的业务场景，不断丰富和完善数据服务。

（二）通过流程/IT 服务化，支撑业务能力的灵活编排

传统的供应链 IT 系统是烟囱式的，即随着业务增长、需求变化加快，会出现用户体验差、重复建设、响应周期长等问题，不能适应业务发展的需要。通过对复杂的单体大系统进行服务化改造，让服务化子系统融合业务要素、应用要素和数据要素，可以实现业务、数据与系统功能的衔接（见图3）。

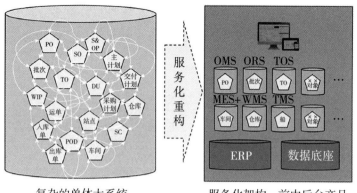

复杂的单体大系统　　　　服务化架构，前中后台产品
APA/CPP/SCM/MES/DMS/···

图 3　将复杂的单体大系统解耦为服务化子系统

目前，华为供应链共完成了 80 多个服务化子系统的改造和建设，通过将业务能力封装为服务并按场景调用和编排，可以快速响应业务的需求。例如，华为进入智能汽车解决方案领域后，供应链快速匹配新商业模式，按照价值流重新编排和改造服务化子系统，快速构建流程和系统，大幅缩短了业务上线时间。

（三）场景和算法赋能供应链智能化

信息流、实物流和资金流是企业经营的核心，而供应链是信息流、实物流和资金流的集成。供应链管理通过聚合信息流，指挥实物流高效运作，驱动资金流高效流转，实现公司的价值创造。在数字时代，处理海量的信息依赖算法。Gartner 认为算法供应链是未来供应链的发展趋势之一，并将其定义为使用复杂的数学算法，推动供应链改进决策和流程自动化，以创造商业价值的方法。

华为供应链利用组合优化、统计预测、模拟仿真等技术，构建供应链核心算法模型，并应用到资源准备、供应履行、供应网络和智能运营四大核心场景中，大幅提升了供应链运作的智能化水平。

比如，在资源准备的场景中，华为供应链面临千万级数据规模、亿级计算规模的复杂业务场景。但是华为基于线性规划、混合整数规划、启发式算法等求解方法的组合，构建了从器件、单板到产品、订单之间的双向模拟引擎（见图 4）。在错综复杂的产品结构树和供应网络节点中，快速找到资源准备的最优解，在供应能力最大化的同时实现存货可控。

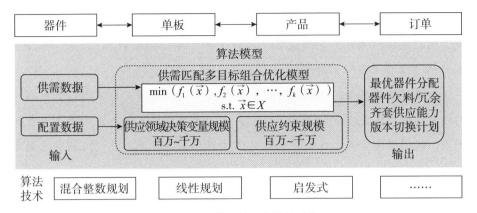

图4 基于算法的双向模拟引擎

三、构建两层智能业务体系

在数据底座、流程/IT 服务化改造和算法建设的基础上，华为供应链进行了业务重构，形成了两层智能业务体系，即基于"灵鲲"数智云脑的供应链智能决策和基于"灵蜂"智能引擎的敏捷作业。其中，"灵鲲"数智云脑是供应链的业务型大脑，在两层智能业务体系中负责全局性的数据分析、模拟仿真、预案生成和决策指挥。"灵蜂"智能引擎则是面向作业现场和业务履行的智能作业单元，可以实现敏捷高效、即插即用和蜂群式的现场作业。

（一）"灵鲲"数智云脑使能供应链运营智能化

智能运营中心（IOC）是供应链"灵鲲"数智云脑的重要组成部分，其从三个维度推进供应链运营的智能化（见图5）。

图5 华为供应链"灵鲲"数智云脑

在业务运营层面，面向关键业务点，IOC 设置了 300 多个探针，自动识别业务活动或指标异常，实现了从"人找异常"到"异常找人"，从"全量管理"到"变量管理"的转变。

在流程运营层面，首先，通过流程内嵌算法，自动实现流程运作过程中的管理目标，减少管理动作。其次，在正向流程设计中考虑逆向业务产生的原因，减少逆向业务的发生。最后，通过流程挖掘技术，识别流程的瓶颈和断点，再不断优化流程和合并同类项，简化流程。

在网络运营层面，通过接入供应网络数据，IOC 可以快速感知和分析风险事件的影响，并基于预案驱动供应网络的资源和能力，快速进行调配和部署，实现风险和需求实时感知、资源和能力实时可视、过程和结果实时可控，打造敏捷和韧性的供应网络。

IOC 打破了功能的"墙"和流程间的"堤"，实现关键业务场景下跨功能、跨流程和跨节点的合成作业，以及异常发现与问题解决之间的快速闭环。以华为深圳供应中心订单履行异常管理为例（见图 6）：在变革前，订单履行异常管理是一项高能耗业务，需要 100 多名订单履行经理分别与统筹、计划、采购等角色沟通，再进行分析和处理；构建 IOC 后，系统可以自动发现异常、定位、分析原因并提供方案建议，从之前的人工操作变成了系统自动处理加人工辅助确认，作业效率提升了 31%。

（二）"灵蜂"智能引擎使能供应节点内高效作业、节点间无缝衔接

"灵蜂"智能物流中心是"灵蜂"智能引擎的典型应用场景。"灵蜂"智能物流中心的智能化运作，可以更好地展现"灵蜂"智能引擎是如何实现敏捷高效现场作业的。

"灵蜂"智能物流中心位于华为物流园区，占地 24000 平方米，是华为全球供应网络的订单履行节点之一。

在节点内，"灵蜂"智能物流中心构建了库存分布、波次组建、AGV 调度等 12 个算法模型，应用了 AGV、密集存储、自动测量、RFID 等 9 种自动化装备，实现了来料自动分流入库、存拣分离智能移库、智能调度、波次均衡排产、成品下线自动测量、自动扫描出库的高效作业，将现场作业模式从"人找料"转变为"料找人"。

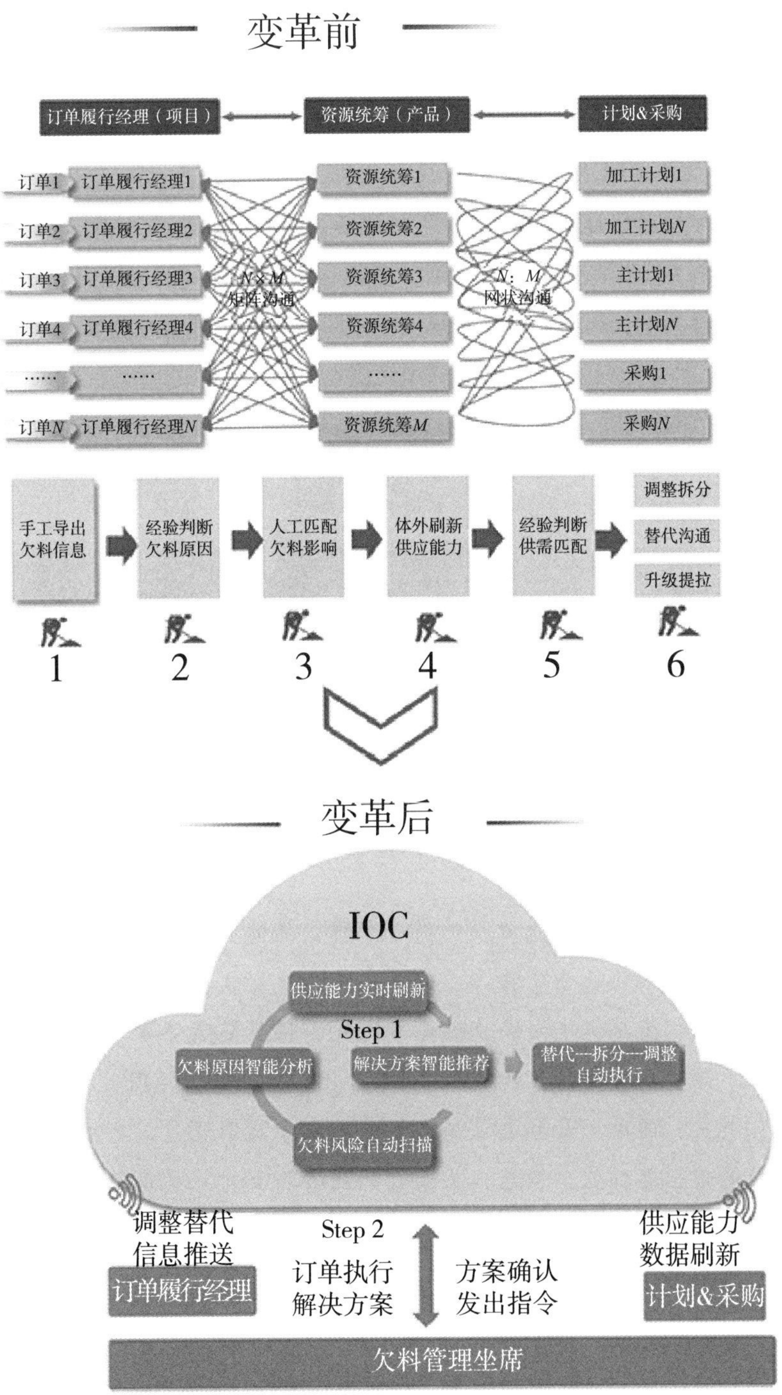

变革前

订单履行经理（项目）	资源统筹（产品）	计划&采购

订单1 订单履行经理1 资源统筹1 加工计划1

订单2 订单履行经理2 资源统筹2 加工计划N

订单3 订单履行经理3 资源统筹3 主计划1

$N×M$ 矩阵沟通 $N:M$ 网状沟通

订单4 订单履行经理4 资源统筹4 主计划N

…… …… 采购1

订单N 订单履行经理N 资源统筹M 采购N

1	2	3	4	5	6
手工导出欠料信息	经验判断欠料原因	人工匹配欠料影响	体外刷新供应能力	经验判断供需匹配	调整拆分 / 替代沟通 / 升级提拉

变革后

IOC

供应能力实时刷新

Step 1

欠料原因智能分析 解决方案智能推荐 替代—拆分—调整自动执行

欠料风险自动扫描

调整替代信息推送 **订单履行经理**

Step 2 订单执行解决方案 方案确认发出指令

供应能力数据刷新 **计划&采购**

欠料管理坐席

图6 IOC赋能订单履行异常管理

在节点之间，当订单生成后，司机可以通过数字化平台预约提货时间，系统会自动完成提货路径规划和时间预估。同时，作业现场应用货量预估和装箱模拟等工具，自动确定拣料顺序和装车方案，根据司机到达的时间倒排理货时间，在车辆到达垛口的同时完成理货，实现下线即发。

应用数字化引擎建设的"灵蜂"智能物流中心使人、车、货、场、单等资源达到最优配置，使收、存、拣、理、发的作业实现集成调度（见图7）。在业务量翻倍的情况下，保持人员和场地面积不变，持续提升客户体验和服务水平。

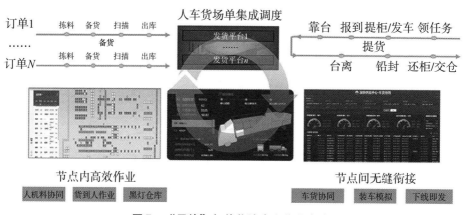

图7　"灵蜂"智能物流中心作业方式

四、构建供应链数字孪生

数字孪生是物理对象或流程的数字镜像，其随物理对象或流程的行为不断发展，并用于优化业务绩效。

通过数字化变革，华为供应链基本完成了供应链数字孪生的构建（见图8），首先，通过业务数字化和流程/IT服务化，实现了从物理世界到数字世界的镜像；其次，通过场景和算法建设，从数据中提取信息，形成智能业务指令，指导物理世界作业；最后，基于智能业务指令对业务现场高效作业的驱动，实现数字世界到物理世界的闭环。

五、从数字化、数智化到数治化

华为供应链实现数字化、数智化以后，华为的客户服务水平稳步提升，供货周期、全流程ITO和供应成本率均改善了50%以上。在人员基本保持不变的情况下，供应链支撑华为政企、云、智能汽车解决方案等新业务的快速

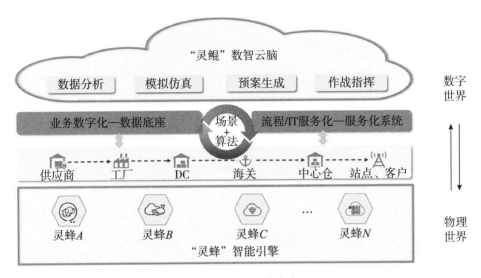

图8 供应链数字孪生

发展,助力华为收入实现规模增长。在这个过程中,华为供应链也实现了从被动响应到主动服务、从保障要素到价值创造要素、从支撑市场发展到营销要素和竞争要素的转变,成为华为的核心竞争力。

数字化转型将不断提升企业的运营水平,使变革从提升企业运营效率的"赋能"向模式创新和价值创造的"使能"演进。供应链的数字化转型也不应止步于数字化和数智化,面向未来,供应链还需思考如何用数字化技术重构供应链业务模式,包括管理模式、运作模式和组织模式,持续深化与生态伙伴的协同,即数治化,以提升客户体验、支撑公司经营,真正实现供应链生态的可持续发展。

在数字化转型路上,华为供应链永不止步。(华为供应链管理部总裁 熊乐宁)

参考资料

[1]《我们处在爆炸式创新的前夜》,任正非 2019 年 11 月发表于《经济学人》。

[2]《大数据白皮书(2020 年)》,中国信通院。

[3] "Ten Points CSCOs Need to Know About Algorithmic Supply Chains ",

Gartner 官网。

［4］《采购与供应链管理——一个实践者的角度》，刘宝红著。

［5］ "Industry 4. 0 and the digital twin"，https：//www2. deloitte. com/us/ en/insights/focus/industry － 4 －0/digital － twin － technology － smart － factory. html。

［6］《从赋能到使能——数字化环境下的企业运营管理》，陈剑、黄朔、刘运辉发表于《管理世界》，2020，36（2）。

《企业采购供应链数字化成熟度模型》释义及评价指南

一、PSC—DMM 架构及指标

（一）PSC—DMM 架构

PSC—DMM 依据战略、行动、成效的路径按数字化战略、数字化能力建设、业务数字化场景应用、数字化成效与贡献四个维度设计。其中，"行动"划分成数字化能力建设行动、业务数字化场景应用行动两个维度，以充分体现场景应用的重要性，防止将建设与应用混为一谈而出现"重建设、轻应用"或以"建成代替用好"的情况。

数字化战略维度下有 3 个一级指标、7 个二级指标、15 个三级指标；数字化能力建设维度下有 4 个一级指标、15 个二级指标、54 个三级指标；业务数字化场景应用维度有 8 个一级指标、20 个二级指标、52 个三级指标；数字化成效与贡献维度有 2 个一级指标、4 个二级指标、13 个三级指标，如图 1 所示。

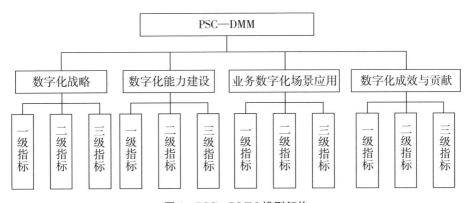

图 1　PSC—DMM 模型架构

上述总体架构中的数字化能力建设、业务数字化场景应用是本模型的两个核心维度，其内容组成详见图2和图3的数字化能力建设架构和业务数字化场景应用架构。

（二）PSC—DMM 指标

1. 数字化战略指标（见表1）

表1 数字化战略指标

一级指标	二级指标	三级指标
战略规划	战略与规划管理	总体战略与规划
		数字化战略与规划
		采购供应链数字化规划
	目标与计划管理	企业数字化目标与计划
		采购供应链数字化目标与计划
体制保障	组织机构	采购供应链数字化领导机构
		采购供应链数字化专责部门
	制度与流程	采购供应链数字化制度建设
		采购供应链数字化流程建设
	人才储备与激励	采购供应链数字化队伍建设
		采购供应链数字化人才激励措施
机制和资源保障	执行机制保障	采购供应链数字化战略落地执行机制
		采购供应链数字化战略执行评估机制
	资源保障	采购供应链数字化预算与战略衔接
		采购供应链数字化投资

2. 数字化能力建设指标

作为采购供应链数字化的设施能力，企业采购供应链数字化平台或数字化能力平台的技术架构自下而上可以划分为3层，分别为技术承载能力层、数智承载能力层、业务承载能力层以及贯穿于3层的安全防护能力层（见图2）。

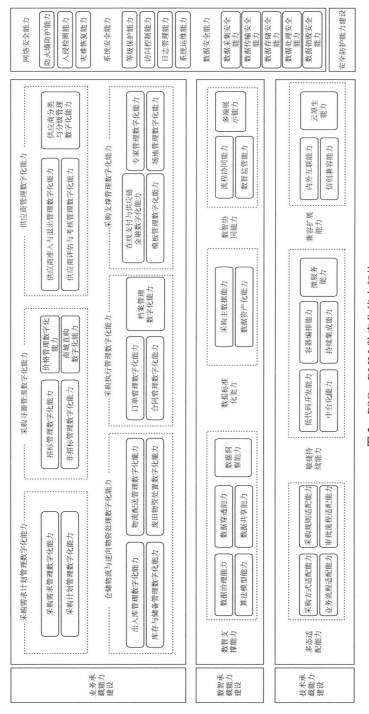

图 2 PSC—DMM 数字化能力架构

整个平台架构由下往上提供支撑，侧方安全部分保障全局。其中技术承载能力是整个采购供应链数字化平台的前提与基础，数智承载能力是平台的核心，业务承载能力是平台的落脚点，安全防护能力是平台的保障。

数字化能力建设指标如表2所示。

表2　　　　　　　　　　数字化能力建设指标

一级指标	二级指标	三级指标
数智承载能力建设	数智支撑能力	数据治理能力
		算法模型能力
		数据洞察能力
		数据穿透能力
		数据共享能力
	数据标准化能力	采购主数据能力
		数据资产化能力
	数智协同能力	流程协同能力
		数智监管能力
		多端展示能力
业务承载能力建设	采购需求计划管理数字化能力	采购需求管理数字化能力
		采购计划管理数字化能力
	采购寻源管理数字化能力	招标管理数字化能力
		非招标管理数字化能力
		商城直购数字化能力
		价格管理数字化能力
	供应商管理数字化能力	供应商准入与退出管理数字化能力
		供应商评估与考核管理数字化能力
		供应商分类与分级管理数字化能力
	采购执行管理数字化能力	订单管理数字化能力
		合同管理数字化能力
		档案管理数字化能力

续 表

一级指标	二级指标	三级指标
业务承载能力建设	仓储物流与逆向物资处理数字化能力	出入库管理数字化能力
		库存与储备管理数字化能力
		物流配送管理数字化能力
		废旧物资处置数字化能力
	采购支撑管理数字化能力	在线支付与供应链金融数字化能力
		模板管理数字化能力
		专家管理数字化能力
		场地管理数字化能力
技术承载能力建设	多态适配能力	采购方式适配能力
		采购规则适配能力
		业务流程适配能力
		审批流程适配能力
	敏捷持续能力	低代码开发能力
		中台化能力
		微服务能力
		容器编排能力
		持续集成能力
	兼容扩展能力	内外互联能力
		信创兼容能力
		云原生能力
安全防护能力建设	网络安全能力	防火墙防护能力
		入侵检测能力
		灾难恢复能力
	系统安全能力	等级保护能力
		访问控制能力
		日志管理能力
		系统运维能力
	数据安全能力	数据采集安全能力
		数据传输安全能力
		数据存储安全能力
		数据处理安全能力
		数据销毁安全能力

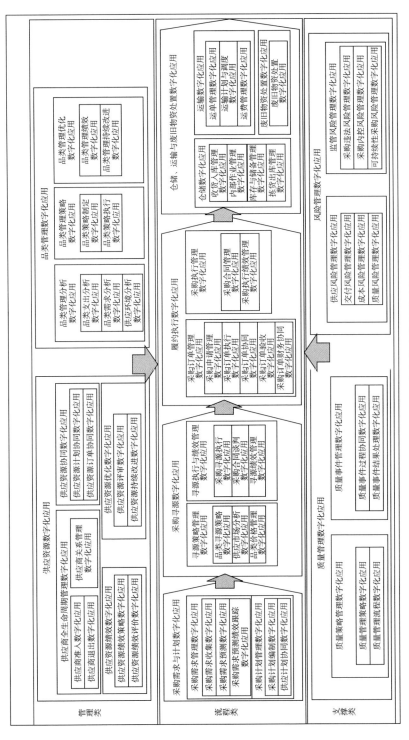

图 3 PSC—DMM 业务数字化场景应用架构

3. 业务数字化场景应用指标

采购供应链业务数字化场景应用架构，是本模型行动领域的业务场景集合，通过针对每一个数字化应用场景设计评级指标，旨在衡量企业采购供应链的数字化应用程度，包括每一个场景的数字化应用深度和此场景在企业各组织的数字化应用覆盖广度。

采购供应链业务数字化场景应用架构涵盖了企业采购供应链的全流程和全场景，可以划分为管理类应用场景、流程类应用场景、支撑类应用场景三大类（见图3）。其中，管理类应用场景包括供应资源数字化应用、品类管理数字化应用，贯穿企业采购供应链的全过程；流程类应用场景包括采购需求与计划数字化应用，采购寻源数字化应用，履约执行数字化应用，仓储、运输与废旧物资处置数字化应用，覆盖采购供应链的全业务流程；支撑类应用场景包括质量管理数字化应用、风险管理数字化应用，支撑采购供应链的业务运行。

业务数字化场景应用指标如表3所示。

表3　　　　　　　　　　　　　业务数字化场景应用指标

一级指标	二级指标	三级指标
供应资源数字化应用	供应商全生命周期管理数字化应用	供应商准入数字化应用
		供应商关系管理数字化应用
		供应商退出数字化应用
	供应资源协同数字化应用	供应资源计划协同数字化应用
		供应资源订单协同数字化应用
	供应资源绩效数字化应用	供应资源绩效策略数字化应用
		供应资源绩效评价数字化应用
	供应资源优化数字化应用	供应资源评审数字化应用
		供应资源持续改进数字化应用
品类管理数字化应用	品类管理分析数字化应用	品类支出分析数字化应用
		品类需求分析数字化应用
		供应环境分析数字化应用

续 表

一级指标	二级指标	三级指标
品类管理 数字化应用	品类管理策略数字化应用	品类策略制定数字化应用
		品类策略执行数字化应用
	品类管理优化数字化应用	品类管理绩效数字化应用
		品类管理持续改进数字化应用
采购需求与计划 数字化应用	采购需求管理数字化应用	采购需求收集数字化应用
		采购需求预测数字化应用
		采购需求预测绩效跟踪数字化应用
	采购计划管理数字化应用	采购计划编制数字化应用
		供应计划协同数字化应用
采购寻源 数字化应用	寻源策略管理数字化应用	品类寻源策略数字化应用
		供应市场分析数字化应用
		品类价格管理数字化应用
	寻源执行与绩效管理 数字化应用	采购寻源执行数字化应用
		采购合同谈判数字化应用
		寻源绩效管理数字化应用
履约执行 数字化应用	采购订单管理数字化应用	采购申请管理数字化应用
		采购订单执行数字化应用
		采购订单协同数字化应用
		采购订单验收数字化应用
		采购订单财务协同数字化应用
	采购执行管理数字化应用	采购合同管理数字化应用
		采购执行绩效管理数字化应用
仓储、运输与废旧 物资处置 数字化应用	仓储数字化应用	收货入库管理数字化应用
		内部作业管理数字化应用
		库存与储备管理数字化应用
		拣货出库管理数字化应用
	运输数字化应用	运单管理数字化应用
		运输计划与调度数字化应用
		运费管理数字化应用
	废旧物资处置数字化应用	废旧物资处置数字化应用

续　表

一级指标	二级指标	三级指标
质量管理 数字化应用	质量策略管理数字化应用	质量管理策略数字化应用
		质量管理流程数字化应用
	质量事件管理数字化应用	质量事件过程协同数字化应用
		质量事件结果处理数字化应用
风险管理 数字化应用	供应风险管理数字化应用	交付风险管理数字化应用
		成本风险管理数字化应用
		质量风险管理数字化应用
	监管风险管理数字化应用	采购违法风险管理数字化应用
		采购内控风险管理数字化应用
		可持续性采购风险管理数字化应用

4. 数字化成效与贡献指标（见表4）

表4　　　　　　　　数字化成效与贡献指标

一级指标	二级指标	三级指标
数字化成效	采购供应链全业务在线率	业务全程在线率
		组织上线率
		品类上线率
		供应商动态量化考核在线率
	采购供应链数字化效能	采购供应链业务操作自动化水平
		采购供应链集成协同化水平
		采购供应链决策预测智能化水平
产业数字化贡献	行业引领示范作用	数字化发展模式领先情况
		采购供应链数字化标准制定情况
	新业态培育创新	采购供应链数字化带动水平
		网络协同制造带动水平
		数字技术服务产业带动水平
		数字经济生态带动水平

案例2：基于产业互联网架构的钢铁供应链数字化转型

欧冶云商股份有限公司（以下简称"欧冶云商"或"欧冶"）依托新一代信息技术，以"促进钢铁行业转型升级、重塑钢铁流通领域新秩序、助力提升钢铁产业链的运营效率"为使命，以"构筑更具活力的大宗商品共享服务生态圈"为愿景，以"共建、共享、值得信赖"为发展理念，立足于钢铁产业链，积极开展新技术场景化应用和商业模式迭代创新，促进"平台＋生态""技术＋场景"深度融合。通过解构和重构传统价值链、供应链、产业链，促进资源、能力等各类要素自由流动和高效配置，为传统产业高质量发展催生新动能，助力钢铁供应链实现数智化转型。

作为全国供应链创新与应用示范企业，欧冶云商依托钢铁产业互联网平台，深化互联网、物联网、区块链、人工智能、互联互通等数字科技能力建设，加强智慧交易、智慧物流、智慧营销、智能风控服务模式创新，有效链接生态圈各方资源，全面提引供应链效率、保障供应链安全稳定、重塑供应链信用体系，有效增强用户体验，创造服务新价值，从使命愿景理念、数字科技能力、供应链场景应用创新和供应链数字化成效与社会价值四个方面，成为钢铁等金属材料交易的服务者、钢铁产业链基础设施的提供者、钢铁产业链信用体系的构建者和国家供应链数字化战略的践行者。

一、欧冶促进供应链数字化转型

欧冶云商依托新一代信息技术应用，打通钢铁供应链生产、交易、仓储、运输、加工等环节的数据流，打破传统钢铁供应链存在的"信息孤岛"，为上下游用户提供交易、物流、加工、数据和知识等一站式的综合服务。通过实现制造能力的在线发布和供应链上下游供需的精准对接，加速制造和服务融合，优化产业资源配置效率，提高集成创新能力，促进供应链上下游企业合作共赢。

欧冶云商迭代升级"一平台、多节点、富生态"线上线下融合治理架构，高效响应生态圈用户的需求。同时积极推进生态圈建设，打造集交易、物流、加工、知识、数据和技术等综合服务于一体的钢铁产业互联网科技平台，构建了一套完善的钢铁产业链生态服务体系。

二、欧冶供应链数智化创新

欧冶云商依托共享数智化服务中台和安全、稳定、可靠的技术底座，打造开源、开放、共享的新型产业基础设施。通过整合生态圈各方优质资源，促进钢厂制造现场和用户用钢现场高效协同和无缝衔接，提升钢铁供应链全场景下的智慧平台服务能力，实现数字科技与产业深度融合，促进多环节的提质增效，助力钢铁行业和中小企业数字化转型，实现社会整体价值最大化。

（一）持续推进智慧交易服务

基于产业互联网平台，欧冶云商形成以平台服务为核心的智慧交易服务体系，创新推出了"现货交易""产能预售""统购分销""跨境交易"等平台化服务产品，帮助钢厂扩展线上销售渠道，实现面向中小用户的钢材精准零售，同时也为下游中小用户提供采购钢厂优质一手钢材资源的稳定渠道，满足其多样化采购需求，实现了供需高效匹配、需求实时跟踪等功能。欧冶云商提供基于大数据和人工智能技术的数据运营和智慧供应链服务，通过数字营销方式帮助钢厂实现阳光、增值销售，满足中小用户对效率、成本、安全、时间、空间、质量等的个性化需求。

欧冶云商构建基于知识图谱的高效精准搜索系统，提升搜索服务能力，帮助上游企业精确触达下游用户。同时通过系统层面的互联互通，持续推进与钢厂端、银行端、仓储服务商等生态圈伙伴的深度合作，实现了与30多家上游钢厂的产销、物流系统的对接。通过互联互通和数据分析应用，优化多基地钢厂的生产和销售管理，为钢厂提供资源管理、合同管理、会员管理、渠道管理等功能模块，指导钢厂优化排产、提升资源配置效率。此外，欧冶云商依托大数据、云计算等新技术手段，帮助钢厂实现基于预测的生产组织模式，使钢厂可依据产业互联网平台实时反馈的需求预测数据，进行相应的产能配置和排产优化，从而提升制造效率、降低制造成本，更好地满足用户需求。

（二）深化智慧物流和加工服务

欧冶云商灵活应用物联网、人工智能等新技术手段，打造集仓储、运输、加工于一体的钢铁智慧物流服务平台，并深化数字科技在物流和加工场景中的应用：通过云仓、运帮、加工等平台化服务实现对仓储、运输以及加工环节的供需智能匹配；通过 RFID、OCR、智能终端机、精准仓、智能门禁、智能地磅、5G＋AR 等数智化应用对传统仓库进行智能化改造，推进智慧仓库科技赋能；通过信息化、物联网、人工智能等新技术的植入，对仓库内人、车、货、场的数字化全覆盖，打造标准化的钢铁仓库作业流程，大幅提高仓储作业自动化和智能化率；应用 LBS（基于位置的服务）、大数据建模挖掘等方式，提供水铁汽、仓港站多式联运跟踪手段，提供物流全程可视化动态跟踪服务，保证物流信息的真实性和准确性，支撑物流路径优化和智能调度，实现物流服务全过程可视、货物动态全程可跟踪、物流风险及时监控预警，形成从钢厂"最初一公里"到终端"最后一公里"的全流程、多式联运智慧物流服务能力，提高了物流总体运营效率。

同时，欧冶云商依托平台数据优势，指导加工中心根据终端需求进行最优化排刀，从源头上提高钢材成材率，实现钢材从入库、加工、出库、在库的物流全流程信息可视、可追踪和安全可控，构建形成从钢厂产线到用户产线全程、统一的智慧物流服务体系，实现大宗商品生态圈物流服务全过程的可视化、平台化、数智化。

（三）加强智慧营销模式创新

欧冶云商在移动生态建设、新媒体营销、数据分析挖掘等方面持续深化服务能力、提升数字营销能力、促进生态化协同发展。欧冶云商通过"钢好"App、新媒体直播等数字化工具的应用，提升互联网营销能力及效果，关注热点、流量提升和用户触达，加快推进用户增长运营，形成对欧冶智慧平台的快速引流，促进服务规模增长。

移动生态建设方面，欧冶云商逐步整合公司主营服务产品，促进移动端流量入口统一，持续通过互联网裂变营销活动、微信社群运营等实现注册用户规模的快速增长。截至 2022 年年末，欧冶"钢好"App 注册用户总规模突破 50 万个，触达行业微信社群超过 1000 个。

新媒体直播方面，欧冶云商通过自主研发的直播平台，实现直播与平台业务的无缝衔接，用户可通过店铺直播实现钢材产品带货、看货，并在新冠疫情期间取得了良好的宣传效果，2022 年全年累计开展各类直播 100 余场；

数据分析挖掘方面，欧冶云商在保护用户隐私和权益的前提下，基于平台业务数据、用户行为数据，策划用户画像模型、穿透式监督平台等应用场景，提升交易、交付，以及风险防控的精准度和实时性，通过数据驱动业务和风控，协同共建高质量产业生态圈。

（四）提升智能风控服务能力

欧冶云商依托数字科技应用，不断夯实平台智能风控能力，基于与全国超过2000家的合作仓库的系统对接，在国内率先设计开发了钢材实物"验灯识别"系统，利用智能货物验证技术及时比对供应商上传的资源信息与其存放货物的仓库管理系统中的货物信息，确保账实相符。同时结合物联网控制、智能识别、智能监管等技术服务，反映出钢材在仓库的实物状态，对在库的货物进行确认，使得用户能够实时验证货源的真实性、可靠性，有效解决了传统钢材交易模式下货物确权困难等问题，为用户交易环节提供便捷高效的安全保障，也给提货环节提供了快速安全的服务，有效提升了钢铁生态圈信用水平。

欧冶云商依托互联互通和新技术应用，创新构建线上线下协同的多维度信用体系，拥有对供应链各类风险的及时提示预警功能，帮助一线业务人员及相关管理人员及时采取风险防范措施和相应的业务决策，同时结合客商信用智能评价，设计搭建平台会员体系，打造可信交易和交付体系，有效保障交易安全。

在区块链技术应用方面，欧冶云商整合资源成立区块链应用技术研究所，实现"欧冶链"区块链服务平台成功上线，并联合上海市、浦东新区、宝山区商务委和税务部门进行监管模式创新，完成期现联动监管、税企联动监管、交易订单快照、质保数据管理等4个区块链应用。通过区块链的产品应用，实现生产、交易、仓储、运输等环节关键业务数据上链，支持多个参与方之间信息交叉验证，及时发现货物、单据的虚假、篡改等异常问题，提升数据安全性、可靠性和流动性，增加买方、卖方、交易平台、仓库、运输企业、银行、监管部门之间的信任感，提升交易效率，打造钢铁生态圈可信交易体系。

（五）强化数智化中台服务能力

欧冶云商围绕公司业务、平台、技术形成全景图，大力推进数智化供应链建设，打造以业务中台、数据中台和技术中台为核心的中台服务架构：通过分布式微服务技术，加强业务中台建设，加快共享微服务建设，为公司新产品、新模式的快速创新及迭代完善提供了高效支撑；围绕数据平台、数据体系、数据应用三个方面强化数据中台建设，优化数据治理、促进互联互通、提升数据运营能力；基于区块链、IoT、人工智能等方面持续完善技术中台建设，促进新技术场景化应用，不断提升研发效能和智能运营能力。

同时，欧冶云商基于数智化中台的建设，持续推动公司共享服务能力沉淀和数据应用，实现新技术、新业务和生态圈场景的深度融合，构建以 SaaS、DaaS 和 PaaS 为主体，可向生态圈用户推广应用的共享服务能力集合，通过数智化的方式助力钢铁供应链提质增效，致力于成为整个钢铁行业的"大中台"。目前欧冶云商正积极推进各类 SaaS 服务在产业端的覆盖，赋能实体产业，提升中小企业的经营管理能力。

三、欧冶供应链数字化创新成效

（一）助推钢铁行业智慧营销

欧冶云商充分发挥产业互联网共享、协同、创新、智慧的优势，赋能传统产业，助力数字化转型。目前欧冶云商合作钢厂以及下属分支机构超过 300 余家，通过平台 7×24 全流程、免接触的在线自助服务，帮助钢厂实现营销效率显著提升，同时使钢厂营销管理成本得到明显改善。依托产业互联网平台优势，使钢厂长尾品类在平台上可以实现高效零售，并帮助钢厂拓宽了销售半径，扩大了下游中小用户规模，如华北某钢厂通过平台交易后，其交易用户从 200 多家增加到 1700 多家，且 2/3 都是钢厂所在城市周边的"蚂蚁用户"。目前平台的钢材销售均单量仅为 30 吨，充分体现平台服务的价值和意义，有效满足了下游用户小、散化的需求。

（二）助力钢铁行业智慧制造

欧冶云商充分发挥产业互联网平台有效连接和网络协同优势，优化资源要素配置，促进钢铁供应链提质增效。通过基于大数据的需求精准预测，帮助钢厂及时、高效对接下游用户的零散需求，优化组炉、组坯方式，减少中间坯等半成品库存，实现钢厂营销和生产组织模式升级，助推钢厂从制造向服务转型，提升智慧制造能力。

（三）促进物流环节提质增效

欧冶云商依托智慧物流服务平台建设，以及云仓系统的全国部署，结合物联网、人工智能等新技术的植入，加强生态圈关键物流节点布局，为仓库、码头等物流资产数字化赋能，并积极对接钢铁制造基地出厂物流系统，推动物流信息互联互通，实现信息实时反馈，拓展全程智慧物流服务，从而有效减少了钢材跨区域的多次存储和多程运输、降低了供应链物流成本、提升了钢厂出厂物流效率。

以华东某仓库为例，欧冶云商通过对仓库内人、车、货、场的数字化全覆盖，打造标准化的钢铁仓库作业流程，提升仓储作业效率，如出入库作业提升30%、换单效率提升70%、移转库效率提升90%以上，整体作业效率提升50%以上。

（四）赋能中小企业创新发展

目前，欧冶云商平台已聚焦了超过16万家中小企业，包括中小贸易服务商、中小物流商、终端中小用钢企业等。欧冶云商通过产能预售等业务模式创新，打通上下游各服务环节，降低中小企业采购门槛，帮助下游企业直接对接钢厂一手资源，有效提升采购效率。

欧冶云商通过SaaS服务的输出，为钢厂、仓储服务商、承运商、贸易服务商等生态圈伙伴提供智慧营销系统、仓储管理系统、运输管理系统、进销存管理系统等，助力提升运营管理效率和专业化管理水平，助推中小企业创新发展。

同时，欧冶云商基于多年在钢铁行业的知识沉淀和积累，搭建钢铁技术知识专业数据库，并推出了"知钢"产品和钢铁知识图谱应用，为钢厂和下游中小用户提供互联网钢铁技术服务，促进供需精准匹配。

四、欧冶供应链数字化创新亮点

（一）拓展供应链全链路服务

欧冶云商围绕钢铁供应链各环节用户痛点，创新设计在线化服务产品，促进断点集成和流程优化，为钢厂、终端用户、钢贸商、物流商、加工中心等提供信息流、商流、物流、资金流、碳流"五流合一"的供应链综合服务，打通供应链全流程，促进钢厂制造现场和用户用钢现场的高效协同（见图4）。

图4 欧冶云商 F2F（Factory to Factory）商业模式

（二）拓展供应链全要素服务

欧冶云商促进数据、科技、时空等服务要素优化配置，拓展供应链增值服务，通过"数据+算法"应用，精准预测用户需求，促进传统流程再造并深化数字科技场景应用，提升智慧服务能力及拓展产能预售模式，拓展终端用户群体，满足中小用户对效率、成本、时间、空间等的个性化需求。

（三）拓展供应链全品类服务

欧冶云商在碳钢板卷现货基础上不断拓展服务品类，通过优化平台服务功能，加强与钢厂端、第三方垂直平台对接并进行互联网营销推广，提升不锈钢、螺线、型钢、钢管、特钢等交易品类占比，实现平台商业模式在非碳钢板卷品类上的复制推广。

（四）拓展供应链全生态服务

欧冶云商加强互联互通和生态合作，通过优化利益共享机制等，对接银行、加工中心、仓储商、承运商等第三方服务商，以及专业技术人员、钢贸营销人员等小微个体等，充分发挥其专业服务、渠道和知识优势，拓展供应链运营服务和第三方增值服务，实现合作共赢。

五、欧冶供应链数字化创新社会价值

（一）形成了可推广的产业互联网平台建设经验

欧冶云商基于钢铁供应链知识沉淀和能力积累，打造开放、共享的数智化中台，实现了产业互联网平台架构统一和数据集中治理，有效提升了平台开发效率和运营效率，形成了可向钢铁行业输出的产业互联网平台建设能力，同时欧冶中台也可作为钢铁行业基础设施，通过数智化供应链能力共享，降低钢铁行业信息化投入，避免重复建设。

（二）形成了可推广的供应链数字科技多场景应用经验

欧冶云商加强与数字科技领先企业、高校及科研院所的全方位合作，搭建区块链等联合研发实验室，引入人工智能等领域优秀数字科技人才，并注重知识产权成果管理，提升数字科技行业影响力。在数字科技应用过程中，加强业务和技术双轮驱动，一方面高效响应业务端研发需求，提升业务运营效率，另一方面开展基于数字科技的供应链流程再造，促进业务模式创新。

（三）形成了可推广的供应链生态圈合作建设经验

欧冶云商注重服务产品的协同，通过"多流合一"服务输出，实现交叉引流和交替变现，提升了用户体验；加强互联网营销模式创新，通过线上与线下结合的方式，多渠道、高效触达中小用户，提升了生态圈覆盖面和影响力；持续优化生态圈利益共享机制，引入小微企业和个体等合作伙伴，发挥其专业运营知识、营销推广渠道等优势，实现合作共赢。

（四）形成了可推广的供应链平台服务模式创新经验

欧冶云商持续深化基于产业互联网平台服务模式创新，以用户需求为导向，加强品类、时间、空间等多维度拓展。品类维度上加强碳钢板卷、螺线、不锈钢、型钢、钢管等细分品类拓展，优化平台服务功能，为用户降本增效创造价值；时间维度上通过创新产能预售等服务模式，促进制造端提质增效，并满足中小用户小批量、短周期采购需求；空间维度上加强供应链上下游两个现场的有效连接，促进高效协同，并积极拓展东南亚等海外市场，促进国内国际联动。

（五）形成了可推广的供应链高效运营组织经验

欧冶云商成立运营中心，搭建面向多业务场景的供应链运营组织。通过集中运营，有效提升了运营效率和业务风险管理能力，促进了业务之间的高效协同：一方面加强数字工具和系统应用，全面提升订单跟踪、开票结算、客户服务、数据分析等运营效率；另一方面通过构建数字化协同运营中台实施运营、物流、财务的集中管控，实现多流合一，强化对风险的全方位防控，提升运营效率。

二、PSC—DMM 成熟度分级

PSC—DMM 将企业采购供应链数字化水平划分为 5 个层级，级数越大表明企业的采购供应链数字化成熟度或水平越高。

（一）PSC—DMM Ⅰ：数字化初始级

处于本层级的企业采购供应链数字化水平具有以下特征：

a）企业对于采购供应链数字化建设尚未进行规划；

b）企业根据业务或管理需要，建立面向个别业务单元或个别场景的采购供应链信息系统或引入相应的采购信息工具；

c）企业的采购供应链信息系统或引入的外部采购信息工具分别独立运行，系统之间基本无集成、无数据交换；

d）企业个别业务单位或个别场景在采购供应链信息系统或采购信息工具支撑下运行，但大部分业务单元、业务场景仍采用线下处理的方式。

（二）PSC—DMM Ⅱ：数字化应用级

处于本层级的企业采购供应链数字化水平具有以下特征：

a）企业对于采购供应链的部分业务单位或主要业务场景开展了数字化建设规划；

b）企业已建立面向部分业务单元或部分业务场景的采购供应链信息系统或数字化平台；

c）企业采购供应链信息系统或数字化平台仍存在信息孤岛或流程、数据断点，也未实现与企业内部其他相关部门的信息系统集成，未实现互联互通和数据共享；

d）企业依托采购供应链信息系统或数字化平台实现了部分业务单元或主要业务场景的线上操作与管理，未实现采购供应链全场景、全部业务单元的数字化应用。

（三）PSC—DMM Ⅲ：数字化集成互联级

处于本层级的企业采购供应链数字化水平具有以下特征：

a）企业有计划地开展采购供应链的数字化；

b）企业初步建成了一体化的采购供应链数字化平台或对已有采购供应链信息系统全部实施集成，实现互联互通和数据共享；

c）企业采购供应链数字化平台与企业内部相关部门实现跨部门、跨业务环节的信息系统集成互联，与企业外部的主要供应资源、供应市场、信息资源实现部分集成或数据信息交互；

d）企业实现了采购供应链所有主要业务场景的数字化应用，但未实现所有业务场景、全部业务单元、全品类的数字化应用。

（四）PSC—DMM Ⅳ：数字化协同智能级

处于本层级的企业采购供应链数字化水平具有以下特征：

a）企业按照战略规划有组织、有计划、有目标地推进采购供应链数字化；

b）企业具备完善的一体化的采购供应链数字化平台或紧密集成的采购供应链信息系统，并与采购供应链上下游、内外部无断点集成，实现数据资源全面共享与采购供应链相关主体的协同操作；

c）企业实现了采购供应链所有业务场景、全部业务单元、全品类的数字化应用；

d）企业基于采购供应链数据建立模型进行智能分析预测和辅助决策，

驱动采购供应链效率提升和运营绩效优化，形成了数据驱动的协同智能体系。

（五）PSC—DMM V：数字化生态智慧级

处于本层级的企业采购供应链数字化水平具有以下特征：

a）企业按照战略规划和目标有序推进采购供应链数字化，并按执行评估机制及时调整优化，实现对企业战略的有效支撑；

b）企业具有完善的一体化采购供应链数字化平台并得到全面应用，且与采购供应链上下游、内外部资源实施全面集成与协同、协作，形成了以企业为核心的采购供应链网络生态；

c）企业采购供应链数据治理完善，实现规划、运营、操作的建模、仿真、自动及智能预测、智能决策和供应链优化，数据作为生产要素驱动业务运行；

d）企业具有支持价值共创的生态引领能力，实现与生态合作伙伴连接赋能、数字业态创新、绿色可持续发展等价值目标。

案例3：数字创新　连接赋能
——数字化助力联想绿色供应链生态建设

2023 年 Gartner 全球供应链 25 强排名中，联想位列第 8。为实现"智能，为每一个可能"的公司愿景，联想坚定执行数字化、智能化转型战略，持续开发改变世界的技术，推进创新，致力于为世界各地的亿万消费者打造一个更加包容、值得信赖和可持续发展的数字化未来。

联想从智能物联网、智能基础架构和行业智能三个维度入手，运用大数据、人工智能、5G 等数字化技术实现自身数字化转型，打造"全球资源，本地交付"的供应链灵活性和抗风险韧性等核心竞争力。联想全球供应链在全球拥有 35 家制造基地，与超过 2000 家核心供应商建立了数字化平台，实现了协同运作、生态智慧运营。

与此同时,联想积极推进产品节能环保,持续提升绿色供应链数字化水平,投入十多亿元进行供应链数字化改造。应运而生的绿色供应链数据管理平台将国际领先的环保管理方案与大数据等新技术融合,有效解决长期困扰行业绿色供应链管理的诸多难题。该平台获得中国质量技术与创新成果发表赛最高奖"示范级成果奖"和知名调研机构 IDC 颁发的"可持续供应链最佳项目奖"。

联想绿色供应链数据管理平台以 FMD(全物质信息披露)和 LCA(生命周期评价)的管理模式为基础解决方案,通过对 FMD 数据以及产品在生产、制造、运输、使用、废弃回收等各生命周期阶段信息的收集与评估,综合分析产品环境负荷,智能管控供应链环保风险。

一、绿色供应链数据管理平台

自 2013 年起,联想率先在行业推动供应链开展 FMD 管理,变革产品有害物质合规模式。至今,已有 450 家上下游企业参与,积累了 10 万条 FMD 数据。

2019 年,联想开始筹建自研绿色供应链管理平台,2020 年正式投入使用。目前,该平台已在 6 大主要业务群推广使用,涉及 24 个产品大类的数百万台设备,惠及 60 多家供应商和数百家客户。

未来,平台将在更多业务群使用,并囊括全球供应链生态中的 500 多家主要企业,涉及原材料、组件、部件层以及整机制造,逐步构成覆盖全产业链的绿色大数据平台。多层级的供应链数据管理极大地调动了供应链上下游共同参与,带动了整个行业的绿色化和数字化协同转型能力。

(一)平台建设内容

1. 建设多维度基础数据库

基础物质以及基础过程数据库,包含物质、原材料、能源、运输、废弃处理等过程。

环保法规规范数据库,包含国内国际主流环保法规要求:

- 中国 RoHS(中国电子电气设备中限制使用某些有害物质的要求)
- EU RoHS(欧盟电子电气设备中限制使用某些有害物质的要求)
- 欧盟化学品注册、评估、许可和限制法规

- 持久性有机污染物公约
- 美国有毒物质控制法案

环保法规豁免数据库，涉及中国 RoHS 以及 EU RoHS 豁免清单。

2. 建设多功能模块

平台设有原材料—部件—产品等多层级的管理路径，涵盖生产—制造—运输—使用—废弃回收等产品全生命周期各阶段信息，并拥有功能强大的数据分析与图表化呈现能力。主要模块设置包括：

- FMD 功能设置
- 原材料管理模块
- 部件管理模块
- 产品管理模块
- 数据审核管理模块
- 清单分析模块
- 影响评价功能设置
- 客制化法规模块

3. 建立数据管理流程

FMD 信息要求对部件、原材料及物质构成信息进行一一披露。一款适配器的 FMD 数据约 500 行，整机产品的 FMD 数据多达 10 万行，人工管理难以实现，必须依托数字化技术手段。

绿色供应链数据管理平台设置 FMD 自动检查功能，通过将 FMD 信息与基础物质信息进行比对，帮助企业迅速了解自身产品合规性，识别风险点并对其进行跟踪和管理。

此外，平台基于 LCA 方法学，采用背景数据库和前景数据库合并的计算方式。背景数据根据不同地区资源使用因子，可以自动获取；前景数据需要按照实际工艺流程采集。通过产品全生命周期各阶段背景数据与前景数据的匹配分析，科学评估产品造成的气候变化、生态影响等环境负荷。反过来，这些量化的环境影响数据也能有效地指导产品绿色设计与生产。

平台环保数据管理流程如图 5 所示，LCA 评价示意如图 6 所示。

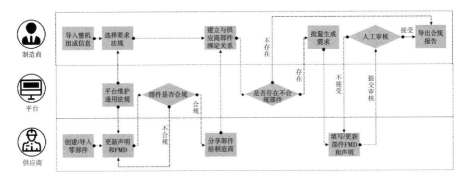

图5 绿色供应链数据管理平台：环保数据管理流程

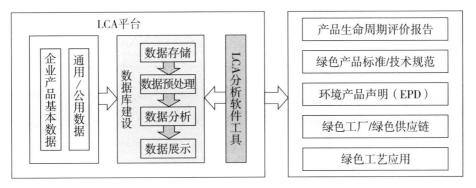

图6 绿色供应链数据管理平台：LCA 评价示意

（二）平台应用效果

绿色供应链的数据管理需要通过从原材料到部件，再到代工厂、整机厂等的产业链各环节，实现垂直数据整合。每个部件的数据获取都需要多级供应链企业的参与，这也意味着联想需要培养和提升多级供应链参与者的数据管理能力，经过两年多的努力，平台积累了几十个大类产品的供应链绿色数据。

2021 年，联想的 10 个系列产品参与工信部绿色设计产品申报，进行产品生命周期评价是申报绿色设计产品的必要条件。绿色供应链数据管理平台采集并分析了产品全生命周期数据，获得科学量化的产品生命周期评价结果，协助产品成功获得"2021 年度绿色设计产品"称号。

国家绿色设计产品的成功申报充分说明平台数据管理的科学性和有效性（见表5）。

表 5   入选工信部"2021 年度绿色设计产品"的联想产品清单

序号	产品类别	产品系列/型号
1	扩展坞	ThinkPad Thunderbolt 4 Workstation Dock DK2131
2	显示器	ThinkVision P27q—20，D19270Q P0，ThinkVision P27q—2L
3		ThinkVision P27h—20，D19270Q P1，ThinkVision P27h—2L
4	便携式计算机	ThinkPad X1 Carbon Gen 9 系列
5		ThinkPad X13 Gen 2 系列
6	平板电脑	Lenovo TB—X6C6 系列
7		Lenovo TB—J606 系列
8		Lenovo TB—J607 系列
9	移动通信终端	XT2143—1
10		XT2153—1

产业发展，标准先行。绿色低碳领域也是一样，统一的标准在产业发展中扮演着愈发重要的角色。借鉴国际标准的有益经验，发挥企业的行业带头作用，建立适合国内产业发展的绿色低碳标准，有利于国内环保领域的健康有序发展。联想在投入绿色供应链数据管理平台的研发与应用之外，还借助自身在产品环保低碳管理方面的经验，积极参与国内相关标准的制修订，其中包括：

《产品生命周期评价技术规范 微型计算机（产品种类规则）》（T/GDGM 0017—2021）

《电子电气产品的生命周期评价导则》（GB/T 37552—2019）

《电子电气产品有害物质限制使用标识要求》（SJ/T 11364—2014）

《电子电气产品材料声明》（GB/Z 26668—2011）

二、平台应用成效与创新点

联想坚持科技创新，不断推进数字化转型，赋能行业绿色低碳发展。2021—2022 财年，联想研发投入超过 130 亿元，同比增长 43%，2023—2024 财年结束时有望实现研发投入翻一番。

在产品环保与创新方面，联想设有专门的企业级环境政策，探索有害物质管理模式创新，再生塑料、再生金属的研发使用，竹纤维包材的创新推广，以及产品全生命周期评价解决方案的应用。绿色供应链数据管理平台成为联想供应链绿色化、数字化转型的典型案例。

平台通过数字化、智能化手段将 FMD 与 LCA 等绿色产品管理理论进行平台化应用开发，是企业供应链管理智能化变革的一次创新和尝试。平台将服务上下游企业作为解决方案来赋能其他企业与行业的供应链绿色化转型。

2022 年，平台获得知名调研机构 IDC 颁发的"可持续供应链最佳项目奖"。

（一）平台应用的主要技术理论

1. 生命周期评价方法学

基于 ISO 14040 标准（环境管理、生命周期评价、原则与框架）的 LCA 是评价一种产品或一类设施从"摇篮到坟墓"全过程总体环境影响的手段。LCA 是目前世界公认的系统性地量化评价各种产品的资源能源消耗与环境影响的标准方法，可以为节能减排、清洁生产、生态设计等一系列的政策实施提供评价方法支持。

2. FMD 限用物质管理方案

FMD 是国际最先进的环保数据管理方法。众多跨国公司承认该方法的有效性，并按照 FMD 思路进行绿色供应链的管理，比如飞利浦、苹果等。联想早于 2013 年就率先在行业推行 FMD 数据管理，在环保数据管理方面积累了大量经验。

（二）平台的主要技术创新点及其意义

①以生命周期评价方法学为基础，平台是国内首个电子产品绿色设计与评价平台，能够科学有效地评估产品的环境负荷。

平台能够对产品在碳排放、大气污染、水体污染、土壤酸化等各方面的环境影响进行全面评估，能够更科学地指导产品生态设计。

②采用 FMD 的创新环保数据管理方案，增加供应链透明度。平台通过对原材料、部件 FMD 数据的收集与分析，提高供应链数据的透明度。同时，通过 FMD 数据的自动化筛查，反面验证部件的合规性，形成了有据可查的环保数据流，大大降低了供应链整体的违规风险，同时，也能提升供应链上下游企业之间的相互信任。

③建立强大、完善的基础数据库，提升了绿色供应链管理的精准度，降

低了供应链风险。平台建立了包括物质、原材料、法规、工艺流程等多维度的基础数据库。通过供应链数据与基础数据库数据的比对分析，精准锁定问题、识别风险，并进行科学数理统计，提升了绿色供应链数据管理的精准度。

④实现源头预防、过程管理。与传统末端测试的管理方式不同，基于全物质信息披露以及生命周期各阶段环境影响数据的收集与分析，通过源头数据的采集，实现了源头预防管理模式的创新。此外，平台设置了环保数据的收集、检查、审批等环节，形成有据可查的环保数据流，实现环保信息的过程化管理的突破。

⑤设置多级供应商参与模式，提升绿色供应链的全球竞争力。平台管理包括原材料、组件和产品层，有效提升了各级供应链企业的参与度。平台的推广与应用可以持续发掘并整合供应链上下游企业的环保优势，降低产品的环境影响，提高供应链的可持续发展能力，从而提升中国科技企业在全球供应链中的影响力和竞争力。

⑥SaaS 模式、VUE（构建用户界面的渐进式框架）等技术降低平台开发资源消耗，提升平台可推广性。

SaaS 模式集中开发、部署、迭代、运维，功能可复用，大大降低了软件服务过程中的人力资源与服务器资源消耗。通过 SaaS 租户间数据隔离模式，提升了数字安全保障；通过优化结构设置，提升了平台性能。

除此之外，联想绿色供应链数据管理平台大大提升了供应链绿色数据管理的效率。以一款由300个元器件构成的电子产品为例，通过线下采集产品环保数据，以往通过邮件沟通和跟进，产品环保认证工程师通常需要三周的时间来检查和跟进供应商信息，而通过绿色供应链数据系统，工程师可快速筛选各部件的合规状态，节省约一周的工作时间，数据管理效率提升了30%以上。

三、平台社会推广价值

联想在 ESG（环境、社会和公司治理）领域的实践已超过 16 年。多年来，联想一直追求可持续发展，推动 ESG 实践的创新与落实。得益于完备的信息披露和不断改进的指标，联想多次获得中国益公司"ESG 绩效杰出企业"奖及"中国企业 ESG 最佳案例奖"等奖项。

作为 ESG 理念的践行者，联想十分重视产品的绿色环保。随着环境问题日趋突出，联想也越来越清晰地意识到，必须通过建立数字化的绿色供应链平台来满足环保要求并逐步建立领先的竞争优势。

绿色供应链数据管理平台将环保领域先进的管理方法与智能化手段相结合，有助于提升供应链上下游企业的环保数据管理能力，为 ICT 行业实行绿色供应链数据管理提供了完整的解决方案，能够在全国范围内推广应用。其推广的意义和价值主要表现在以下 6 个方面。

①降低企业合规风险和成本。平台的应用能够实现环保数据的过程管理，从源头上减少或者消除环境污染，将环保监管要求落实到企业日常运营当中，大大降低企业合规成本。

②降低管理成本，实现降本增效。平台采用的全物质信息披露通过供应链数据透明度的提升替代传统的检测和认证手段，大大降低产品检测和认证成本，节约企业环保管理成本。通过智能化手段，企业可以快速进行数据分析、识别与追踪管理，有效提升企业管理效率。2021 年，联想申报工信部绿色设计产品的过程中，绿色供应链数据管理平台替代传统的第三方认证，完成 10 个系列产品的全生命周期评价，节省测试认证成本 100 万元。未来，平台应用的不断拓展将为企业贡献更多的经济效益。

③规避绿色技术贸易壁垒。全球主要经济体日益重视气候变化问题，并设立相应的技术条款和环保法规。绿色供应链数据管理平台的建立能够帮助企业提升对自身产品组分的了解，通过 FMD 和 LCA 数据分析，更加高效地满足所在国的环保要求，进而让产品顺利进入市场，有助于我国稳经济、稳外贸的政策落地。

④提升企业绿色形象。实施绿色供应链管理可帮助企业树立产品安全可靠、重视社会价值的良好形象，赢得更多公众的青睐和客户的信任。

⑤提升绿色供应链的全球竞争力。平台的推广与应用可以发掘并整合供应链上下游企业的环保优势，降低产品的环境影响，提高供应链的可持续发展能力，从而提升中国科技企业在全球供应链中的影响力和竞争力。

⑥促进行业绿色发展。绿色供应链数据管理平台能够带动上下游企业重视绿色供应链管理，提升行业管理水平。通过树立行业标杆，大幅提升全行业绿色智能制造、绿色供应链能力。

三、PSC—DMM 指标评分细则

1 数字化战略

数字化战略维度下的指标，包含 3 个一级指标、7 个二级指标、15 个三级指标，分述如下。

企业应制定数字化战略与规划，确定企业数字化转型发展的战略目标、方向。企业战略体系中应涵盖供应链领域的发展规划，以及聚焦采购供应链数字化的专项发展规划。

1.1 战略规划

1.1.1 战略与规划管理

1.1.1.1 总体战略与规划

企业对未来发展方向作出的长期性和总体性战略，包括企业愿景和目标、业务范围及发展方向、内外部资源需求、各个专项规划及目标分阶段落地实施路径、数字化转型及采购供应链数字化方面的内容等。

■ 评价所需证明材料：

①企业总体战略

②企业中长期规划

③战略及其规划的决策文件

■ 指标评分细则（以下"A、B、C、D、E"为评分的 5 个档次，下同）：

A：企业制定了总体战略规划，但规划中不包括或仅有非常简单的企业数字化相关内容。

B：企业制定了总体战略规划，且规划中涉及企业信息化、数字化转型发展的相关内容。

C：企业总体战略规划中有专门关于数字化的章节，但未形成专项数字化规划。

D：企业总体战略规划中制定了专项数字化规划，且专项数字化规划中有专门的采购供应链领域的数字化发展规划。

E：企业总体战略规划中，专项数字化规划是总体战略规划的重要部分，且在专项数字化规划中，专门编制了采购供应链领域的数字化内容并已有效推进实施。

📎 **释义**

企业总体战略与规划是统筹各项分战略的全局性指导纲领，是企业最高管理层指导和控制企业一切行为的最高行动纲领。

📍 **提示**

如果企业将制定的战略规划束之高阁，不付诸实施，则等于没有战略规划。

❓ **问题**

问：企业总体战略规划的决策层级要求是什么？

答：企业总体战略规划是解决全局性、长远性、战略性的重大决策问题的规划，所以必须由高层次决策者做出，以企业正式文件批复并宣传贯彻。

1.1.1.2　数字化战略与规划

围绕企业总体战略及其规划提出的愿景、目标、业务范围和发展方向等内容，系统设计数字化转型路径，提出数字化转型的目标、方向、举措、资源需求等。

■ 评价所需证明材料：

①企业总体数字化规划

②企业数字化规划决策文件

■ 指标评分细则：

A：企业尚未制定数字化发展规划，或者仅有简单的信息化计划或信息系统建设设想。

B：企业开始着手编制数字化规划，或者没有数字化规划但已经制定了企业的信息化计划或信息系统建设计划。

C：企业编制了成型的数字化专项规划但未很好地落地实施，或者企业按年度编制信息化计划，并开展信息系统建设。

D：企业编制了成熟的数字化专项规划，但该规划只在信息化管理部门贯彻实施，并未被纳入企业总体战略规划。

E：企业有非常成熟的数字化发展专项规划，是企业总体战略规划的重要组成部分，且已在企业各业务板块或业务领域得以落地执行。

📎 释义

数字化转型目前已经成为国有企业的广泛共识。对企业来讲，数字化转型已经不是选择题，而是必选题，很多企业都将数字化转型提升到了企业的战略层面。数字化转型是建立在数字化转换、数字化升级基础上，进一步触及公司核心业务，以新建一种商业模式为目标的高层次转型。

"数字转型，战略先行"，企业要做好数字化转型，必须有其数字化战略。企业数字化战略及规划，是企业在未来 3 ~ 5 年内，在数字化领域的重点目标与核心发展策略，是以公司总体发展目标为基础，为实现公司总体战略及规划而设计的。

数字化战略属于企业总体战略的一部分，并服务于企业总体战略，通过"战略性"地使用 IT 和数据来支撑企业战略目标的实现。数字化战略并不是孤立地存在，它本身就是企业战略的一部分，是为了实现企业战略目标的一系列计划和行动的组合。

📍 提示

数字化转型不是软件升级，也不是简单的新一代信息技术的应用，需要从体制机制层面加快改革创新，构建一个适应数字化发展的新的运营范式。

⑦ 问题

问：企业数字化战略及规划需要回答哪些问题？

答：企业数字化战略及规划应包括 7 个 W、2 个 H。7 个 W 分别是为什么、做什么、在哪做、做哪个、谁来做、何时做、用什么做，2 个 H 分别是如何做、多少预算。

1.1.1.3 采购供应链数字化规划

企业对采购供应链的数字化应用进行的专项规划，包括采购供应链领域数字化发展的目标方向、发展路径、实施举措和推进步骤等。

■ 评价所需证明材料：

①采购供应链数字化规划

②供应链数字化规划决策文件

■ 指标评分细则：

A：企业尚未制定采购供应链方面的数字化发展规划，或者仅有简单的采购信息化计划或采购信息系统建设设想。

B：企业开始着手编制采购供应链方面的数字化规划，或者没有采购供应链方面的数字化规划但已经制定了采购信息化计划或采购信息系统建设计划。

C：企业编制了成型的采购供应链方面的数字化专项规划，但未很好地落地实施；或者虽无成型的采购供应链方面的数字化专项规划，但企业按年度编制采购信息化计划，并开展信息系统建设。

D：企业编制了成熟的采购供应链方面的数字化专项规划，但该规划只在采购部门贯彻实施，并未被纳入数字化规划或企业总体战略规划。

E：企业有非常成熟的采购供应链方面的数字化发展专项规划，是企业总体战略规划和企业数字化规划的重要组成部分，且已在企业总部及各下属单位得以落地执行。

⑦ 释义

供应链数字化规划是企业为供应链数字化建设设定的目标及实施路径等。

证明材料中规划是对未来的布局，长期规划是宏观规划、长期目标，而中期规划是中短期要实现的目标。决策文件是指作出决定的文件，决策不仅是一个认识过程，也是一个行动的过程。

提示

未来企业间的竞争，将是供应链与供应链间的竞争。企业供应链数字化建设成功的关键因素之一是协作，协作不仅包括企业内部供应链相关部门之间的协作，也包括与外部供应资源间的协作，内外部共同协作助力才能达成建设目标。

问题

问：企业采购供应链方面的数字化专项规划，如仅停留在采购或供应链部门贯彻执行，会有哪些危害？

答：企业采购供应链数字化建设工作，需要采购或供应链部门与生产、销售等部门共同参与进行发展规划落实的研讨，同时各部门之间还要相互反馈、相互支持，才能制订出有效的落地计划。如果企业在制定采购供应链数字化发展专项规划的过程中，各部门各自为政，没有进行充分的交流、碰撞，没有提前暴露矛盾、问题，也没有把组织内部的资源有效地利用起来，那将很大程度上影响专项发展规划的实现，也不能实现企业整体利益的最大化。

1.1.2　目标与计划管理

1.1.2.1　企业数字化目标与计划

在企业总体战略及规划，或数字化战略及规划中确定的数字化目标方向及制定的分年度或分阶段的工作计划，包括每一年度或每一阶段要达成的目标、责任主体、成果要求、关键路径与实施步骤等。

■ 评价所需证明材料：

①企业数字化分年度的目标与计划

②目标与计划的执行情况

■ 指标评分细则：

A：企业总体战略规划中未明确体现数字化建设的目标方向，数字化的目标与计划由信息部门自己掌握，或信息部门也无此明确的目标与计划。

B：企业总体战略规划中提出了数字化建设的目标，但未做详细部署。数字化的目标由信息部门自行确定和制订计划。

C：企业总体战略规划中明确了数字化转型发展的目标方向、未来几年的发展路径和展望，但未制定详细的实施举措和推进步骤，无法实际有效地落实衔接，只能靠信息部门自行落实。

D：企业总体战略规划中明确了数字化转型发展的目标方向、发展路径、实施举措和推进步骤，并把采购供应链领域的数字化作为其中的一部分内容。

E：企业将数字化转型发展作为企业的核心战略，进行了系统的规划部署，明确了目标方向、发展路径、实施举措，制订了详细的工作计划，并明确了责任分工和相关资源保障，采购供应链领域的数字化是其中的重要内容。

📎 释义

数字化转型就是要从传统方式转变到数字技术应用方式。"转型"就是从无到有、从少到多的过程。

📍 提示

企业制定目标不宜定得过高，过高易发生虚夸，如果劲使足了，还是完不成过高的目标，一些员工就会开始造假；目标也不能定得太低，太低的奋斗目标会使员工斗志涣散、懈怠，难以产生做事的热情与激情，从而错失大好的发展时机。

❓ 问题

问：企业数字化建设目标实现的关键是数字化技术的应用吗？

答：先进的数字化技术是数字化建设的必要条件，但不是充分条件。数字化建设的基础条件是要求企业具有丰富、全面的用户/数据资源。

1.1.2.2 采购供应链数字化目标与计划

在采购供应链方面确定的数字化目标方向及制订的分年度或分阶段的工作计划，包括每一年度或每一阶段要实现的目标、责任主体、成果要求、关键路径与实施步骤等。

■ 评价所需证明材料：

①企业采购供应链数字化分年度的目标与计划

②目标与计划的执行情况

■ 指标评分细则：

A：企业没有供应链领域的发展目标与计划，或有供应链领域/采购管理方面的发展规划，但其中未明确体现或仅简单体现了供应链信息化或信息系统建设的目标和有关计划。

B：企业供应链领域发展目标与计划中提出了其信息化或数字化建设的目标，但未做详细部署，企业一般都是依据实际情况开展工作。

C：企业供应链领域目标与计划中明确了其数字化建设的目标方向、未来几年的发展路径和展望，但未制订详细的年度目标和工作计划，没有实施举措和推进步骤。

D：企业供应链领域发展规划中，专门制定了采购供应链数字化建设的目标方向、发展路径、实施举措和推进步骤，并分年度确定了目标和具体计划。

E：企业将供应链领域的数字化建设作为企业供应链的核心战略，进行了系统的规划部署，明确了目标方向、发展路径、实施举措，制订了详细的工作计划，并明确了责任分工和相关资源保障，每年度都会对照目标与计划进行总结检查。

释义

目前很多企业都感受到了数字化建设的紧迫性和重要性，并且已经着手制定数字化战略及供应链战略。战略规划的核心内容是目标与计划的制订，目标与计划制订前，企业需先规划好从哪里着手做起、中长期走向何处的落地问题，然后通过目标分解及计划的分阶段执行，实现企业的数字化战略及供应链战略目标。

提示

供应链数字化实际由两部分构成：一部分是基础供应链管理，供应链活动分为研究与计划、寻源采购、生产制造、物流交付（仓储与运输）、售后与支持；另一部分是指数字化，基于供应链各个运作环节，所有作业数据被量化和数字化，充分验证、收集和优化，结合大数据技术与人工智能技术，对供应链数据进行可视化、分析、优化、预测，进行智能调度，代替人工作业。

（?） **问题**

问：目标与计划的区别与联系是什么？

答：目标是愿景，计划是实现愿景的措施与手段；目标是方向，用来引导计划的制定和实施。二者缺一不可，有目标没计划，就是空想；有计划没目标，就是盲行。目标是简短清晰的，计划是详细复杂的。计划分解得越详细、越具体，对工作的指导规范作用就越大，越能保证目标的顺利实现。

1.2　体制保障

1.2.1　组织机构

1.2.1.1　采购供应链数字化领导机构

为保障企业采购供应链数字化战略与规划目标的实现，企业设置了采购供应链数字化的管理机构。

■ 评价所需证明材料：

①领导机构设立发文

②履职工作清单及相关材料

■ 指标评分细则：

A：企业未设置或未明确专门的领导机构统筹数字化或供应链数字化工作，或即使有类似机构但未发挥或较少发挥作用。

B：企业明确了领导机构统筹管理数字化或供应链数字化工作，但该领导机构非专门机构，主要精力放在统筹管理其他重要事务上，对数字化或供应链数字化工作关注较少。

C：企业成立了专门的领导机构统筹数字化或供应链数字化工作，该机构的主要职责为该项工作，但非企业高层领导挂帅，或即使有高层领导挂帅也未实质性开展工作。

D：企业内部成立了专门的领导机构牵头管理供应链数字化建设与运营工作，该机构的主要职责为该项工作，企业高层领导挂帅，实质性开展工作。

E：企业内部成立了专门的领导机构统筹数字化或供应链数字化工作，该机构的主要职责为该项工作，企业高层领导挂帅，定期召开会议，决策重大事项、处理重大问题，实质性地发挥了重要作用。

释义

本条中"领导机构"是企业推进采购供应链数字化建设与运营工作的牵头部门，要发挥好采购供应链数字化建设的牵头抓总作用，牵头部门工作的成效好坏，直接影响企业采购供应链建设工作的整体开展情况。

提示

企业采购供应链数字化建设成功的关键是企业高层领导的重视，要建立强有力的组织领导机构，由企业主要领导成员或分管领导亲自挂帅。

问题

问：履职与任职的区别是什么？

答：履职是指职务承担人按照职务所赋予的权力及义务履行职责，并在实践活动中兑现其对组织的承诺。任职是指由上级权力机关按照干部任免管理权限，依据有关法律法规和制度的规定，任命某人担任某一职务的行政行为。简而言之，履职是指职务承担人行使职责，任职是接受工作任命。

1.2.1.2 采购供应链数字化专责部门

为保障企业采购供应链数字化战略与规划目标的实现，企业设置了采购供应链数字化的执行机构。

■ 评价所需证明材料：

①专责部门成立发文或明确部门职责的发文

②部门重点工作总结及相关材料

■ 指标评分细则：

A：企业内部未设置或明确专门的部门负责归口或牵头管理供应链数字化建设与运营工作，或者仅明确了责任部门，但无人力资源配置、无岗位设置，无法实质性发挥作用或作用很小。

B：企业虽未设置专责部门，但明确了某一部门兼管供应链数字化建设与运营工作，由于非专责，所以兼职人员无法全力投入工作，导致管理弱化。

C：企业虽未单独设置专责部门，但明确了某一部门兼管供应链数字化建设与运营工作，人员配置专职且较充分，能够实质性管理该项工作。

D：企业设置了单独的专责部门负责归口管理供应链数字化建设与运营工作，该部门的主要职责为该项工作，人员配置虽不充裕，但能够正常开展工作。

E：企业内部设置了专责部门负责归口管理供应链数字化建设与运营工作，该部门的主要职责为该项工作，且人员配置合理，工作正常开展且成效明显。

📎 释义

本条中采购供应链数字化专责部门是专门担负采购供应链数字化建设工作职责的机构，企业设置专责部门，保障了供应链数字化建设工作的专人推进实施，确保责任到人、落实到岗。

📍 提示

供应链管理包含计划、采购、生产、交付、退货等工作范畴，所以对专责部门应做好岗位职责设置。

❓ 问题

问：专责部门与专职部门的区别是什么？

答：专责部门指专门负责相关岗位责任的部门，专职部门指专门任职或专门从事某一项工作的部门。专责更加强调职责责任，专职更加强调职务级别。

1.2.2 制度与流程

1.2.2.1 采购供应链数字化制度建设

为保障企业采购供应链数字化战略与规划目标的实现，企业在采购供应链数字化制度方面所做的建设工作。

■ 评价所需证明材料：

①相关制度/指导意见/管理策略/规范意见

②正式的 OA（办公自动化系统）发文

■ 指标评分细则：

A：企业出台的各项制度办法中未涉及与供应链数字化工作有关的内容，或者即使有也只是泛泛提到的内容，没有具体要求或规定。

B：企业的制度办法中有部分章节与供应链数字化工作的建设和实施有关。

C：企业的制度办法中，虽没有专门针对供应链数字化的管理制度，但在供应链制度中有单独章节规定了与供应链数字化工作建设和实施有关的内容，且规定较为具体，易于落实执行。

D：为保障供应链数字化工作的实施，企业制定了专门的制度办法，已经发布执行，成为企业开展供应链数字化或信息化建设的依据。

E：为保障供应链数字化工作的实施，企业制定了专门的制度办法，制度规定具体到位，利于贯彻执行，有力地支撑了企业的采购供应链数字化或信息化工作，且已在实际中发挥了重要作用。

释义

制度是企业内部规范员工行为的一种准则，具有为相关人员工作指引方向的作用。当采购供应链相关制度公布实施后，员工会明晰工作要求的方法、原则、程序及禁止行为，并通过合理的责任设置，规范协同工作行为。管理策略是指组织对工作或任务进行管理时采取的策略，企业也可通过管理策略对采购供应链数字化建设工作提出管控要求。

提示

"重制度编制颁发，轻制度实施检查"，这是我国国有企业较普遍的问题，也是一个危害很大的问题。实际上，制度的实施和制度编制一样，是企业制度体系建设应有的内容。

问题

问：企业制度的重要性有哪些？

答：企业作为一个有机组织，为了实现既定目标和实现内部资源与外部环境的协调，在组织结构、运行机制和管理规范等方面应作出一系列制度安排。企业制度是企业有序化运行的体制框架、企业经营活动的体制保证、企业及其构成机构的行为准则、企业员工的行为准则等。

1.2.2.2　采购供应链数字化流程建设

为保障企业采购供应链数字化战略与规划目标的实现，企业在采购供应链数字化流程方面所做的建设工作。

■ 评价所需证明材料：

①供应链业务流程体系相关材料

■ 指标评分细则：

A：企业尚未专门针对采购供应链业务流程进行体系化和标准化，但有相关的制度流程清单。

B：企业初步梳理、规范了采购供应链业务流程体系，但流程不全面，尚未全面覆盖采购供应链端到端各业务环节。

C：企业对采购供应链业务流程体系进行了梳理，实现了规范化和标准化，且覆盖了采购供应链端到端各业务环节，但尚未明确相关的业务规则和接口规范等与业务流程密切相关的内容，因此也未在信息系统中予以对接落实。

D：企业梳理制定了完善的采购供应链业务流程体系，覆盖了采购供应链端到端各业务环节，同时明确了与各业务环节相关的业务规则、接口规范等内容，但在信息系统中应用不足或尚未与信息系统全面契合。

E：企业梳理制定了完善的采购供应链业务流程体系，覆盖了采购供应链端到端各业务环节，实现了流程规范化和标准化，同时明确了与各业务环节相关的业务规则、接口规范等内容，且在所有信息系统中予以落地固化，因而流程体系得到了有效执行。

📎 **释义**

业务流程是为达到采购供应链数字化工作目标而由不同的人分别共同完成的一系列活动。业务规则是对采购供应链数字化业务定义和约束的描述，用于维持其业务结构或控制和影响业务行为。业务规则不可再分、彼此之间独立，用最简单、最直接的自然语言来描述。

⚲ 提示

　　流程建设与管理在企业中有着越来越重要的地位，流程体系管理渗透了企业管理的每一个环节，任何一项业务战略的实施都肯定有其相应的操作流程。传统组织结构和环节繁多的业务流程已无法应付现在和未来业务的挑战。同时调研发现，在流程体系管理实践中，相当多的企业重视流程规划，而轻视流程管理。

❓ 问题

　　问：接口规范指什么？

　　答：接口是 App 端与服务器端交互密不可分的环节，接口的规范性会直接影响系统对接过程中的效率和质量。采购供应链数字化系统或平台本着快速高效开发的目的，减少对接过程中的错误率，接口应当有规范的约束。

1.2.3　人才储备与激励

1.2.3.1　采购供应链数字化队伍建设

　　为保障企业采购供应链数字化战略与规划目标的实现，企业在人才队伍建设方面所作的相关人力资源规划及安排。

　　■ 评价所需证明材料：

　　①管理研发、运营、运维等专业人才队伍名单

　　■ 指标评分细则：

　　A：企业未建立采购供应链数字化工作相关的人才队伍，或仅有个别兼职工作人员。

　　B：企业虽未建立专职的采购供应链数字化人才队伍，但在相关部门设置了专门岗位，可以承担基本的信息化或数字化管理工作。

　　C：企业初步建立起专门的采购供应链数字化人才队伍，虽然人力资源不充足，但基本涉及了数字化管理、研发、运营、运维（自有或第三方）等主要方面。

　　D：企业建立了专门的采购供应链数字化人才队伍，包括但不限于数字化

管理人员、研发人员、运营人员、运维人员（自有或第三方），基本能够承担起采购供应链数字化、信息化相关的主要工作。

E：企业建立了专门的采购供应链数字化人才队伍，包括但不限于数字化管理人员、研发人员、运营人员、运维人员（自有或第三方），力量和能力都足以承担起采购供应链数字化、信息化方面的所有工作。

📎 释义

专业人才指通过学习接受某方面技术知识，具备该专业技术能力的人员。其中，供应链管理人才应有供应链思维，供应链思维强调的是由点及面，将采购、生产、渠道、营销等各个环节综合考虑。

📍 提示

具备数字化专业知识和数字化思维的人才是企业采购供应链数字化建设和转型成功的重要因素。数字化人才不仅是专职从事 IT 工作的从业人员，更需要将企业内的采购人员、职能机构人员转变为具有数字思维和素养的人员。

❓ 问题

问：数字化人才分几类及分别应具备哪些能力？

答：数字化人才可以细分为数字化专业人才、数字化应用人才、数字化管理人才。数字化专业人才的主要任务是发现业务运行中的问题，并利用数字科技创造性地解决问题，需要具备技术能力、产品能力、运营能力以及项目管理能力。数字化应用人才的主要任务是通过实践将数字化产品在各种业务场景中加以应用，提高业务价值与效率，需要具备业务数字化需求提出能力、产品规划能力、应用能力。数字化管理人才的主要任务是对采购供应链数字化作出整体规划布局，并能够领导数字化专业人才、数字化应用人才推进企业的数字化转型。

1.2.3.2 采购供应链数字化人才激励措施

为保障企业采购供应链数字化战略与规划目标的实现，企业在激励措施方面所做的相关人力资源规划及安排。

■ 评价所需证明材料：

①专业人才培养机制文件

②专业人才激励措施文件

■ 指标评分细则：

A：企业没有专门的信息化、数字化专业管理人员、研发人员、运营人员、运维人员，因此没有专门的激励机制；或者企业所需的这类人员都是由其他专业人员兼职或转岗而来，与其他专业人员被同样对待，没有特殊政策与机制。

B：企业采用校招或转岗的方式专门引进信息化、数字化相关专业的人才，并采取一事一办的政策进行管理，但未形成常态化的招聘、管理、培养、培训、发展、激励机制。

C：企业制定了常态化的招聘、管理、培养、培训、发展、激励政策，主要采用校招、转岗的方式根据需要引进信息化、数字化相关专业的人才，形成了较为稳定的信息化、数字化相关专业人才队伍。

D：企业制定了专门的招聘、管理、培养、培训、发展、激励机制政策，对信息化、数字化相关专业的人才采用校招、转岗、社招相结合的方式予以引进，保证了人才队伍的充足及其工作经验和技术积累。

E：企业对从事采购供应链信息化、数字化专业的研发人员、平台运营人员，按照新业态成立新机构管理，制定了专门的引进、管理政策，采用与市场接轨的招聘、管理、薪酬激励机制留住人才，保持队伍稳定，保持技术能力领先。

释义

人才管理机制是指企业人力资源管理系统的结构及其运行机理，是一个完整的有机系统，包括人才的招聘、管理、培养、培训、发展、激励等环节。激励机制是指在组织系统中，通过运用多种激励手段并使之规范化和相对固定化，将员工对组织及工作的承诺最大化的过程。

⊙ 提示

人才是企业发展的根本。只有一流的人才，才能打造一流的企业。

⊙ 问题

问：企业人才激励机制存在的问题一般体现在哪些方面？

答：①激励机制不健全，主要表现为人才引进机制不科学、培训激励机制不足、薪酬激励机制欠缺等；②激励形式和手段单一，采用的激励形式重短期轻长期，重物质奖励而忽视精神奖励；③绩效考核制度不科学，缺乏一套完善健全的员工业绩考核机制，绩效考核体系缺乏规范化、定量化等。

1.3　机制和资源保障

1.3.1　执行机制保障

1.3.1.1　采购供应链数字化战略落地执行机制

为保障企业采购供应链数字化战略的落地实施而建立的执行机制。

■ 评价所需证明材料：

①战略落地执行保障的相关制度文件

■ 指标评分细则：

A：企业未建立战略落地执行的相关保障机制，或者仅有关于战略落地执行的简单要求。

B：企业虽未建立战略落地执行的相关保障机制，但就战略落地执行事宜提出了相关的具体工作要求。

C：企业建立了总体战略或数字化规划的落地执行保障机制，但未明确对采购供应链领域规划的落地执行提出具体的保障机制。

D：为保障企业战略的落地执行，企业建立了完善、闭环的管理体系，并通过公文、制度等方式进行了明确，且明确对采购供应链数字化规划的落地执行提出具体的保障机制。

E：企业建立了完善闭环的战略落地执行管理体系，同时单独建立了采购供应链领域关于数字化方面完善闭环的战略落地执行管理机制，且该机制得到了有效贯彻、定期检查落实。

📎 释义

在企业战略制定完成后，企业的关注点应转移到"我们的战略如何落地执行？"企业应提前规划好战略执行保障机制，包括相关管理制度是否健全，人力资源、财务预算等各种资源配置是否充足到位，是否做了投资计划安排等。

📍 提示

战略落地执行，这个"地"应是企业最基本的管理元素——员工，企业面临的一大挑战是如何让企业各层级的员工能够读懂战略，不能让基层的员工感觉公司战略是高高在上、虚无缥缈的，企业要建立多元化的战略沟通渠道，使企业各层级员工理解战略并达成认知共识。

❓ 问题

问：如企业明确了采购供应链领域数字化转型发展的目标方向、发展路径和展望，但没有对落地实施检查进行详细部署安排，会产生什么危害？

答：当企业在采购供应链领域下大力气制定出转型发展的目标方向与发展路径后，千万不能认为大事完毕了，不去下大力气推动实施，更没有去进行相应的检查和实施反馈。发展目标只落实在纸面上的做法危害很大。首先，由于发展目标并未得到真正落实，存在的问题也没得到解决，而管理层却盲目乐观，不再继续采取措施，管理会更加混乱。更大的危害是在整个企业形成有令不行、有禁不止的风气，大大毒化了企业文化。采购供应链领域数字化转型目标的实现关键是企业要有从上到下都想把这件事做好的决心和扎扎实实的行动。

1.3.1.2 采购供应链数字化战略执行评价机制

为保障企业采购供应链数字化战略的落地执行效果而建立的评估机制。

■ 评价所需证明材料：

①定期后评价报告

■ 指标评分细则：

A：企业未形成关于总体战略规划落地执行情况的跟踪评价机制；或者虽

然未形成机制，但企业还是会不定期地进行简单的规划、计划执行情况的总结。

B：企业虽未建立战略规划落地执行情况的评价机制，但是会定期对规划、计划的执行情况进行总结回顾，分析规划、计划的执行情况。

C：企业有总体战略规划落地执行情况的跟踪评价机制，并在企业整体层面有贯彻实施，但未细化到或未涉及数字化及供应链领域；或者企业仅在数字化及采购供应链管理领域形成并开展了规划、计划落地执行情况的跟踪评价，但是在企业总体层面尚未开展。

D：针对企业总体战略规划和企业数字化规划、采购供应链规划等，企业均制定了落地执行进展情况的跟踪评价机制，定期分析规划、计划的执行情况。

E：企业从总体层面到每个板块、每个领域都建立了针对战略、规划、计划的落地执行情况跟踪评价机制，且针对采购供应链数字化规划战略的落地执行情况至少每年开展一次总结评价，并非常注重评价结果的应用。

📎 释义

执行评价是对战略目标与计划落地执行情况的跟踪评价，主要的工作内容包括：一是确定执行效果是否达标，是否存在偏差；二是根本原因分析；三是改进计划及持续跟踪；四是做到闭环管理，对执行过程的评价有助于分析问题产生的真正原因并及时纠偏。

📍 提示

执行评价机制必须有具体、明确的评价标准，建议可以采用定性标准和定量标准相结合的方式。

❓ 问题

问：后评价的意义和价值是什么？

答：评价所需证明材料中"后评价"是指在企业战略规划已经运行一段时间后，对战略目标、执行进度、执行效益等进行系统的、客观的分析和总结的活动。后评价将战略规划的执行结果与预想目标、上期评价的操作过程或调整进行对比，得出战略规划完成效果以及过程的正确性评价，其结论性材料为后评价报告。同时，后评价还会包含由评价结论和未来趋势预测给出的建议。因此，后评价为下一个阶段战略规划的决策和管理提供科学、可靠的参考依据，成为企业闭环管理中的重要环节。

1.3.2 资源保障

1.3.2.1 采购供应链数字化预算与战略衔接

为保障企业采购供应链数字化战略规划的落地执行而设置的预算安排与相关战略的匹配与衔接程度。

■ 评价所需证明材料：

①年度预算制定

②审议或决策材料

■ 指标评分细则：

A：企业制定年度预算时，基本不考虑或较少考虑与企业数字化规划或采购供应链数字化规划的衔接。

B：企业制定年度预算时，会在一定程度上考虑企业的数字化规划或采购供应链数字化规划，虽没有严格按照规划内容编制预算，但也会覆盖部分战略规划内容。

C：企业制定年度预算时，会充分考虑与企业的数字化规划或采购供应链数字化规划的有效承接。

D：企业制定年度预算时，会充分考虑与企业的数字化规划或采购供应链数字化规划的有效承接，逐项研讨企业战略部署举措预算需求，并单独编列企业的数字化规划或采购供应链数字化规划。

E：企业制定年度预算时，会充分考虑与企业的数字化规划或采购供应链数字化规划的有效承接，逐项研讨企业战略部署举措预算需求，并单独编列企业的数字化规划或采购供应链数字化规划预算，且在年度决算时检查企业的数字化或采购供应链数字化预算执行情况。

📎 **释义**

企业的战略和战略规划为年度预算提供了基础和起点，年度预算要反映企业战略、愿景、使命和总体目标。一个有效的预算是围绕战略目标编制的，预算是战略在较短时间内的量化表达。

📍 **提示**

通常来讲，战略规划的最小单位为年度预算，"凡事预则立，不预则废"，战略执行团队要根据战略规划分解年度目标，形成年度工作计划和预算。企业可结合自身经营实务，就战略规划与分解的年度规划目标制定相应的预算，编制过程可由"由下至上，再由上至下"的双向互动过程组成，目的是识别风险并实施必要的措施，确保顺利实现年度目标。

❓ **问题**

问：企业预算与决算的区别与联系是什么？

答：企业预算与决算是不可分割的两个方面，构成了企业资金使用分配的全过程。预算是决算的前提，决算是对预算的检验和评价，二者相辅相成。预算是一定时期企业资金分配的起始阶段，预算可以对收入和支出加以控制，以实现企业的发展目标；决算是 定时期企业资金分配过程的终结阶段，它可以检验预算的科学性，检查预算的完成情况，总结一年企业发展工作的得失成败。

1.3.2.2 采购供应链数字化投资

为保障企业采购供应链数字化战略规划的落地执行而设置的投资安排及执行情况。

■ 评价所需证明材料：

①正式发布的年度投资计划

②投资计划使用进展情况

■ 指标评分细则：

A：企业不单独制订采购供应链数字化系统平台开发建设的投资计划，或有简单的投资计划但经常不足以覆盖实际执行情况。

B：企业每年都会制订采购供应链数字化系统平台开发建设的投资计划，但实际工作并不按照投资计划开展。

C：企业每年都会制订采购供应链数字化系统平台开发建设的投资计划，且在年度预算中也进行了列示，但预算往往不够充足，无法覆盖企业的采购供应链数字化建设需求，结果是有多少钱干多少活。

D：企业制订了采购供应链数字化系统平台开发建设的投资计划，且年度预算中也进行了列示，预算充足，足以覆盖全部数字化建设需求。

E：企业制订了采购供应链数字化系统平台开发建设的投资计划，年度预算中也进行了列示，预算充足，足以覆盖全部数字化建设需求，同时每年都会严格按照计划开展工作，年终对照检查，确保采购供应链数字化目标与项目得以有资金保障。

📎 释义

采购供应链数字化投资安排是企业对采购供应链建设的核心保障，是判断企业是否开展了或即将开展采购供应链建设工作的重要标尺，俗话说"兵马未动，粮草先行"，投资计划获得批准才能开始下一步的执行工作，才能保障采购供应链数字化建设工作的正常开展。

📍 提示

投资计划是企业编制的某一特定时期投资的筹集和运用计划。计划内容需逐项分列所需建设和采购的物资服务的投资支出及其相应的资金来源，由于投资并不是无限的，编制投资计划实质上是一个决策过程，所以投资计划中的主要问题就是如何把有限的资金分配到对企业发展至关重要的事项中去。

❓ 问题

问：企业做好投资计划管理的作用是什么？

答：投资计划是一项基础职能，对实现企业投资目的具有很大价值。企业在投资活动中，需要对投资额、收益额、项目周期长短、投资风险做好管控，所以加强对投资行为的计划和管理具有十分重要的作用，对降低投资风险具有积极意义。

案例4：以数字创新打造智慧供应链，实现数字化转型

中国联通积极贯彻国家《关于积极推进供应链创新与应用的指导意见》要求，对标世界一流，基于现代供应链管理理念，通过一系列的创新与实践，实现了供应链采购需求、寻源采购、订单交易、物流配送、仓储管理、资金结算、物资利旧、资产处置全流程数字化管理与运营，解决了传统供应链存在的规范、效率、效益难以同步提升的痛点，为大型国有企业从传统供应链向现代供应链转型探索了一条新路径，成为中央企业对标世界一流提升行动的标杆。

中国联通从6个方面全面推进采购供应链数字化转型。

一是重构供应链制度，从供应链顶层设计入手，在全集团建立了一套"1+4+N"的制度体系，覆盖采购计划、寻源采购、订单交易、物流仓储、资金结算、利旧处置等供应链全过程，扎紧编实制度的"藩篱"，将权力关进"笼子"里，确保供应链各环节合法合规。二是整合供应链组织，将原有多层级组织架构进行整合优化，形成集团、省两级供应链管理与运营组织架构，实施集约化管理、互联网化运营，提高管理运营效率。三是打造智慧供应链平台，引入云计算、大数据、物联网、人工智能、区块链等新技术，建设"一级架构"智慧供应链平台，将一套制度嵌入平台，实现全流程线上操作、全环节数字化闭环管理。四是开展供应链创新应用，依托供应链平台，开展"3+n+1"创新应用，确保物资供给有序、高效。五是构建供应链新生态，打通供应链上下游，对接大型供应商及主流物流服务商系统，实现交易、配送、结算、支付各环节互联网化协同，构建供应链"合作、共赢、共享、协同、绿色"新生态，推进社会数字化转型和生产方式变革。六是提升供应链风险防控能力，开发风险防控模型并嵌入系统，通过大数据等智能手段，提升全环节风险识别、评估、响应、处理的能力，支撑在线监督、在线检查、在线控制等。

一、全集团一套制度，嵌入数字供应链全环节

按照现代供应链管理理念，依据国家有关法律法规、公开采购及公司全面数字化转型的要求，实施供应链制度重构，将原有采购、物流分别独立的管理制度进行整合，补充相关运营制度，同时将集团和省两级管理运营制度进行规范和统一，在全集团形成一套"1＋4＋N"供应链制度体系，覆盖采购计划、采购需求、寻源采购、订单交易、物流配送、仓储管理、资金结算、物资利旧、资产处置等供应链全过程，通过数字平台和数字化技术实现了供应链各环节的规范化管理，效率、效益同步提升。

新的制度体系在坚持"依法必须招标"要求的同时，推出多种采购方式，打破了"逢采必招标"的桎梏，在单一来源采购、竞争性谈判的基础上，按照"公开采购"要求，创新了公开比选、询价采购（公开询价、竞争性询价、定向询价）、公开直购等非招标采购方式；打破单一项目的"资格条件"约束，采用"分批招募＋增补招募＋长期招募"等常态化集中招募，首创"技术核准制"，降低供应商引入门槛，以产品技术合格为供应商引入的资格条件；打破传统招标采购特定时间的限制，广泛吸纳有意愿的供应商参与，实现海量寻源，充分满足非依法必须招标项目物资采购需求的多样化，采购效率与采购规范性显著提升。

新的制度体系创新集中采购模式，改单一项目式采购为产品式集中采购。制定《年度集中采购产品目录》，按照产品品类实施集团、省两级运营，分级实施集中采购，对网络主设备推出"新建＋扩容"的一体化采购方式，一次性锁定产品全生命周期成本；依据集中采购产品目录制定物资保障计划，提前做好采购准备，实现需求人、采购人、供应商高效协同，提高采购效益效率。

新的制度体系创新推出供应链互联网化运营规则，以"1个通用规则＋m个产品运营规则"支撑全品类物资规范化运营需要；同时对传统采购经理职责进行变革，推出产品经理负责制，实施产品全生命周期管理，按照产品运营规则，承担起相应产品寻源采购、商品上下架、价格管控、交易监控、数据分析、供应商后评价等全过程数字化闭环管理的责任。

新的制度体系建立了供应商全方位评价与考核机制，并依托数字化供应

链平台，实施供应商产品从进入到退出全过程、全生命周期的数字化闭环管理。强化供应商及其产品在产品寻源、引入、使用等各环节的后评价，同时，依据评价结果进行考核应用，发布供应商正负面管理清单，实施供应商及其产品的分级管理，落实供应商激励与惩处要求，提升产品质量及供应商服务水平。

二、全集团两级管理与运营组织架构，保障全品类物资互联网化运营

中国联通供应链在原有物资采购管理组织架构的基础上，按照互联网化运营思维，组建专业化运营团队，采用"横向归口、纵向集中"的集约化管理模式，将组织架构整合为集团、省两级管理与运营的供应链组织体系，同时将操作权限下沉至生产单元，满足基层单位物资需求。

三、全集团一个平台，实现供应链全流程线上操作

依据数字化转型、供应链集约化管理及扁平化运营的要求，在原有采购管理、内部商城、电子招投标三个独立系统的基础上，引入云计算、大数据、物联网、人工智能、区块链等新技术，按照供应链一套制度的管理及流程，自主开发建设全集团"一级架构"的智慧供应链平台，实现供应链全环节运营的"数字化、智慧化、可视化"，目前供应链平台已完成"16个通用能力+N个智能工具"的智慧化升级，与企业B域、M域、O域的34个内部系统以及国家招投标公共服务平台、阿里拍卖等18个外部系统实现内联外通。

依托数字化供应链平台，实施商品、供应商、交易、物流、结算、数据、客服、风险防控等供应链各环节的互联网化运营，保障供应链全过程全环节线上操作、全流程数字化闭环管理。在运营过程中根据情况变化，组织供应链制度适时更新、平台同步迭代、组织架构优化调整，实现了供应链管理水平的螺旋式持续提升。

四、开展创新应用，"规范、效率、效益"同步提升

中国联通依托数字化供应链平台开展"3+n+1"创新应用，即打造专业市场、公开市场、电子超市3个基本应用商业模式；基于3个商业模式开发n个创新应用场景；基于供应链平台统一的能力开放，建立1个R&D专区，敏捷赋能省分公司创新应用开发。

（一）3个交易市场

按照国家法律法规要求，对通信网络、IT系统等依法必须招标项目物资，

通过数字化供应链平台实施公开集中招标，将中标供应商及其产品在平台专业市场上架运营，一是将传统的采购合同执行转变为互联网化"框架合同＋订单"方式，首创央企通信物资淘宝式采购体验；二是依据产品运营规则，对上架商品的供应商、价格、有效期、付款以及供应商后评价实施全过程管理。

落实国资委公开采购要求，对非依法必须招标项目物资在数字化供应链平台实施公开采购，将招募的合格供应商（物流商）及其产品在平台公开市场上架运营，一是实施"公开招募＋询价（直购）下单"方式，首创央企物资电子商务交易体验，各层级单位使用询价等工具与供应商在线交互、比价下单；二是创新引入电子合同，买卖双方在线签署采购合同；三是依据产品运营规则，对上架商品的供应商、价格、有效期、付款以及供应商后评价等实施全过程管理。

全面对接社会化主流电商，引入企业所需的社会化通用物资，在平台电子超市上架运营，一是实现了"公开招募＋直购下单"方式，首创央企通用物资电商化购物体验，与主流电商合作对接，建设 B2B/B2C 电商、义乌商店，引入海量通用商品，支持各层级单位比价直购下单；二是由集团一级运营，制定电商运营规则，建立"正面清单＋负面清单"、商品巡检、商品增补、商品公示等机制，保证"货真价实"。

（二）n 个创新应用

支撑网络建设：依托数字化供应链平台"专业市场＋公开市场"实施双板块联合运营，支撑网络建设物资需求。经过依法必须招标集中采购后，需求单位在专业市场执行集中招标采购结果，同时在公开市场招募同品类合格供应商入驻，扩展产品供应商范围，满足各级单位未达到招标限额的小颗粒项目采购需求，保证及时供应。

支撑基层生产单元：依托数字化供应链平台"公开市场＋电子超市"服务基层生产单元物资需求。通过推进公开市场规模运营与建立电子超市商品实时增补机制引入生产单元所需的行政办公、客户接入、广告营销等全品类物资，简化审批流程，实现物资获取便捷高效；基层生产单元需求解决及时率达到99.8%，五星评价占比超过80%。

支撑公司创新业务发展：依托数字化供应链平台公开市场，支撑公司新业务、新技术产品物资采购需求；梳理创新业务产品目录与应用场景，建立创新业务专区，创新业务全线上采购。截至目前，已公开招募2.4万家创新应用合作伙伴入驻，引入智慧城市、智慧医疗、智慧交通、智慧政务等解决方案近15万个。

支撑消费帮扶：依托数字化供应链平台电子超市，打造智慧农业综合解决方案，创新"一点接入、集中运营、统一结算"的央企消费扶贫新模式，建立中国联通扶贫旗舰店，公开招募引入扶贫商品，服务全集团20万名员工。

支撑应急保障：依托数字化供应链平台电子超市，建立防疫等应急物资保障专区及应急配送绿色通道，制定应急物资统一目录，实施应急采购，有效保障了公司生产经营与员工防疫物资的需求。

（三）1个R&D专区

基于数字化供应链平台统一的能力开放，设立个性化开发专区，为各级开发者提供开发工具与数据资源，敏捷赋能分子公司进行创新应用开发，满足个性化应用的需求。

五、构建供应链上下游新生态，赋能价值共创

中国联通数字化供应链平台与社会成熟的交易、供应、金融、物流等服务平台及"云""大""物"、AI、区块链等新技术产品提供商密切合作，构建"合作、共赢、共享、协同、绿色"新生态，赋能供应链上下游企业，从采购源头落实节能责任，推动供应商在设计、生产、包装、运输、消费的全生命周期中履行绿色供应责任。

①打通内外部环节，实现供应链全环节端对端协同。数字化供应链平台对外通过B2B等方式实现了采购过程、合同、订单、商品、物流、结算、付款等全环节的信息协同，对内通过系统接口实现了与预算、财务记账、核算、工程项目管理等相关业务流程的信息协同，实现了物流、资金流与信息流的有机整合。

②通过公开招募引入海量合格供应商入驻平台，满足企业全品类物资需求，同时进行供应商考核，实施动态管理，优胜劣汰，保证供应链生态的健

康稳定。

③实施物流仓储合作，公开招募29家第三方仓储服务商，入驻供应链平台，与仓储企业实施战略合作，提升专业化服务水平；公开招募23家第三方主流物流商，与供应链平台进行系统对接，提供快递、零担、整车等社会化物流服务。

④开展互联网化报废资产处置，对接阿里、京东互联网拍卖平台，首创互联网化新型报废资产处置运营体系，实施报废物资社会化线上公开竞价交易，充分应用起拍定价、竞价时点、加价幅度等互联网拍卖规则，提高处置效益效率，全流程公开、透明、可控。

⑤开展供应链金融服务赋能，提供账号资金归集、一点结算、一点支付、收款等服务；归集核心企业贸易资产，助力轻资产运营；为中小企业和金融机构提供贸易融资等金融服务；开展投融资、风险建模、征信、非标产品标准化等业务。

⑥落实"碳达峰、碳中和"责任，实施绿色采购，要求供应商使用环保包装，同时在有源设备采购时设置节能评审指标。开展物资资产盘活再利用，资产效能不断提升。

⑦与银行、保险公司及提供股权关系、诚信状况查询等服务的企业合作，同时引入AI、区块链等新技术赋能中国联通智慧供应链平台，共同构建良好的生态环境。

六、统筹谋划，达成供应链全环节数字化风险防控

①加强风险防控制度顶层设计，将一套制度嵌入供应链平台，将采购计划、采购需求、寻源采购、订单交易、物流仓储、资金结算、利旧处置等供应链全过程的规范要求固化在系统中，实施线上操作、全过程留痕，规避线下操作不透明、规范执行不到位等风险。

②结合历次内外部检查中发现的供应链的相关问题，深入剖析原因，有针对性地制定整改措施。举一反三建立长效机制，完善制度、开发基于大数据驱动的数字化风险防控模型，并嵌入系统实施全环节数字化风险防控，全面提升供应链风险识别、评估、响应、处理能力。通过预警、软控、强控手段动态监控，实施智能预警控制，实时消除风险隐患。

③依托大数据手段对产品价格信息进行分析对比，建立产品价格标杆库并将其嵌入价格评审与中选复核环节，协助产品经理控制价格风险。建立供应链数字化交易监控中心与产品经理工作台，对关键数据进行动态监控；利用数据中台汇集各层级存货数据，进行动态管控。

④全面提升供应链安全，防范物资断供风险，一是依据国家"平时服务、急时应急、战时应战"和中国联通有关应急管理、应急保障的要求，在日常供应链管理与运营的基础上，建立应急物资保障预案；二是按物资品类广泛寻源，扩大供应链前端供应商来源；三是落实国家"网络强国"战略及自主可控要求，在设备选型、测试、招标采购中同步嵌入相关要求，提升国产化水平。

2　数字化能力建设

数字化能力建设评价维度下的指标设置，包括 4 个一级指标、15 个二级指标、54 个三级指标，分述如下。

2.1　数智承载能力建设

采购供应链平台的数字化能力以对数据和智能化算法的承载能力为核心，包括以数智化技术作为平台数字化支撑、将数据进行标准化的转化及应用、借助数智化技术实现协同等方面的能力。

2.1.1　数智支撑能力

数智支撑能力包括采购供应链数字化平台全生命周期数据的治理能力、采购供应链数字化平台各环节的数据穿透能力和数据共享能力。智能化技术在采购供应链数字化平台各功能中的运用能力，最终为采购平台的数字化升级提供了强有力的支撑。

2.1.1.1　数据治理能力

采购供应链信息系统或数字化平台开展采购供应链全生命周期数据治理的数字化能力，包括对内外部结构化数据、非结构化数据的全量采集、存储、分析处理的数字化能力。

■ 评价所需证明材料：

①数据中台或大数据平台的数据治理功能截图和介绍

■ 指标评分细则：

A：无数据治理，或仅实现了对部分内部结构化数据的全量采集、全量存储；对数据的利用仅限于基础的统计分析，缺少专门的挖掘处理。

B：实现了对采购平台内部全量结构化数据的无差别化采集，统一存储；实现了全量数据的统计分析，形成了报表引擎和 BI（商业智能）应用。

C：实现了对内部多源异构数据的实时采集，不同的数据需要采取不同的采集策略；实现了对采购平台全量结构化数据和部分非结构化数据的统一存储；实现了大数据分析应用平台的建设，具备结构化数据全生命周期治理及应用的能力。

D：具有对内外部数据实时采集的工具和能力，可以通过采集策略的配置实现对多源异构数据无差别化的采集；形成了覆盖全量结构化与非结构化数据的仓湖一体化统一异步存储；实现了大数据分析应用平台的建设，具备结构化和非结构化数据全生命周期治理及应用的能力。

E：具备对内外部数据实时采集的工具和能力，可以根据数据内容的不同自动实现对多源异构数据无差别化的采集；形成了覆盖全量结构化与非结构化数据的仓湖一体化统一实时存储，存储内容涵盖了关系数据、非关系数据、向量数据、图数据、文件数据、流媒体数据等；具备大数据分析应用指标、数据模型、数据报告的能力输出，成为行业指向标。

🔗 释义

本指标中阐述的数据治理能力，是指采购供应链数字化平台为了匹配企业采购供应链数据驱动的基本目标要求，以及满足对数字化采购数智支撑能力的要求，所具备的对采购平台各项数据进行采集、存储、分析、共享、应用的数据治理闭环支撑能力。

采购供应链的数字化实现，将非常依赖于对采购业务各项数据治理成果的应用，因此采购数字化平台的数据治理能力对于数字化采购供应链至关重要。区别于传统的结构化数据的数据治理，面向数字化采购的数据治理，其数据源的采集能力需要覆盖采购业务本身与周边及外部相关数据，其数据存储能力需要覆盖结构化和非结构化各种异构数据，其数据分析能力需要覆盖统计分析、建模分析等技术领域，其数据共享能力需要覆盖内外部各项被授权群体，其数据应用能力需要覆盖数据指标化应用、数据报告化应用、数据模型化应用等多维度场景。

数据治理能力指标的证明资料为企业的数据中台或大数据平台的数据治理相应功能的产品截图和功能介绍说明。

📍 提示

建设专业化的数据中台或大数据平台是提升数据治理能力的最有效途径。

❓ 问题

问：数据治理能力指标和数据洞察能力指标的区别是什么？

答：两者的区别有两项，其一，数据治理能力注重数据应用前的数据采集挖掘和分析处理的技术能力，而数据洞察能力注重数据应用过程及应用结果所展示的应用能力；其二，数据治理能力为技术层面的能力，不能直接观察，需要通过应用的展示来提供佐证，而数据洞察能力可以直接观察和展示。

2.1.1.2 算法模型能力

采购供应链信息系统或数字化平台开发并利用采购供应链领域各类算法模型的数字化能力水平。

■ 评价所需证明材料：

①企业智能化中台或平台

②可视化的算法模型管理及研发界面

■ 指标评分细则：

A：无算法模型，或仅能够对固定的统计模型进行应用。

B：可以对各项统计模型进行研发并应用。

C：除了对统计模型的应用，还能对各项深度学习算法进行直接应用。

D：具备各项深度学习算法的研发及应用能力。

E：具备覆盖数据标注、模型开发、模型训练、模型测试等闭环算法模型开发及应用能力。

📎 **释义**

本指标中所阐述的算法模型能力，是指采购供应链数字化平台为了满足采购业务数字化数据驱动、生态智能的目标要求，所具备的数据挖掘、数据建模、算法利用的能力。

采购供应链数字化的实现，对于数据的运用能力是重中之重，让数据驱动业务发展除了需要有强大的算力进行支撑，还需要有强大的算法模型支撑，这样采购业务数据的利用才能由基础的统计分析走向智能化的挖掘建模应用。所以对于企业数智支撑能力矩阵来说，算法模型能力才是真正体现数智支撑能力的核心点。算法模型能力包括算法模型的数据标准、模型开发、模型训练、模型测试、模型应用、模型评价等内容。

如果需要算法模型能力指标的证明材料，就需要提供企业的智能化（AI）中台或平台，中台或平台还需要有可视化的算法模型管理及研发界面。

📍 **提示**

算法模型能力指标并不要求企业去研究和关注 AI、深度学习等通用领域，而是希望企业能够将行业内较为前沿的技术能力和采购业务领域相结合，形成采购领域专属智能化模型或解决方案。

❓ **问题**

问：算法模型能力指标有应用场景的要求吗？

答：没有特定场景的要求，但是对于算法模型指标来说，只有在实际的业务场景中形成应用，才能证明它的存在和价值，所以虽然没有场景的要求但是必然是有场景存在的。

2.1.1.3 数据洞察能力

采购供应链信息系统或数字化平台对采购商品、交易供应商、交易项目、项目文档、项目合同等业务数据开展信息挖掘、提取、转化进而辅助业务决策的数字化能力。

■ 评价所需证明材料：

①BI 工具

②数据报表工具

③大数据分析工具

■ 指标评分细则：

A：没有或仅具备采购业务数据统计查询的能力。

B：具备丰富的数据查询统计能力，以及业务数据多维度可视化的能力。

C：具备自助式数据分析能力，具备自由布局、拖拽式操作、自定义主题等的可视化能力。

D：具备成熟的采购业务数据分析指标体系；具备按指标模型进行自主数据分析的能力；具备自动输出数据分析报告的能力。

E：具备为采购供应链全链路数据进行自助式分析和 AI 深度分析的能力；具备支持采购供应链全链路智能预测和智能推荐的能力。

释义

本指标中所阐述的数据洞察能力，是指采购供应链信息化平台为了达成数据驱动的数字化基本目标，所具备的数据查询、统计、分析、预测、推荐等数据综合性运用的能力。该指标体现了企业采购供应链信息化系统结合数据进行分析、决策的技术能力。

企业的数字化转型升级必然以数据的大规模、深度化应用为前提，数据的应用面窄、应用深度浅、应用场景单一等情形都是企业数字化不成熟的表现。企业采购供应链信息化系统是企业采购业务的全部载体，因此采购供应链信息化平台的数据洞察指标必然会影响企业采购供应链的数字化成熟度。数据洞察能力应该包括对数据的统计、分析、指标建模、深度挖掘、预警、预测、推荐等方面的能力。

数据洞察能力的证明材料应包含系统 BI 工具、数据报表工具、大数据分析工具等内容，证明材料不需要列举全部的工具，但需要列举的工具可以满足指标的全部要求。

提示

企业建设采购数据中台和采购大数据平台是数据洞察能力的必要指标但不是充分指标，数据洞察能力还需要重点关注采购平台对数据的利用情况。

问题1

问：采购供应链全链路智能预测和智能推荐的能力包括哪些方面？

答：包括依托于大量的历史数据和行业价值数据对采购策略、采购方案、采购寻源、采购评审、物流仓储方案等作出的数据预测和最佳策略推荐等。

问题2

问：采购业务数据分析指标体系如何证明？

答：具备多维度的采购业务分析指标，或者多业务场景的分析指标，可以覆盖大部分业务维度或场景，即可认定为存在采购业务分析指标体系。

2.1.1.4　数据穿透能力

采购供应链信息系统或数字化平台保障采购供应链各信息化系统数据无缝穿透的数字化能力。

■ 评价所需证明材料：

①企业采购供应链各系统的相互集成情况介绍

②企业采购供应链各系统间数据流转情况介绍

■ 指标评分细则：

A：无信息系统，或采购供应链平台存在大量的数据孤岛，各系统间的数据很难进行在线直接交互。

B：采购供应链平台的各应用系统仍比较分散，各系统通过相互授信的方式允许上下游系统访问自身的特定数据，实现了基本数据交互。

C：采购供应链平台各应用系统得到了良好的集成，各应用系统之间通过内部数据交换/共享中心的方式实现了数据贯通。

D：采购供应链平台的各系统接近一体化，各应用系统不仅可以相互调用对方的数据，对于本系统形成的治理数据，也可以进行直接的调用。

E：实现了一体化的采购供应链平台系统，系统内各功能环节生成的数据自由交互，挖掘治理数据价值并自由调用数据，与上下游系统、外部系统以统一共享中心的形式进行数据交换。

📎 释义

本指标中阐述的数据穿透能力，是指采购供应链信息化平台为了满足采购业务数字化集成协同、数据驱动的目标要求，所具备的业务数据流在采购供应链各系统中无限制流转的能力。

采购供应链数字化目标的达成，首先需要实现信息流、资金流、物流的全在线化和数智化，其中信息流的全在线化是最基础的要求，信息流的全在线化程度可以通过采购业务数据在各系统或功能之间的穿透能力来衡量，采购供应链平台业务一体化程度，以及各功能环节生成的数据自由交互程度，都能体现出采购供应链平台的数据穿透能力。数据穿透能力包括采购供应链各系统的数据在线能力、数据联通能力、数据交互能力等。

数据穿透能力指标的证明材料为企业采购供应链各系统的相互集成情况介绍和系统间数据流转情况介绍的文字或流程图资料。

📍 提示

对于采购供应链系统内的数据流转，任何需要借助数据导入导出、数据交换中心、数据摆渡平台等工具才能完成的情形都属于数据穿透能力不足的体现。

❓ 问题

问：是否只有建设了一体化的采购供应链平台才能保证数据穿透能力达到最好？

答：一体化的采购供应链平台是保证数据穿透能力的最佳方式，如果没有一体化的采购供应链平台，但可以保证各系统及功能间数据标准一致、集成性和协同性良好、授信和鉴权规则统一、数据本身有很好的开放性，也能保证数据穿透能力达到最佳。

2.1.1.5 数据共享能力

采购供应链信息系统或数字化平台对于采购供应链全生命周期各项数据进行共享的数字化能力。

■ 评价所需证明材料：

①数据共享平台/功能

■ 指标评分细则：

A：存在数据孤岛，各项数据还不具备数据相互共享的条件或条件不足。

B：部分数据可以通过数据共享平台进行数据的交换和共享。

C：实现了全量基础采购供应数据在企业内部的实时化共享，形成了基础数据流。

D：实现了全量基础数据和深度加工数据的企业内部实时共享，形成了价值数据流。

E：实现了全量基础数据和深度加工数据的企业内部实时共享，还具备个性化数据订阅能力，实现按需共享。

🔗 释义

本指标中阐述的数据共享能力，是指采购供应链信息化平台为了满足采购业务数字化数据驱动、生态智能的目标要求，所具备的数据复用、数据共享的能力。

采购供应链数字化发展到一定阶段时，必然会形成对数据资产内容进行内外部分享的需求，通过数据的内部分享，可以提升采购数据在企业内的利用价值，特别是采购平台经过数据治理的内容，对于企业内部的分享价值更大。同时对于外部来说，国有企业普遍扮演着行业领头羊或第一集团的角色，有充分的责任感和使命感将一些对行业发展有益的数据分享出来，协助行业构建数据标准或规范，助力行业的发展。数据共享能力包括企业对原始数据、加工后数据、高价值数据等数据内容在企业内外部的分享能力。

如果需要数据共享能力指标的证明材料，就需要提供企业数据共享平台系统进行实际对比，如果企业没有专门的数据共享平台，也可以提供具备数据共享能力的产品功能，但需提供产品功能实际界面和说明介绍。

📍 **提示**

数据共享能力指标鼓励企业对外共享可以协助行业发展的非企业核心机密数据。

❓ **问题**

问：深度加工数据包括哪些内容？

答：深度加工数据包括企业的一些研究指数、业务运行或检测指标、业务数据模型等内容。

2.1.2 数据标准化能力

企业建设和应用采购主数据的能力，包括在采购主数据和数智支撑能力基础上将采购数据资产化转化的能力。

2.1.2.1 采购主数据能力

采购供应链信息系统或数字化平台支撑采购主数据建设的数字化能力，包括支撑采购品类、采购标准、供应商信息、合同标准等采购主数据建设的数字化能力。

■ 评价所需证明材料：

①企业采购主数据管理系统或功能

■ 指标评分细则：

A：无采购主数据，或正在致力于建设全集团的采购主数据体系。

B：集团化的采购主数据体系初步建成，还未真正地大规模使用。

C：集团化的采购主数据体系建设完成且使用良好，但需要投入大量的人工进行采购主数据维护，以及与不同标准间的关系映射。

D：具备全集团统一在用的采购主数据体系，并且涵盖采购品类、采购标准、供应商信息、合同标准等数据内容。

E：形成了全集团统一在用的采购主数据体系，具备基于内外部数据和智能化技术的采购主数据自动动态更新维护能力，具备与外部数据标准的智能化映射能力。

释义

本指标中阐述的采购主数据能力，是指采购供应链信息化平台为了满足采购业务数字化的要求，所具备的数据标准化治理、建设及应用的能力。

采购供应链的数智化实现需要采购信息化平台具备很好的数据治理能力、优秀的数据穿透能力、全面的数据共享能力，但平台内数据穿透及数据共享的实现除了依托强大的数据治理能力，还需要企业具备很好的数据标准化能力，也就是采购主数据能力。一套覆盖企业全集团的采购主数据体系可以很好地解决企业内不同采购供应链信息化系统数据高效流转的问题。企业采购主数据能力以采购物资主数据为核心，还包括项目、资产、供应商、采购品类、采购标准等各项主数据内容。

如果需要采购主数据能力指标的证明材料，就需要提供企业的采购主数据管理系统或功能，实际查看对应采购主数据的内容，同时还需要查看采购主数据在采购供应链系统实际应用的截图及说明。

提示

对于采购供应链的采购主数据能力建设来说，推荐企业在物资主数据以外建设采购品类及采购标准相关的主数据。

问题

问：智能化映射能力是指什么？

答：企业主数据的建设可以在很大程度上解决企业内部不同系统间数据流转的问题，也可以为企业的成本管控和监督管理提供良好的基础，但对于和外部交互的场景，企业内部主数据标准在应用的过程中存在一定的局限性。如果要求外部直接采用企业内主数据标准，工作效率上存在较大的困境。而借助采购信息化平台的智能化处理技术，对外部数据的内容进行智能分析提取和标签化、结构化转化，并同主数据内容进行映射处理，实现外部数据和主数据内容的一一对应，可以提升主数据的应用覆盖度。

2.1.2.2 数据资产化能力

采购供应链信息系统或数字化平台支撑采购供应链全生命周期数据资产

化转化的数字化能力。

■ 评价所需证明材料：

①数据要素资产化案例内容介绍

■ 指标评分细则：

A：无数据治理，或对数据要素的治理程度有限，缺乏资产化的能力。

B：对数据要素的治理有一定深度，具备数据资产化的条件，并且进行了尝试，如建立了物资价格库，但数据质量一般，达不到数据资产化的标准。

C：形成了一种资产化的案例，如内外部物资数据资产化（物资价格库等）、内外部交易数据资产化（商机库等）、内外部供应商数据资产化（潜在或行业供应商库等），或其他要素数据的资产化。

D：形成了多种资产化的案例，如内外部物资数据资产化（物资价格库等）、内外部交易数据资产化（商机库等）、内外部供应商数据资产化（潜在或行业供应商库等），或其他要素数据的资产化。

E：企业的数据要素资产成了行业内的名片，对行业产生了较大的影响，推动了行业的数字化发展。

📎 释义

本指标中阐述的数据要素资产化能力，是指采购供应链信息化平台为了满足采购业务数字化的要求，所具备的业务数据化、数据要素化、要素资产化能力。

对于采购业务来说，数据要素来源于经过数据治理的各项主体或节点数据，包括了供应商数据、专家数据、物资数据、商机数据、标书文件或模板数据、履约数据、质量数据、价格数据，这些数据要素在采购信息化系统中进行流转或者经过流转生成，对于企业来说存在着很高的应用价值，有些数据要素的应用价值是隐性的，需要结合整个采购供应链才能凸显其价值作用，还有一些数据要素的应用价值是显性的，可以独立展示其应用价值并形成重要的价值资产，实现数据要素资产化的转变。采购供应链数字化的数据能力，一方面体现于内部的数据驱动能力，另一方面体现于行业生态的数据服务能力，而数据要素资产化就是行业生态数据服务能力的最重要指标。

数据要素资产化能力的证明材料为企业的数据要素资产化案例内容，需包括数据要素内容介绍、资产化案例介绍、资产化应用效果介绍。

提示

如果需要企业数据要素资产化能力的证明资料，推荐以对应的资产化案例内容来证明，例如企业物资价格如果实现了资产化，则可以用物资价格库系统或平台来证明。

问题

问：数据治理能力指标和数据洞察能力指标的区别是什么？

答：数据治理能力区别于数据洞察能力指标的地方有两项，其一，数据治理能力注重数据应用前的数据采集挖掘分析处理的技术能力，而数据洞察能力注重于数据应用过程及应用结果所展示的应用能力；其二，数据治理能力为技术层面的能力，不能直接观察，需要通过应用的展示来提供佐证，而数据洞察能力可以直接观察和展示。

2.1.3 数智协同能力

采购平台的数智承载能力也将体现于集成、协同、高效等方面，包括使数据高效流转的流程协同能力、利用数据及智能化技术实现数智监管的能力、基于可视化协同实现多端展示的能力。

2.1.3.1 流程协同能力

采购供应链信息系统或数字化平台保障各业务数据和业务流程高效协同流转的数字化能力。

■ 评价所需证明材料：

①系统流程交互图

②流程、数据流转的预警方案

■ 指标评分细则：

A：没有或仅具备企业采购寻源业务的内部流转能力。

B：支持供应商、专家等外部主体与企业采购寻源业务的内外部流转。

C：具备与合同、订单、财务等采购全链路之间的业务流转能力。

D：具备基于大数据对流程协同进行智能预警的能力；具备基于数据标准化的信息协同的能力。

E：具备采购供应链全链路的流程协同的能力；具备基于 AI、大数据、物联网等技术实现采购供应链智能化协同运作、自我优化的能力。

📎 释义

本指标中阐述的流程协同能力，是指采购供应链信息化平台为了达成业务在线、集成协同的数字化基本目标，所具备的业务流程在各系统或功能间高效流转、协同一致的能力。该指标表征了企业采购供应链系统一体化、集成化、协同化的技术协同程度。

企业内部的流程协同是企业实现数字化升级转型的首要前提，流程的不畅通、不一致、不协调会导致大量的管理性困境，也很难进行统一化管理，而企业采购流程的规范化需要依托采购供应链信息化平台，因此流程协同能力对于企业信息化建设至关重要。以供应商、专家为代表的外部主体和以合同、订单、财务、仓储等模块为代表的内部系统，在数字化采购供应链中都应该可以发生高效的流程协同交互，这些都依赖流程协同能力。

流程协同能力的证明材料应包含系统的流程交互图，以及流程、数据流转的预警方案介绍。其中流程交互图应当包含采购供应链系统的各个模块，预警方案应当说明预警条件和预警内容。

📍 提示

如果企业信息化平台在某项业务领域可以进行业务流转，但是由于数据标准或信息同步等因素导致信息协同差，其平台的流程协同能力也很难提升。

❓ 问题1

问：利用大数据对流程协同进行智能预警都包括哪些方面？

答：预警的方向可以是信息的同步性和数据的一致性等内容。

❓ 问题2

问："基于 AI、大数据、物联网等技术实现采购供应链智能化协同运作、自我优化"是指什么？

答：是指通过建立业务流转模型或开展业务流转监控对业务流程的协同性进行监控和分析，并且在分析的过程中可以人工建立或自训练形成一些指标和预警阈值，对于超出阈值的内容进行提醒和优化引导，达到自我优化的效果。

2.1.3.2　数智监管能力

采购供应链信息系统或数字化平台借助于内外部数据开展全流程业务数据监管的数字化能力。

■ 评价所需证明材料：

①全过程监管系统

■ 指标评分细则：

A：没有或仅具备对企业采购寻源业务在线监管的能力，实现进度跟踪和数据查阅。

B：具备对企业采购寻源业务实时监管的能力，实现音视频在线监管。

C：具备对企业采购寻源业务的合规性风险预警和协同督办的能力。

D：具备风险行为诱因分析和业务反哺的能力；具备支持风险线索的多部门协同受理的能力；具备支持责任追究的高效执行的能力。

E：具备利用大数据和智能化等技术手段实时分析语音图像、自动沉淀监管指标的能力，实现"事前＋事中＋事后"全流程实时监管预警，分析结果和指标内容可进行自训练和自优化；实现与内部财务系统、法务系统和外部行业主管部门系统的无缝对接。

📎 释义

本指标中阐述的数智监管能力，是指采购供应链信息化平台为了达成生态智能的数字化基本目标，所具备的业务数据智能化监督、智能化管理、智能化保障的能力。该指标体现了企业采购供应链信息化系统对于采购业务保供及合规诉求的数智承载能力。

对于国有企业来说，采购业务除了要满足选品、选商、定价的交易诉求，更要维持交易的公平、公正、公开原则，避免国有资产流失的情况发生，因此采购供应链系统要能够帮助采购业务更加合规，这就需要借助大数据和智能化技术对采购交易全过程进行监督和管理。企业供应链信息化平台对业务监管的智能化能力决定了采购业务的抗风险能力。智能监管包括了采用不同方式实现监管的能力，如对音视频的监管、对大数据的监管、对业务指标的监管等。

数智监管能力的证明材料为企业全过程监督系统，但是当企业没有专门的全过程监督系统时，也可以通过供应链系统的监督功能和模块来证明，但证明材料需要覆盖需要匹配的指标等级要求的内容。

📍 **提示**

企业采购供应链系统智能监管能力指标并不要求企业必须建立专门的智能监管系统或平台，企业采购信息化系统如果能证明在开展业务的同时也可以实现智能监管的目的，那么也是可以的。

❓ **问题1**

问：为何前三档评分要求都只是考核企业采购寻源业务？

答：因为对于数字化成熟度一般的企业来说，监督和管理的重点还是发生在采购寻源环节，因此也重点考察系统在这方面的监督管理能力。

❓ **问题2**

问：如何证明已经实现了"事前＋事中＋事后"的全流程实时监管预警？

答：是否已经实现全流程实时监管预警需要借助采购信息化平台的相应功能来证明，证明时需要先表明哪个业务已经实现了全流程实时监管，以及事前监管的预警条件和指标内容、事中监管的触发条件和管控措施、事后监管的内容及跟进措施等。

2.1.3.3 多端展示能力

采购供应链信息系统或数字化平台允许不同终端设备的接入及联动展示的数字化能力，包括个人计算机（PC）端、移动端、大屏展示端、自助终端等接入及联动展示的数字化能力。

■ 评价所需证明材料：

①PC 端系统界面截图

②移动端系统界面截图

③大屏展示端系统界面截图

④自助终端系统界面截图

■ 指标评分细则：

A：没有或仅具备支持 PC 端应用的能力。

B：具备与移动端（手机 App/小程序/公众号）进行信息联动的能力。

C：具备与移动端、大屏展示端、自助终端进行信息联动的能力。

D：具备 PC 端、移动端、大屏展示端协同的能力，实现移动端手写签名、评审、报价、下单、收货等业务处理的能力。

E：具备 PC 端、移动端、大屏展示端、自助终端等组成的多端一体化采购供应链服务矩阵，实现多端应用智能联动，满足全业务场景和目标用户的使用需求。

释义

本指标中阐述的多端应用能力，是指采购供应链信息化平台为了达成集成协同和生态智能的数字化基本目标，所具备的多终端适配及应用能力。该指标体现了采购供应链信息化系统对不同的使用场景的灵活适应能力。

多端应用能力指标与企业的终端应用能力及物联网处理技术息息相关，因此多端应用能力强的企业必然能够辅助企业在更多的业务场景下，使用更多的软硬件结合技术开展采购业务，并且形成更加显著的应用收益。这里的多端是指 PC 端、移动端、大屏展示端、自助终端等各式终端。

多端应用能力的证明材料包含 PC 端、移动端、大屏展示端、自助终端等的界面截图，终端的数量可以更多，但不能少于 3 个。

提示

企业的多终端应用必须是服务于企业采购业务，而不是生产业务、销售业务或者客户服务等场景，并且应能够对外展示证明其的存在。

❓ 问题

问：如果企业的业务场景中不会使用到大屏和自助机等终端，或者存在其他的解决方案，该如何评分？

答：多终端应用能力指标的设定不是为了考察企业使用不同类型终端的数量，而是为了考察企业在不同终端应用需求场景下适配、信息联通和数据同步情况，因此如果能说明终端缺失的原因或者替代的解决方案，将不会影响评价的结果。

2.2 业务承载能力建设

采购供应链的业务在线目标需要有相应的平台进行业务承载，平台的信息化、数字化程度不同对采购业务的承载能力也是不同的，业务的数字化实现需要以平台的数字化功能建设为前提。

2.2.1 采购需求计划管理数字化能力

2.2.1.1 采购需求管理数字化能力

采购供应链信息系统或数字化平台采购需求管理的数字化能力，包括采购需求搜集、提报、自动归集、采购需求在线分析、采购需求预测及辅助审核等功能的完整、在线及智能水平。

■ 评价所需证明材料：

①采购需求管理系统或功能

■ 指标评分细则：

A：没有或仅具备需求线上收集或提报的能力，但需人工归集和整理需求。

B：具备基于采购物资数据标准化实现需求的收集或提报的能力，但需人工归集和整理需求。

C：具备基于采购物资数据标准化实现需求的收集、提报与自动化归集的能力，同时支持人工调整和优化。

D：采购需求管理功能支持初步的采购需求分析、预测和洞察，支持基于采购物资数据标准化进行需求收集、提报与自动化归集。

E：采购需求管理功能支持全面的采购需求分析、预测和洞察，支持基于采购物资数据标准化进行需求收集、提报、自动化归集，支持需求改进和自我优化。

释义

本指标中阐述的采购需求管理数字化能力，是指采购供应链信息化平台为了满足企业采购需求管理的数字化要求，所具备的采购需求采集、提报、分析、预测等功能的在线化、数据化、智能化水平。该指标体现了采购供应链信息化系统对采购需求管理业务的数字化承载能力。

采购需求管理是采购供应链的开始环节，信息化平台对需求管理的业务支撑能力决定了企业采购供应链的业务覆盖能力。采购需求管理能力包括采购需求收集的线上化能力、采购需求归集整理的自动化能力、采购需求分析预测的智能化能力、采购需求优化的能力等。

采购需求管理数字化能力证明材料必须为实际的采购需求管理系统或者功能，企业与指标内容的匹配情况需要通过系统实际查看。

提示

采购需求管理数字化能力重点考核的是企业采购需求管理的业务在线化、数据结构化、功能智能化能力。

问题

问：为何采购需求管理数字化能力要与企业采购物资数据标准化能力相结合？

答：企业采购供应链数字化的实现在很大程度上依赖于数据的标准化，数据标准的统一才能保证业务在线的有序数据流转，才能保证系统之间的集成和协同，而采购物资数据标准化是采购平台最为核心的标准化内容，所以作为采购供应链源头的采购需求，其管理的数字化能力要与采购物资数据标准化深度融合，这样才能保证企业采购供应链数字化的真正实现。

2.2.1.2 采购计划管理数字化能力

采购供应链信息系统或数字化平台采购计划管理功能的数字化能力建设，

包括采购计划编制、采购计划管理、采购计划分析预测及辅助审核等功能的完整、在线及智能水平。

■ 评价所需证明材料：

①采购计划管理系统或功能

■ 指标评分细则：

Ａ：没有或仅具备采购计划的线上编制能力。

Ｂ：具备采购计划的在线模板化管理的能力，实现采购计划的在线编制。

Ｃ：具备在线模板化管理能力，具备以文本文件数据的结构化，自动补全采购计划的全部或部分内容，并自动或一键生成采购计划的能力。

Ｄ：具备基于采购物资数据标准化，指导采购计划在线编制过程，在线调整采购计划、模板文件中的物资数据，并自动或一键生成采购计划的能力。

Ｅ：具备在采购计划编制或审批过程中在线智能匹配价格数据及潜在供应商数据的能力，可以根据采购计划内容在线快速形成智能分包推荐。

📎 **释义**

本指标中阐述的采购计划管理数字化能力，是指采购供应链信息化平台为了满足企业采购计划管理的数字化要求，所具备的采购计划梳理、编制、整合、生成、提报及管理功能的在线化、数据化、智能化水平。该指标表征了采购供应链信息化系统对采购计划管理业务的数字化承载能力。

采购计划管理的科学性与合理性决定了采购工作的有序与否，信息化平台对采购计划管理的业务支撑能力一定程度上会决定企业采购的效率与成本高低。采购计划管理数字化能力包括采购计划编制的在线化与模板化能力、采购计划自动化生成能力、采购物资标准匹配能力、包件划分的智能化能力等。

采购计划管理数字化能力证明材料为实际的采购计划管理系统或功能，企业与指标内容的匹配情况需要通过系统实际查看。

📍 **提示**

采购计划管理数字化能力指标重点考核的是企业通过采购平台编制采购计划、生成采购计划的能力。

? 问题1

问：智能分包推荐是指什么？

答：智能分包推荐是指采购包件的划分可以通过算法推荐智能化生成，采购计划管理功能内置了采购清单明细智能分析及分包推荐算法，在确定采购明细后，系统可以根据明细内容自动推荐包件的划分数量和每个包件内的物资明细，并且系统也支持采购人手动调整包件数量及包件明细。

? 问题2

问：第四等级和第三等级的指标差异是什么？

答：差异主要体现在第四等级对于模板化编制计划的能力更加细化，可以与物资数据标准化能力进行匹配（采购品类目录或主数据），从标准化和结构化两个方面实现了计划的自动生成。

2.2.2 采购寻源管理数字化能力

2.2.2.1 招标管理数字化能力

采购供应链信息系统或数字化平台招标管理的数字化能力，包括对招标策略配置、资审和评审方式的推荐、评分因素设置、开评标管理、合规管控等功能的完整、在线及智能水平。

■ 评价所需证明材料：

①企业招投标平台

②招投标平台星级认证证书

■ 指标评分细则：

A：没有电子招标或招投标系统仅通过《电子招标投标系统交易平台认证技术规范》的一星认证，或未认证但具备该级别相应的能力。

B：招投标系统通过《电子招标投标系统交易平台认证技术规范》的二星以上的认证，或具备该级别相应的能力；具备和企业 ERP、企业 OA、企业财务系统、企业官网、公共服务平台等内外部系统对接的能力。

C：具备不见面开标、远程异地评标的功能；具备招投标文件在线编制的功能；具备将法律法规政策融入招标系统流程的能力，系统对各项流程不合规自动管控；具备招投标全流程关键节点的消息自动推送能力。

D：具备智能开标、智能辅助评标的功能，可以借助历史标书建立标准数据库对评审中的客观项进行智能化判断，实现客观项的智能评审；具备基于历史数据辅助在线编制招、投标文件的能力，可以借助历史文件数据形成文件模板库，实现招标文件的快速在线编制，具备对招投标文件编制过程中合规性的自动预警能力；标书编制工具具备与工程造价数据无缝对接的能力，支持对工程量清单报价的自动评审。

E：具备招标策略自动推荐的能力，可以基于历史数据和规则制度对资格审查方式、评审方式、评分因素等内容自动推荐，并根据招标结果和履约情况持续自动调整推荐策略；具备智能评审、自动模拟打分能力，可以借助内外部数据和知识图谱对评标过程中的主、客观项进行自动评审、自动打分；具备招投标全流程各节点效能的实时跟踪及预测能力，实现招标效率的自动管控。

📎 释义

本指标中阐述的招标管理数字化能力，是指采购供应链信息化平台为了满足企业招标采购业务管理的数字化要求，所具备的招投标管理功能全过程在线化、信息化、智能化和合规化水平。该指标体现了采购供应链信息化系统对企业招投标业务的数字化承载能力。

对于国有企业采购业务来说，依法与合规是采购工作的首要前提，采购供应链平台的数字化实现也必须以依法合规为基础，而满足招投标法的要求是国有企业采购工作依法合规的最主要体现，所以采购平台对于招投标业务的依法合规性保障和智能化推荐提示等能力的建设，对于国有企业采购供应链的数字化也至关重要。招标管理数字化能力包括招标平台取得星级认证的能力、系统对接联通的能力、开评标系统的智能化能力、编制标书文件功能的智能化能力、合规预警功能的智能化能力、招标策略与知识智能推荐功能的数字化能力等多项内容。

招标管理数字化能力的证明材料为企业招投标平台和平台星级认证证书，其中招投标平台需包括招标公告发布、招标文件编制、投标文件编制、文件加密解密、开标系统、评标系统、定标系统等多个核心模块，企业与指标内容的匹配情况需要通过实际的平台功能和证书来证明。

提示

《电子招标投标系统交易平台认证技术规范》等级认证是招标管理指标的门槛性内容。

问题1

问：具备哪些特征或表现就可以证明具备智能评标的能力？

答：对于标书的资信、价格等偏客观项内容，以及标书内容的雷同性或异常性，可以通过智能化技术形成评审结论，即可证明具备智能评标的能力。

问题2

问：能否列举第五等级和第四等级的指标差异性？

答：在智能评标方面，差异点是第四等级为客观项的智能评审，第五等级为客观项智能评审及模拟打分；在智能编制方面，差异点是第四等级在模板和合规性方面实现了智能编制，而第五等级在资格审查方式、评审方式、评分因素等更多内容方面实现了智能编制。另外第五等级还具备策略推荐、效率管控等能力。

2.2.2.2 非招标管理数字化能力

采购供应链信息系统或数字化平台非招标管理的数字化能力，包括对采购方式选择、采购策略配置、采购方案推荐、采购寻源推荐、与需求及执行环节联通等功能的完整、在线及智能水平。

■ 评价所需证明材料：

①企业非招标系统

■ 指标评分细则：

A：没有信息系统或仅具备以线上方式完成采购全部过程的基本功能。

B：具备实现全流程无纸化在线采购的功能；具备和企业内上下游环节的联通能力，实现与需求计划、采购执行、采购履约的无缝对接。

C：具备对采购流程数据及角色行为数据的分析处理能力，并通过可视化进行呈现；具备第三方外部数据源接入能力，实现供应商信用数据、供应商中标数据等的接入；实现采购策略的线上灵活配置及应用。

D：具备针对采购全流程、各类采购场景、采购模式的智能化监管预警能力，实现历史数据和外部可信数据的无缝对接及利用；具备基于品类的采购方案管理能力，可以根据不同的品类配置不同的方案内容。

E：具备采购策略智能推荐能力，可以结合供应链上下游数据和行业数据推荐当前采购计划的最佳采购策略；具备智能寻源能力，结合供应商画像数据和需求内容进行供应商的智能推荐，并可针对供应商不足的情形推荐外部优质供应商；具备成本智能分析能力，结合历史价格数据和外部行业价格数据形成价格模型，推荐成本区间。

📎 释义

本指标中阐述的非招标管理数字化能力，是指采购供应链信息化平台为了满足企业招标采购方式以外的采购业务管理的数字化要求，所具备的非招标采购管理功能的在线化、信息化、智能化水平。该指标体现了采购供应链信息化系统对企业非招投标业务的数字化承载能力。

国有企业采购业务除了依法必须招标的部分，还存在大量的不采用招标方式的非招标采购业务，采购平台根据企业实际业务的需求，应当满足询价、竞价、磋商、谈判、直采等各种采购方式的业务开展，并且不同采购方式下的业务功能都需要具备在线化、数据化、智能化的数字化要求。非招标管理能力包括上下游系统对接联通能力、采购方式覆盖能力、采购策略推荐能力、第三方数据接入使用能力、智能寻源功能建设能力、供应商推荐功能建设能力、成本分析功能建设能力等多维度数字化能力。

非招标管理数字化能力证明材料为企业非招标采购平台或系统，平台应包括询价、竞价、磋商、谈判、直采等各种采购方式，企业与指标内容的匹配情况需要通过实际的平台功能来证明。

📍 提示

与招标管理不同，非招标管理虽然也以合规为前提，但非招标管理指标更加注重对采购平台在采购方式、采购流程、采购场景、采购策略的数字化业务支撑等方面能力的考核。

? 问题1

问：企业在自评过程中发现有些三级指标并没有全满足，但一些四级或五级指标已经满足，这种情况事后该如何认定？

答：非招标管理指标属于进阶式指标，只有企业全部满足该指标项的要求时，才能认定为已经达到该层级，所以以上情况只能认定为三级。

? 问题2

问：智能寻源能力是指什么？

答：智能寻源能力包括了在寻源过程中三方面的智能化能力，首先是对采购方案的智能分析能力，该能力可以将采购的明细内容标准化，使采购物的数据标准具备与外部数据匹配的条件，也使采购的资格、业绩、人员等各项要求可以被结构化识别，具备与供应商特点标签内容匹配的条件；其次是对供应商智能画像的能力，该能力可以将内外部供应商进行完整的数据画像，形成供应商资格、业绩、人员等标签化数据内容，以及供应商可供商品的标准化数据信息内容，具备与采购方案匹配采购明细和采购要求的条件；最后是进行需求端和供应商端的智能匹配，实现最符合需求供应商的智能化推荐。

2.2.2.3 商城直购数字化能力

采购供应链信息系统或数字化平台商城直购的数字化能力，包括商品上下架、商品审核、商品维护、商品比价等功能的完整、在线及智能水平。

■ 评价所需证明材料：

①企业商城采购系统

■ 指标评分细则：

A：无商城或有商城但仅具备对部分物资进行线上点选式直采的功能。

B：具备标准的商城直购目录，并实现从需求到订单的全流程线上功能。

C：具备多层级的商品管理维护功能，并实现从需求到订单以及支付、物流跟踪、退换货的全流程线上功能；具备与需求计划、招采系统、财务系统的无缝对接能力，实现在线下单、对账和结算；具备对采供数据分析处理的能力，可对历史数据进行多维度、灵活性的可视化呈现。

D：具备对商品进行 AI 识别，实现快速查价能力；具备自定义商品敏感规则并对商品敏感信息预警的能力。

E：具备商城商品自动审核、智能上下架的能力；具备商城商品智能比价能力；具备依托商城形成生态的能力。

📎 **释义**

本指标中阐述的商城直购数字化能力，是指采购供应链信息化平台为了满足企业自建商城或引入第三方商城平台的数字化要求，所具备的商城直购与管理功能的在线化、数据化、智能化水平。该指标体现了采购供应链信息化系统对在线商城业务的数字化承载能力。

集中化采购、商城化采购一直都是国有企业数字化实现路径上的重要指标，企业商城平台的信息化、数字化水平决定了企业直采业务领域的成本管理能力和效率提升水平。商城直购数字化能力包括商品目录管理能力、商品智能查价和比价能力、商城与需求端对接能力、商城运维管理及商品上下架功能的智能化能力等多维度综合能力。

商城直购数字化能力证明材料为企业商城采购系统，不论是直营商城还是第三方商城都需要提供具体的系统来对标指标要求的内容。

📍 **提示**

商城直购数字化能力指标重点考核企业商城平台对商品及价格管理功能的数字化支撑能力，不考核商城商品的物流仓储功能的数字化支撑能力。

❓ **问题**

问：对商品进行 AI 识别，实现快速查价包括哪些内容？

答：包括基于物料文本描述的智能标准化识别及价格匹配查询，或者基于语音或图片的智能化标准识别及价格匹配查询。

2.2.2.4 价格管理数字化能力

采购供应链信息系统或数字化平台价格管理的数字化能力，包括对价格采集、价格分析、价格比较、价格预测等功能的完整、在线及智能水平。

■ 评价所需证明材料：

①企业价格管理功能或价格库管理功能

■ 指标评分细则：

A：尚未对价格数据进行统一的收集、管理或应用。

B：对结构化的历史采购交易数据进行了收集整理，形成了基于关键字查询的价格库功能。

C：对全量的历史价格数据实现了收集和整理，并进行了一定的标准化处理，价格查询数据对接到采购供应链各个系统中。

D：接入了部分外部可信价格数据源，对内部历史价格数据进行了标准化处理，可以实现目录化和参数级别价格查询，价格分析、价格预测功能无缝对接到采购供应链各个系统中。

E：实现对内部各项历史交易数据的收集入库及标准化处理，接入了外部丰富的价格数据源，实现了对价格数据的结构化拆解，可以精准地预测价格数据走势，可以根据采购需求计划自动推荐合理价格区间和未来价格走势。

📎 **释义**

本指标中阐述的价格管理数字化能力，是指采购供应链信息化平台为了满足企业对采购寻源价格及成本管理的数字化要求，而应当具备的对价格数据进行标准化收集、分析、预测及应用的能力。

价格管理是采购管理中最为核心的命题，是企业采购供应链形成竞争优势的最主要功能。价格管理的数字化能力包含对价格数据采集的丰富度和完整度、对价格数据的标准化处理能力、对价格的分析预测能力和对价格数据的应用能力。其中，对价格数据的标准化处理能力是重中之重，完成对价格数据的标准化处理之后，可以形成统一的价格目录和价格构成数据，也能将同类价格数据完全归集，这样后续的价格分析及利用才能发挥应用价值。

价格管理数字化能力证明材料为价格管理功能或价格库管理功能，如果企业没有相应的功能或系统，也可以提供其他兼具价格管理能力的系统或功能截图作为证明。

提示

价格管理数字化能力对价格数据的标准化有很高的要求，只有将同类的价格数据都作标准化处理，才能获取真正的价格区间数据。

问题

问：价格数据的结构化拆解是指什么？

答：价格数据的结构化拆解是指可以将价格的构成单元进行原子化拆解，比如一般货物的价格由原材料费用、加工费用、物流费用、管理费用、利润等内容组成，通过结构化拆解，可以更加精准地分析价格的原始构成，通过分析原料、运费、人力成本等组成部分来预判价格的走势。

2.2.3 供应商管理数字化能力

2.2.3.1 供应商准入与退出管理数字化能力

采购供应链信息系统或数字化平台供应商准入管理、供应商淘汰退出管理等功能的数字化能力建设水平。

■ 评价所需证明材料：

①企业供应商管理系统的供应商准入管理功能

②企业供应商管理系统的供应商淘汰退出管理功能

③供应商管理系统的供应商黑名单管理功能

■ 指标评分细则：

A：无供应商管理系统或仅支持供应商在线注册，入库供应商无法退出。

B：具备供应商信息在线注册及资质认证能力；具备供应商在线准入审核能力；具备供应商拉黑的能力；具备供应商调查表在线导入及查看能力。

C：具备借助第三方数据源辅助供应商信息填报的能力；具备接入第三方数据源辅助审核注册信息和资质的能力；具备供应商调查表模板维护的能力；具备供应商黑名单管理及供应商冻结、解冻的能力。

D：具备支持供应商分条件、分级准入的能力；具备基于供应商画像辅助审核、辅助黑名单管理的能力。

E：具备供应商自助注册、认证及自动审核能力；具备自动匹配目标供应商邀请准入能力；具备基于供应商绩效评价结果和风险信息自动黑名单调整能力。

📎 **释义**

　　本指标中阐述的供应商准入与退出管理数字化能力，是指采购供应链信息化平台为了满足企业对供应商管理的数字化要求，所具备的供应商注册、准入、黑名单、退出管理功能的在线化、智能化水平。该指标体现了采购供应链信息化系统在供应商管理过程中，进行有序准入与退出，实现优胜劣汰的数字化承载能力。

　　供应商管理是采购供应链管理中的核心命题，供应商的质量与稳定决定了采购供应链的质量与稳定。供应商管理系统也是采购供应链系统最为核心的信息化内容，企业通过供应商管理系统可以实现供应商的准入与退出，而准入与退出规则的适用性和易用性都需要依托准入与退出功能的数字化实现程度。供应商准入与退出管理能力包括供应商注册、认证、审核的自动化能力，第三方可信数据接入能力，供应商差异化准入管理功能的数字化能力，黑名单及供应商退出功能的数字化能力等。

　　供应商准入与退出管理数字化能力证明材料为供应商管理系统的供应商准入管理功能、供应商淘汰退出管理功能、供应商黑名单管理功能，需要以实际的系统功能来证明企业与指标内容的匹配情况，如果系统中没有淘汰退出管理功能模块，可以提供具备同等作用的系统应用截图。

📍 **提示**

　　供应商准入与退出管理数字化能力指标要求企业对供应商的准入与退出同等重视。

❓ **问题1**

　　问：供应商管理系统的退出管理应该有哪些表现即可认定为退出？

　　答：基于企业分级分类管理的要求，待退出供应商处于某供应类别的黑名单中不能参加供应，或者以其他任意形式管控的供应商从结果上看不能参与供应，都可以认定为退出。

⑦ 问题2

问：如果第二级有一项要求未满足，但第三级均满足，应该属于几级？

答：属于三级。

2.2.3.2 供应商评估与考核管理数字化能力

采购供应链信息系统或数字化平台供应商绩效评估管理、供应商考核管理、供应商风险及黑名单管理等数字化能力。

■ 评价所需证明材料：

①企业供应商管理系统的供应商评价功能

②企业供应商管理系统的供应商考核功能

■ 指标评分细则：

A：不支持对供应商的在线评估和绩效考核。

B：支持对入库供应商在线备注评估信息，支持供应商绩效考核得分表的离线导入及在线维护。

C：支持对供应商的供应能力、质量保障能力等进行在线分类评估；支持在线自定义绩效考核评价维度；具备自动计算考核得分的能力。

D：支持自定义供应商评价规则、评价问卷和评价模板；支持供应商考核评价结果与黑名单的自动联动；支持不同评价部门差异化评价。

E：与质量、财务及外部数据对接，具备供应商风险自动判断自动预警能力；具备供应商考核、评价得分的自动推荐能力。

⌆ 释义

本指标中阐述的供应商评估与考核管理数字化能力，是指采购供应链信息化平台为了满足企业对供应商管理的数字化要求，所具备的对供应商的实际业务能力、产品质量保障能力、供应行为能力评估考核管理功能的在线化、智能化、协同化水平。该指标体现了采购供应链信息化系统对供应商动态管理、科学认知的数字化承载能力。

供应商管理对于采购供应链来说应当是动态化、脸谱化的过程，其中供应商管理系统的评估与考核功能支撑着企业对供应商认知的动态调整，并且可以阶段性完成脸谱画像，从而便于采购寻源过程科学评估供应商的竞争力和供应能力。所以，动态化的供应商评估与考核会更加依赖供应商管理系统评估与考核功能的数字化能力。供应商评估与考核管理功能的数字化能力包括供应商智能评估功能、供应商智能考核功能、供应商智能评价功能、供应商风险智能预警功能的数字化能力等。

供应商评估与考核管理数字化能力证明材料为供应商管理系统的供应商评估功能和供应商考核功能，企业与指标内容的匹配情况需要以实际的系统功能来证明。

📍 提示

供应商评估与考核管理数字化能力指标需要大量依赖其他系统数据。

❓ 问题

问：供应商风险自动判断与供应商黑名单管理的功能差异是什么？

答：基本一致。风险判断属于过程，黑名单属于结果，结果源于过程。

2.2.3.3 供应商分类与分级管理数字化能力

采购供应链信息系统或数字化平台供应商分类管理、供应商分级管理等数字化能力。

■ 评价所需证明材料：

①供应商管理系统的供应商分类管理功能

②供应商管理系统的供应商分级管理功能

■ 指标评分细则：

A：供应商管理系统不支持在线对供应商的分类、分级差异化管理。

B：支持在线供应商手工填报供应品类，具备对供应商打标签的功能，并且可以在线维护供应品类和供应商标签信息。

C：与企业采购品类库对接，支持供应商在线选择供应品类，具备基于品类管理供应商的功能；具备在不同品类下对供应商分级打标签的功能。

D：具备对各类供应商（如战略供应商、优选供应商、主力供应商、淘汰供应商、违约供应商等）进行差异化关系策略管理的功能；具备对不同的分类、分级供应商配置不同交易权限的功能。

E：具备基于供应商供应品类自动匹配企业采购品类目录的功能；具备基于供应商内外部信息进行自动分级和关系管理的功能。

📎 释义

本指标中阐述的供应商分类与分级管理数字化能力，是指采购供应链信息化平台为了满足企业对供应商管理的数字化要求，所具备的对供应商基于供应品类、所处等级进行差异化管理功能的在线化、智能化水平。该指标体现了采购供应链信息化系统对供应商进行精细化、差异化、策略化管理的数字化承载能力。

采购供应链数字化是当前信息化的更高阶段，会要求各采购业务进行更加精细化、精准化、科学化、智能化的管理。同样，供应商管理也会面临同样的问题，数字化采购供应链会要求供应商管理系统具备供应商精准细分的功能，并且支持对不同的细分领域采用不同的供应商管理策略和流程，因此供应商管理系统的分类与分级管理数字化意义重大。供应商分类与分级管理数字化能力包括对供应商分类管理功能的智能化能力、供应商分级管理功能的智能化能力、供应商打标签功能的自动化能力、供应品目和采购品目匹配功能的智能化能力等。

供应商分类与分级管理证明材料为供应商管理系统的供应商分类管理功能和供应商分级管理功能，企业与指标内容的匹配情况需要以实际的系统功能来证明。

📍 提示

供应商分类与分级管理数字化能力指标在供应商管理能力其他板块中也都有考核。

❓ 问题

问：对供应商管理的分类类别数量、颗粒度或分级级别数量有无要求？

答：无要求。但建议不能数量太少或颗粒度太粗。

2.2.4 采购执行管理数字化能力

2.2.4.1 订单管理数字化能力

采购供应链信息系统或数字化平台订单管理的数字化能力，包括下订单、拆单、订单优化等功能以及与供应链上下游系统的对接功能的完整、在线及智能水平。

■ 评价所需证明材料：

①企业订单管理系统

■ 指标评分细则：

A：无订单执行模块或有订单模块但仅具备与采购寻源系统无缝对接、在线下单的能力。

B：具备与采购寻源系统、合同系统无缝对接、在线下单的能力。

C：具备在线下单、在线接单、在线退换货、在线对账、在线评价、在线追踪等全流程在线化能力。

D：具备订单全流程数据监测及指标预警能力。

E：具备订单自动拆分合并、自动优化订单策略的能力；具备依据品类策略和历史订单数据实现自动化下单的能力。

📎 **释义**

本指标中阐述的订单管理数字化能力，是指采购供应链信息化平台为了满足企业订单式采购的数字化要求，所具备的订单管理功能在线化、数据化、智能化水平。该指标体现了采购供应链信息化系统对采购订单管理业务的数字化承载能力。

采购订单管理是企业采购执行的晴雨表，采购供应链信息化平台对采购订单管理的数字化支撑能力决定了企业采购执行效果的优劣。订单管理数字化能力包括订单的在线化能力、订单的系统对接能力、下单和拆单的自动化能力、订单监控自动化能力等。

订单管理数字化能力证明材料为企业订单管理系统，如果企业没有专门的订单管理系统，也可以提供能够实现订单管理功能的其他系统作为证明。

📍 **提示**

订单管理数字化能力指标是指企业采购寻源后的采购订单管理数字化能力,并不包括销售订单的数字化能力。

❓ **问题**

问:订单的指标预警都包括哪些方面?

答:包括订单价格超出合理价格区间预警或订单响应时长超出合理区间预警等任一预警项。

2.2.4.2 合同管理数字化能力

采购供应链信息系统或数字化平台合同管理的数字化能力,包括合同编制、合同审核、合同预警等功能以及与供应链上下游系统的对接功能的完整、在线及智能水平。

■ 评价所需证明材料:

①企业采购合同管理系统

■ 指标评分细则:

A:无合同系统或仅具备合同起草在线编制的能力。

B:具备合同模板在线标准化管理能力;具备合同在线起草、在线签订的能力。

C:具备与招标采购系统、订单系统等无缝对接的能力。

D:具备对合同条款的智能分析预警能力。

E:具备基于合同条款和外部可信数据的合同风险预警能力;具备合同智能编制、智能审核的能力。

📎 **释义**

本指标中阐述的合同管理数字化能力,是指采购供应链信息化平台为了满足企业采购合同管理的数字化要求,所具备的合同起草、编制、审核、分析、预警等功能的在线化、协同化、智能化水平。该指标体现了采购供应链信息化系统对采购合同管理业务的数字化承载能力。

采购合同是采购寻源交易的法理保障，采购平台对采购合同管理的在线化、协同化能力是践行法理保障的基础，对采购合同管理的数字化、智能化能力是提升保障能力的桥梁。合同管理数字化能力包括对合同的在线起草、编制、签订、审核、分析、预警的全流程在线化、协同化、智能化能力。

合同管理数字化能力的证明材料为企业采购合同管理系统，如果企业没有专门的采购合同管理系统，也可以提供具备采购合同管理功能的其他系统作为证明。

提示

合同管理数字化能力指标是指企业采购合同管理的数字化能力，并不包括销售合同管理的数字化能力。

问题

问：如果采购合同管理不在采购供应链系统中，而是财务系统或其他系统中的一个功能模块，对指标的评级有没有影响？

答：没有影响，该指标考核的是信息化系统对合同管理的业务支撑能力，合同管理可以是单独的系统，或者是某个系统的一个功能模块，都不影响指标的等级认定。

2.2.4.3 档案管理数字化能力

采购供应链信息系统或数字化平台档案管理的数字化能力，包括档案归集、档案知识抽取等功能以及与供应链上下游系统的对接功能的完整、在线及智能水平。

■ 评价所需证明材料：

①企业采购档案管理系统

■ 指标评分细则：

A：无线上档案管理或仅具备对档案文件的在线存储能力。

B：具备档案在线编排维护、目录自定义、在线移交、接收、调阅销毁的能力。

C：具备档案在线补录、自动生成操作日志的能力；具备移动端查阅档案的能力。

D：具备档案数据全过程监督预警能力；具备动态调整档案库存储、管理的能力。

E：具备对采购全链路业务档案的自动归集能力；具备对档案文件的自动标签化处理能力；具备基于档案内容的智能化知识抽取能力。

📎 释义

本指标中阐述的档案管理数字化能力，是指采购供应链信息化平台为了满足企业采购档案内容管理的数字化要求，所具备的采购资料及文件存档、留档、查阅、分享和知识转化功能的在线化、数据化、智能化水平。该指标体现了采购供应链信息化系统对采购档案内容管理业务的数字化承载能力。

采购业务数据库或数据中台主要是解决采购业务结构化数据的留存与管理问题，而采购档案管理更多的是解决采购业务非结构化数据和资料的留存与管理问题，并且数字化采购的实现也将依托采购知识图谱的形成，所以采购平台对采购档案管理的数字化水平将决定采购知识抽取、知识图谱、知识应用的能力。档案管理数字化能力包括对档案存储、维护、接收、移交、调阅、销毁、补录、归集、知识抽取、综合管理等档案全生命周期管理功能的在线化、协同化、智能化能力。

档案管理数字化能力的证明材料为企业采购档案管理系统，如果企业没有专门的采购档案管理系统，需要提供可以满足自身匹配指标等级所要求内容的采购档案管理功能，如果功能较为集中，建议进行功能的展示，如果功能分散则展示功能的截图和文字说明。

📍 提示

档案管理系统或功能可以是单独的采购档案管理，也可以是企业统一的档案管理，其中包含了采购档案管理，并可以分门别类地进行知识管理。

❓ 问题

问：对档案内容的智能化知识抽取是指什么？

答：是指通过 OCR（光学字符识别）和 NLP（自然语言处理）技术，将档案资料和文件内容中的核心知识点进行抽取，建立知识点的知识关系，从而形成企业专属的采购知识。

2.2.5 仓储物流与逆向物资处理数字化能力

2.2.5.1 出入库管理数字化能力

采购供应链信息系统或数字化平台出入库管理的数字化能力，包括物资入库、物资出库等功能的完整、在线及智能水平。

■ 评价所需证明材料：

①企业仓储管理系统的出入库管理功能

■ 指标评分细则：

A：无库存管理系统或仅可在线创建、维护、查看出入库单，具备入库单和订单的关联能力。

B：可根据出入库单维护出入库时商品质检情况，具备出入库质检不合格商品在线处理能力；支持与 ERP 等外部物料管理系统的对接。

C：支持在线预约入库，具备根据商品品类自定义质检规则的能力；具备根据质检规则辅助质量员质检的能力。

D：具备出入库与上下架商品的自动匹配能力，支持一码关联；具备根据不同品类自定义出库规则的能力；具备根据出库规则自动关联商品批次的能力。

E：具备根据品类属性和仓库布局规划，入库单自动匹配仓库库位的能力；具备创建出库单时自动定位到仓库库位的能力；具备出库单直接驱动拣货机器人拣货或定位无人货柜的能力。

🔗 释义

本指标中阐述的出入库管理数字化能力，是指采购供应链信息化平台为了满足企业采购商品出入库的数字化要求，所具备的商品入库管理和出库管理功能的在线化、数据化、智能化水平。该指标体现了采购供应链信息化系统对商品出入库管理业务的数字化承载能力。

采购仓储物流作为采购供应链的终点环节，采购平台在这一环节的信息化、数智化能力将成为决定整个采购供应链系统数字化程度的压舱石，而出入库管理作为采购仓储管理的必备信息化功能，其数字化程度也会影响采购平台的数字化成熟与否。出入库管理数字化能力包括入库单和出库单的在线化管理维护能力、质检数据同步能力、商品上下架及商品关联自动化能力、出入库智能定位能力等。

出入库管理数字化能力的证明材料为仓储管理系统的出入库管理功能，需要以实际的产品功能来证明企业与指标内容的匹配情况。

📍 提示

出入库管理数字化能力指标是指企业采购仓储的出入库管理数字化能力，并不包括生产出入库的数字化能力。

❓ 问题

问：出入库管理指标每个等级的能力要求是不是满足其一即可？

答：需要全部满足。

2.2.5.2 库存与储备管理数字化能力

采购供应链信息系统或数字化平台库存与储备管理的数字化能力，包括库存管理、物资扫码、物资上架、物资查询、物资盘点、仓位管理、安全库存管理等功能的完整、在线及智能水平。

■ 评价所需证明材料：

①企业仓储管理系统库存与储备管理功能

■ 指标评分细则：

A：无库存管理系统或仅具备在线维护、调整、查看商品库存数据的能力；具备入库、出库、损耗、丢失等库存数据在线变更能力。

B：具备和出入库单据对接的能力；具备商品盘点单在线录入、在线查看的能力。

C：实现与外部 ERP、OA 等系统对接；具备和外部系统数据映射的能力，支持库存管理人员统一在线管理；具备根据商品盘点数据自动调整库存的能力。

D：实现与采购需求计划、生产计划的无缝对接；具备根据计划数据对库存管理策略进行推荐的能力，对潜在风险进行在线实时预警；支持库存信息一码查询，可以设置不同品类的安全库存值，对触发安全库存的品类进行在线实时预警；具备与供应商库存数据联通的能力，可以获取相关库存数据。

E：实现库存管理与在途库存、需求计划、生产计划的无缝对接；具备平衡利库能力，可根据库存、在途、采购计划、生产计划数据实现智能化的推荐；具备全库自动盘点能力，具备基于品类的安全库存自动计算的能力，可实现对库存异常情况进行智能预警；具备对供应商库存的实时可视化能力，可以自动同步供应商库存数据。

📎 释义

本指标中阐述的库存与储备管理数字化能力，是指采购供应链信息化平台为了满足企业采购商品仓库存储管理的数字化要求，所具备的商品库存与储备管理功能的在线化、数据化、智能化水平。该指标体现了采购供应链信息化系统对采购库存与储备管理业务的数字化承载能力。

采购库存与储备管理作为整个采购供应链环节唯一的实物管理节点，其数字化水平更能代表采购供应链的数字化成熟情况。因此采购信息化平台对库存与储备的各项功能的在线化水平、数据的结合利用水平、与其他系统的协同水平将成为库存与储备管理的关键。库存与储备管理能力包括库存数据查看、维护、调整的在线化能力、库存数据与在途和计划数据的协同能力、库存分析和预警的智能化能力、库存盘点和安全库存计算的智能化能力、供应商库存数据的联通能力、库存策略智能推荐能力等。

库存与储备管理数字化能力的证明材料为企业仓储系统的库存与储备管理功能，企业与指标内容的匹配情况需要以实际的产品功能来证明。

📍 提示

库存与储备管理数字化能力指标是指企业采购商品的库存与储备管理数字化能力，并不包括生产销售商品的库存与储备管理数字化能力。

❓ 问题

问：库存与储备管理的四级和五级中的指标需要全部满足才可以吗？

答：满足四级和五级每个级别的任意三项即可。

2.2.5.3　物流配送管理数字化能力

采购供应链信息系统或数字化平台物流配送管理的数字化能力，包括物流配送、物流调度等功能以及与供应链上下游系统联通功能的完整、在线及智能水平。

■ 评价所需证明材料：

①企业采购物流管理系统或功能

■ 指标评分细则：

A：无物流在线管理系统或系统仅具备在线维护、调整、查看物流配送信息的能力；具备在线维护物流配送商的能力。

B：具备物流过程中变更物流路线的能力；具备维护、查看城市道路运输情况的能力。

C：具备对接城市道路运输等系统实时获取各城市物流运输情况的能力；支持设置物流配送监控规则，在配送触发规则时进行预警，例如物流状态长时间未更新。

D：具备智能化辅助调度能力，可以针对订单情况和物流信息形成备选调度策略；具备物流配送数据看板的能力，可以根据城市道路情况动态调整物流监控规则。

E：具备自动调度能力，可以结合订单情况、运力分布及路线情况形成智能化的调度策略；具备在途物资可视化监控能力，可以对运输全过程进行实时监控，并形成智能化的预警提示。

🖇 释义

本指标中阐述的物流配送管理数字化能力，是指采购供应链信息化平台为了满足企业对采购商品物流配送管理的数字化要求，所具备的物流线路规划、调整、运力分配、查看物流信息、协同调度、可视化监控预警等功能的在线化、数据化、智能化水平。该指标体现了采购供应链信息化系统对采购商品物流配送业务的数字化承载能力。

采购物流配送管理是最能体现企业数字化能力的指标，传统型企业在采购平台信息化能力建设的过程中，通常会忽视对采购物流配送管理信息化、数字化能力的建设，从而导致整个采购闭环在物流配送环节断开，并且物流配送管理由于需要更加外部，形成更多的数据及信息流交互，也更考验采购平台的信息化支撑能力，所以采购平台物流配送管理的信息化、智能化水平会很大程度影响采购供应链的数字化成熟度。物流配送管理数字化能力包括物流信息查看、维护、调整、变更的在线化能力、运力调度与监控的智能化能力、物流数据预警智能化能力等。

物流配送管理数字化能力的证明材料为企业采购物流管理系统，或者可以实现采购物流管理需求的物流管理功能，企业与指标内容的匹配情况需要以实际的系统功能来证明。

📍 **提示**

物流配送管理数字化能力指标是指企业采购商品的物流配送管理数字化能力，并不包括生产销售商品的物流配送管理数字化能力。

❓ **问题**

问：如果企业的业务特点都是采购商品的送货上门，不具备管理条件该如何自评？

答：采购供应链数字化成熟度的出发点是希望国有企业拥有成熟稳定的供应链，而供应商的库存和物流管理必然是企业供应链中的一部分，所以如果企业属于提问中的情况，也希望企业能够更多地参与战略或核心商品的物流配送管理，以保障企业供应链的稳定性。

2.2.5.4 废旧物资处置数字化能力

采购供应链信息系统或数字化平台废旧物资处置的数字化能力，包括拆旧换新、坏件返修、废旧物资鉴定、评估管理等功能的完整、在线及智能水平。

■ 评价所需证明材料：

①企业废旧物资处置系统

■ 指标评分细则：

A：对于废旧物资全部通过线下来处置，或可以借助其他渠道线上处置。

B：具备与产权交易中心对接通过交易中心处置废旧物资的能力。

C：具备利用招标、拍卖等在线方式处置废旧物资的能力。

D：具备对废旧物资鉴定、回收、入库、保管、评估、处置全生命周期的在线处置能力。

E：具备基于对内外部价格数据的智能分析利用实现对废旧物资智能估算的能力。

📎 **释义**

本指标中阐述的废旧物资处置数字化能力，是指采购供应链信息化平台为了满足企业对废旧物资处置的数字化要求，所具备的废品、旧品、坏件返修品等逆向物资处置功能的在线化、智能化、协同化的水平。该指标体现了采购供应链信息化系统对逆向物资处理业务的数字化承载能力。

企业采购信息化平台除了要满足企业的新品采购业务开展的需要，还应该支撑企业对废品、旧品、坏件返修品等进行招标、拍卖等逆向处置，所以采购信息化平台对在线开展逆向物资处置业务的支撑能力，也一定程度上决定着采购供应链平台的数字化水平。废旧物资处置能力包括对废品、旧品、坏件返修品的在线化处置能力和废旧物资鉴定、回收、入库、保管、评估、处置全生命周期的在线处置能力，以及对废旧物资价格的智能估算能力等。

废旧物资处置数字化能力的证明资料为企业废旧物资处置系统，如果企业没有专门的废旧物资处置系统，需提供具备处置废旧物资需求的其他系统的类似功能，如果功能较为集中，建议进行功能的展示，如果功能分散则展示功能的截图和文字说明。

📍 **提示**

废旧物资处置数字化能力指标要求采购信息化平台具备专门的功能模块。

⑦ 问题

问：为何要求废旧物资处置与产权交易中心对接？

答：因为国有企业的特殊性及其对追求废旧物资处置利益最大化的考虑，其废旧物资处置也属于国有资产处置，应该采用公开阳光的处置方式，产权交易中心具备公开、公正、充分竞争的处置环境。企业也可使用自建的具备公开、阳光、充分竞争处置环境的电子化网络平台。

2.2.6 采购支撑管理数字化能力

2.2.6.1 在线支付与供应链金融数字化能力

采购供应链信息系统或数字化平台在线支付与供应链金融管理的数字化能力，包括保证金收取与退还、保函、保单、保证保险、投标贷、中标贷、履约贷、信用贷等金融业务功能的完整、在线及智能水平。

■ 评价所需证明材料：

①企业供应链金融服务平台

②在线支付功能截图或介绍

■ 指标评分细则：

A：没有或仅具备现金保证金在线收取、退还的能力。

B：具备基本户在线验证的能力；具备支持电子保函、保单缴纳保证金的能力。

C：具备履约保证金在线收取、退还的能力；具备金融产品扩展接入能力，支撑投标贷、中标贷、履约贷、信用贷等产品在采招业务环节的应用。

D：具备金融数据分析能力，数据洞察投标人履约能力，持续提升供应商优化及风险预警的能力。

E：具备集在线供应链金融、投融资、资金管理、在线支付、资产证券化、保险、产业基金及行业征信等服务于一体的行业综合性金融服务平台的能力。

⑥ 释义

本指标中阐述的在线支付与供应链金融数字化能力，是指采购供应链信息化平台为了满足企业对资金流管理的数字化要求，所具备的对保证金、保函、投中标贷、履约贷、信用贷等金融服务管理功能的在线化、智能化水平。该指标体现了采购供应链信息化系统对金融管理业务的数字化承载能力。

采购供应链系统除了要进行信息流与物流的管理，保证其有序流转外，还需要开展资金流的管理工作，从整体上把控供应链的风险，因此国有企业在线支付与供应链金融能力的提升对降低企业整体供应链风险有很大的作用。在线支付与供应链金融能力包括保证金、保函、投中标贷、履约贷、信用贷的在线化和智能化能力，以及金融产品和数据的对接利用能力，还包括综合性金融服务平台的搭建及管理能力。

在线支付与供应链金融数字化能力指标的证明材料为供应链金融服务平台，如果企业没有建立金融服务平台，可以用在线支付或金融服务的功能介绍及截图举证。

📍 提示

国有企业在线支付与公共类金融能力指标不以金融收益为目标导向，重在抗风险。

❓ 问题

问：在线支付与供应链金融数字化能力指标是否要求企业建设金融服务平台？

答：该指标只对是否拥有在线化、智能化的支付和金融服务能力有要求，不对是否建设统一的平台有要求。

2.2.6.2 模板管理数字化能力

采购供应链信息系统或数字化平台模板管理的数字化能力，包括模板管理、模板编制、模板协同、模板数据沉淀等功能的完整、在线及智能水平。

■ 评价所需证明材料：

①企业模板管理系统或工具

■ 指标评分细则：

A：无线上管理或仅具备采招文件示范文本线上化管理能力，增减模板需定制开发。

B：具备采招业务中文件模板、公告模板、开评标用表、交易证明书、文件递交回执、合同文本等模板化、线上化管理能力；模板增减可通过开/关服务形式进行。

C：具备各场景模板编制在线协同能力，变更留痕。

D：具备采招全过程模板数据结构化能力，支持编制过程自动化、智能化。

E：具备在线沉淀行业模板、在线模板市场搭建的能力；具备采招行业模板标准或规范在线制定和管理的能力。

📎 **释义**

本指标中阐述的模板管理数字化能力，是指采购供应链信息化平台为了满足企业对范式、格式化文件要进行重复利用、提升编制效率的要求，所具备的对各类文件模板化管理的在线化、智能化水平。该指标体现了采购供应链信息化系统对模板管理业务的数字化承载能力。

采购供应链系统的数字化目标是助力业务更加合规、高效、低成本，而采购工作的效能损失很大一部分发生在文件编制环节，缺乏有效的信息化和智能化技术使文件的编制工作极大程度地依赖人工经验，而对历史数据的挖掘分析并使内容模板化，可极大地提升文件编制工作的整体效率。模板管理数字化能力包括招标文件模板、公告模板、合同模板、证明书模板等内容的编制、管理、查阅、维护的在线化、协同化、智能化能力。

模板管理数字化能力指标的证明资料为企业模板管理系统或工具，或者具备模板管理能力的各业务功能模块的功能介绍和产品截图。

📍 **提示**

模板管理必须与使用场景相结合才能发挥作用，并能形成良性闭环。

? 问题

问：对行业模板标准和规范的在线管理都指哪些内容？

答：包括对特定行业专有品类的采购要求、供应商要求、评审要求等内容进行在线管理。

2.2.6.3 专家管理数字化能力

采购供应链信息系统或数字化平台专家管理的数字化能力，包括专家入库、专家审核、专家信息维护、专家管理等功能的完整、在线及智能水平。

■ 评价所需证明材料：

①企业专家管理系统

■ 指标评分细则：

A：没有线上专家库或仅具备专家入库、审核等基础信息维护的能力。

B：具备专家入库退库、信息维护管理、专家自动抽取，满足专家考核、培训、请假等线上化管理的能力；与采购业务数据联通。

C：具备专家数据的分析能力，可对专家出勤、专家抽取等维度数据进行初步的统计分析及可视化呈现。

D：具备专家画像、专家行为分析、专家考核分析等功能；支持对专家风险的识别，支持对在库专家充足度、专业填报合理性、围串标风险等进行智能的预警及监管。

E：专家管理系统支持跨区域专家资源共享；具备行业专家数据沉淀的能力；支持专家管理标准或规范的在线制定及管理。

✐ 释义

本指标中阐述的专家管理数字化能力，是指采购供应链信息化平台为了满足企业对专家管理的数字化要求，所具备的对专家入库、专家抽取、专家培训考核、专家分析管理功能的在线化、智能化水平。该指标体现了采购供应链信息化系统对专家管理、专家监督业务的数字化承载能力。

专家资源是采购供应链生态下除供应商外的又一大外部主体资源，对专家管理的好坏将在很大程度上影响采购选商的质量。采购信息化平台的专家管理系统或功能需要具备专家的全生命周期数智化管理能力，这样才能实现企业专家资源的资源沉淀，才能保证企业采购供应链选商稳定择优。专家管理数字化能力包括专家的入库、审核、维护、抽取、培训、考核、分析、管理的在线化、智能化能力，以及企业专家数据资源的沉淀能力，还包括专家管理标准和规范的在线管理能力等。

专家管理数字化能力指标的证明材料为企业专家管理系统，企业与指标内容的匹配情况需要以实际的系统功能来证明。

📍 提示

专家管理包括企业的内部专家资源管理和外部专家资源管理，也包括招采评审以外的专家资源管理，如主数据评审专家管理等。

❓ 问题

问：专家充足度、专业填报合理性分别指什么？

答：专家充足度是指每个评审专业里专家的平均被抽中次数不能大于某个频次阈值，超出后即可认定为该专业专家数量不足，需要补充新的专家，对需要补充专家数量的数据建模结果即为专家充足度。专业填报合理性是根据专家工作领域和所学专业的情况，以及同工作领域或同学习专业专家的评审专业填报情况，以统计概率学来认定专家评审专业选择的合理性情况的数据建模指标。

2.2.6.4 场地管理数字化能力

采购供应链信息系统或数字化平台场地管理的数字化能力，包括场地信息维护、场地信息管理、场地信息查询、对场地内人员的数据分析等功能的完整、在线及智能水平。

■ 评价所需证明材料：

①企业场地管理系统

②智能化场地展示资料

③智能硬件截图介绍

■ 指标评分细则：

A：系统无在线化的场地管理功能。

B：具备场地信息录入、维护等基础能力。

C：具备会议室、工位、网络设备、容纳人数、预约查询、占用等场景线上化管理能力；与采招业务系统联通，满足场地预订管理需求。

D：具备与评审场地门禁、电子门牌等软硬件设备无缝对接的能力；具备场地管理数据分析、报表输出能力。

E：具备室内人员智能定位、智能指引、清洁安排等智能化接入管理的能力；具备 3D 场景化呈现能力，实现人员越区预警、轨迹分析、摄像头联动等能力。

📎 **释义**

本指标中阐述的场地管理数字化能力，是指采购供应链信息化平台为了满足企业对采购数字化的要求，所具备的开评标场地资源管理功能的信息化、在线化、智能化水平。该指标体现了采购供应链信息化系统对场地管理业务的数字化承载能力。

采购供应链在采购交易过程中，也会发生大量的线下交互行为，包括采购项目经理、代理项目经理、评审专家等需要进入开评标场地，这个时候场地对各类人员的信息化支撑水平将很大程度地影响采购效率，同时对各类人员的行为监管也将成为一大难题，所以借助物联网技术、信息与智能化技术将场地硬件与采购供应链软件相结合，可以很好地解决场地管理的问题，最终通过场地管理的信息化、数智化助力采购供应链的数字化实现。场地管理数字化能力包括各类场地软硬件设施的信息化、在线化、智能化能力。

场地管理数字化能力指标的证明材料为企业的场地管理系统或功能，场地管理由于涉及实际场地的软硬件设施内容，因此还需要提供场地硬件设备的实际展示或者截图资料。

📍 **提示**

场地管理数字化能力指标鼓励企业将边缘计算、数字孪生等新兴技术应用于实际场景当中。

2.3 技术承载能力建设

采购供应链的集成、协同、数据驱动、智慧化等目标都需要有相应的技术承载能力作为依托，良好的技术承载能力是实现采购供应链数字化的基础和前提。

2.3.1 多态适配能力

不同的业态场景下，数字化采购供应链对采购方式、采购规则、业务及审批流程的要求是不同的，采购平台需要具备对不同业态下采购业务的灵活适配能力，可以应对集团化企业的业务发展和变革需求。

2.3.1.1 采购方式适配能力

采购供应链信息系统或数字化平台对不同采购方式的灵活适配能力，包括自助配置采购方式、采购方式的推荐及优化等适配能力。

■ 评价所需证明材料：

①系统的采购方式配置界面

■ 指标评分细则：

A：无采购方式适配能力或仅具备对企业采购规范中约定的采购方式的适配能力，增加采购方式需要定制化开发。

B：具备提供多种常见采购方式的能力，增减采购方式可以通过开启或关闭服务的形式进行。

C：具备采购方式按照行业、专业、组织形式等颗粒度进行配置和自定义的能力；具备配置项沉淀到中台的能力。

D：具备采购方式可按照不同采购模式组合的能力；具备采购方式可按照流程、环节、页面、字段、时间等最小颗粒度进行适配和自定义的能力；具备沉淀采购方式配置策略的能力。

E：具备采购方式配置推荐、采购方式配置自检、采购方式配置调优的能力；具备采购方式配置项自动补充优化的能力；具备行业采购方式标准制定的能力。

📎 **释义**

本指标中阐述的采购方式适配能力，是指采购供应链信息化平台为了满足企业不同业态场景下的采购业务需求，所具备的对各种采购方式灵活适配的能力。该指标体现了企业采购供应链系统在技术层面对不同采购方式均可适配的支撑能力。

随着企业业务的发展和外部市场的变化，集团化企业不同业态下对采购方式的定义和要求必然是有差异的，如果统一的采购系统经常根据业态的差异性进行修改和调整，那对整个采购供应链都会产生很大的影响，并且也会付出较大的信息化成本，所以采购信息化系统应当具备采购方式的灵活配置能力，这样才能从技术上服务于企业采购业务的变革。采购方式适配能力包括采购方式的配置能力、采购方式的推荐能力、采购方式的配置自检和调优能力、采购方式的配置策略沉淀能力等。

采购方式适配能力指标的证明材料为采购系统的采购方式配置界面截图和功能说明。

📍 **提示**

如果采购供应链信息系统或数字化平台对采购方式的每次调整都需要进行定制化开发，则显然是不具备适配能力的。

❓ **问题**

问：采购方式适配能力需要如何体现？

答：采购方式适配能力可以体现在采购信息化系统的配置后台或配置中台，管理员快速配置出对应的采购方式内容供采购系统调用。

2.3.1.2　采购规则适配能力

采购供应链信息系统或数字化平台对于不同采购规则的灵活适配能力，包括自助配置采购规则、采购规则的推荐及优化等适配能力。

■ 评价所需证明材料：

①系统的采购规则配置界面

■ 指标评分细则：

A：具备企业采购规范中的采购规则，增加采购规则需要定制化开发。

B：具备提供多种常见采购规则的能力，采购规则可以根据项目/标段（包）进行组合配置。

C：具备采购规则应用到采招全流程的能力；具备采购规则配置项沉淀到中台的能力。

D：具备采购规则按不同采购模式组合的能力；具备采购规则按行业、专业、组织形式、项目类型、项目金额、采购品目、执行单位等细项业务规则进行配置的能力；具备沉淀采购规则配置策略的能力。

E：具备采购规则配置推荐、采购规则配置自检、采购规则配置调优的能力；具备行业采购规则标准制定的能力。

📎 **释义**

本指标中阐述的采购规则适配能力，是指采购供应链信息化平台为了满足企业不同业态场景下的采购业务需求，所具备的对采购规则的适用范围、组织形式、报备方式、合同要求等内容灵活适配的能力。该指标体现了企业采购供应链系统在技术层面对不同采购规则、采购策略均可自由适配的支撑能力。

规则化的采购策略是形成企业采购方案的基础，集团化企业不同业态组织对采购规则的定义和要求是不同的，为了满足采购业务数字化转型升级的要求，采购信息化平台作为企业统一的集中化采购平台应当具备对不同采购规则的适配能力。采购规则适配能力包括对不同行业、专业、组织形式、项目类型、项目金额、采购品目、执行单位等采购规则细项的自由、灵活适配的能力，以及采购规则推荐及配置调优能力等。

采购规则适配能力指标的证明材料为采购系统的采购规则配置界面截图和功能说明。

📍 **提示**

如果采购供应链信息系统或数字化平台对采购规则的每次适配都需要进

行定制化开发，则也是不具备适配能力的。

⑦ 问题

问：采购规则的适用范围、组织形式、报备方式、合同要求都包括哪些内容？

答：采购规则的适用范围包括计划内和计划外，组织形式包括自行和委托，报备方式包括报备和不报备，合同要求包括采用标准合同和自行拟定合同。

2.3.1.3 业务流程适配能力

采购供应链信息系统或数字化平台对不同业务流程的灵活适配能力，包括自助配置业务流程、业务流程的推荐及优化等适配能力。

■ 评价所需证明材料：

①系统的业务流程配置界面

■ 指标评分细则：

A：无流程适配或仅具备采招项目业务流程全程电子化、半程电子化配置能力，业务流程变更需要定制开发。

B：具备采招业务按项目、标段（包）业务流程全程电子化、半电子化可配置能力；项目、标段（包）级业务流程配置可通过开启或关闭服务的形式进行。

C：具备业务流程配置应用到采招全过程的能力；具备业务流程配置项沉淀到中台的能力。

D：具备按行业、专业、组织形式、项目类型、专业等细项形成业务配置的能力；具备沉淀业务流程配置策略的能力。

E：具备业务流程配置推荐、自检、调优的能力；具备行业业务流程配置标准制定的能力。

⑦ 释义

本指标中阐述的采购业务流程适配能力，是指采购供应链信息化平台为了满足企业不断变化的业务需求和管理要求，所具备的对各种采购业务流程自行配置、自适应调整的能力。该指标体现了企业采购供应链系统在技术层面对不同采购业务流程均可适配的支撑能力。

业务流程常常会随着企业经营管理模式及业务发展态势而产生变化，随着企业业务体量及业务领域的拓展，特别是今后国际国内大环境的迅猛变化，企业的采购业务流程必然会不断进行调整和优化，所以采购信息化系统能否快速响应这种变化，将是企业竞争力的一大体现。业务流程适配能力包括业务流程按行业、专业、组织形式、项目类型、专业等维度的自定义配置化能力，业务流程的配置自检和调优能力，业务流程配置策略的沉淀能力等。

业务流程适配能力指标的证明材料为采购供应链系统的业务流程配置界面截图和功能说明。

提示

具备业务流程适配能力的采购平台在适配新的业务流程时，显然可以很快速地做出响应，并且在信息化层面的响应成本很低。

问题

问：业务流程适配能力需要如何体现？

答：对于业务流程适配能力的体现，最好是信息化平台具备类似图形化界面的配置管理后台，业务人员无须产品技术人员的协助即可快速完成业务流程的配置。

2.3.1.4 审批流程适配能力

采购供应链信息系统或数字化平台对于不同审批流程的灵活适配能力，包括自助配置审批流程、审批流程的推荐及优化等适配能力。

■ 评价所需证明材料：

①系统审批流程配置界面

■ 指标评分细则：

A：无线上审批流程或仅具备固化企业采招业务审批流程功能，审批流程的变更需要定制开发。

B：具备获取外围平台中审批流程配置、审批数据同步与采招业务打通的能力。

C：具备将审批流配置应用到采招项目全过程的能力；具备审批流程配置项沉淀到中台的能力。

D：具备对多层级、多分支条件、审批规则等细项进行配置的能力；具备沉淀审批流策略的能力。

E：具备审批流程规则推荐、自检、动态调整等能力；具备行业审批流配置标准制定的能力。

📎 释义

本指标中阐述的采购审批流程适配能力，是指采购供应链信息化平台为了匹配企业业务流程适配能力要求，所具备的采购审批流程自行配置、自适应调整的能力。该指标体现了企业采购供应链系统在技术层面对不同审批流程均可适配的支撑能力。

既然采购业务流程会随着企业经营管理和业务发展而不断调整优化，而与业务流程匹配的审批流程也必然是需要协同调整的，这就需要采购供应链信息化系统的业务审批流可以根据业务流程的变化而变化，并且对于这种变化，业务人员直接可视化配置即可，这样才能不影响采购工作效率。审批流程适配能力包括按照层级、分支条件、审批规则进行审批流程自定义配置的能力，以及审批流程规则推荐、自检、动态调整的能力等。

审批流程适配能力指标的证明材料为采购供应链系统的审批流程配置界面截图和功能说明。

📍 提示

具备审批流程适配能力的采购平台在适配新的审批流程时，显然也是可以很快速做出响应，并且在信息化层面响应的成本很低。

❓ 问题

问：审批流程的规则推荐、自检、动态调整是指什么？

答：审批流程的适配，既跟业务流程存在紧密的关系，也和企业的组织架构有着依存关系，当需要配置一个新的审批流程时，采购信息化系统的审批流功能可以给出历史同类审批的流程设定情况供参考，当发生组织架构调整变动时，对应的审批流可以自动提示并能够匹配新的推荐审批流程设定。

2.3.2 敏捷持续能力

构建平台敏捷化技术研发体系，使采购平台的产品迭代可以满足采购业务的数字化升级需求，提升平台的持续集成、持续发布能力，降低平台升级迭代对业务的影响。

2.3.2.1 低代码开发能力

采购供应链信息系统或数字化平台对于低代码开发、业务功能图形化配置等先进敏捷持续技术的运用能力。

■ 评价所需证明材料：

①低代码开发平台

②低代码开发能力的功能截图和文字说明

■ 指标评分细则：

A：无低代码开发能力，或前后端一体化，后端接口无法复用；具备一定的审批流功能，但无法可视化配置，需要根据业务流程修改配置代码；业务流程与代码高度耦合。

B：系统前后端分离，前端对业务以外的表单控件初步具备扩展性；基本的审批流程可以配置支持；通过配置可部分解决系统扩展性问题。

C：采用业务逻辑与组件代码组合的方式实现主要界面搭建；支持业界通用的 BPMA2.0 规范的流程引擎，完成自定义审批流配置；后端的 API 有一定的复用能力。

D：业务流程都在聚合层完成实现；可根据业务组件编写代码实现界面搭建；系统集成流程引擎，可视化编排 API 调用链路，并且具有 API 调用链的后督方案。

E：系统的所有界面都可通过拖拽的方式配置，只需编写较少的逻辑关联代码实现复杂逻辑；对业务规则变化频繁，业务不确定性较大的功能，可在界面上自定义规则代码，支持主流规则引擎解析执行，并且不影响性能指标；

针对不同的交易领域、组织形式、采购方式，都可以图形化配置工作流。

📎 释义

本指标中阐述的低代码开发能力，是指采购供应链信息化平台在系统功能开发建设或维护过程中，无须代码编写或只需编写少量的代码，即可完成开发的能力。

低代码开发能力使采购平台的需求开发周期极大缩短，产品功能迭代能力极大提升，这样采购业务可以不再受平台开发周期和迭代能力的桎梏，对外部市场环境的变化和内部管理流程模式的变化做出快速的响应。企业低代码开发能力可以体现于对表单类功能的低代码开发、对界面类的低代码搭建、对流程类的低代码配置、对 API 调用的低代码编排等方面。

低代码开发能力的证明材料为企业的低代码开发平台或后台，或者可以体现企业低代码开发能力的功能截图和文字说明。

📍 提示

低代码开发通常是以可视化图形界面拖拽方式实现，低代码开发平台已经内置了拖拽的代码组件和模型。

❓ 问题

问：低代码开发能力在什么场景下最为适用？

答：对于缺少复杂底层逻辑的业务需求，都可以借助低代码开发能力来实现，如新的业务流程开发、审批流的开发、门户或工作台的开发等。

2.3.2.2 中台化能力

采购供应链信息系统或数字化平台对于中台化技术的运用能力，包括业务中台、数据中台、技术中台等中台技术的运用能力。

■ 评价所需证明材料：

①业务中台

②数据中台

③技术中台

④配置中台

⑤智能中台

■ 指标评分细则：

A：系统没有采用模块化设计，业务代码不可复用或复用度低。

B：系统在部分应用板块中采用了中台化的设计，并且形成了业务中台。

C：系统整体采用了中台化设计，形成了整体的业务中台和技术中台，并且中台采用了手动弹性扩缩容设计，基本满足稳定性要求。

D：系统形成了业务中台、数据中台、技术中台、配置中台等中台群，并均可以手动弹性扩容。

E：系统在中台群的基础上增加了 AI 中台，并且各中台采用了自动弹性扩容设计，扩容规则灵活，满足稳定性要求。

📎 释义

本指标中阐述的中台化能力，是指采购供应链信息化平台在系统技术架构设计及建设中，对中台化技术的结合运用能力。

对于国有企业采购业务来说，随着企业业务规模的增长和市场环境的变化，采购策略及业务规则会不断地发生变化，采购平台为了适应这样的变化也需要不断进行更新和迭代，而国有企业的采购平台系统通常都较为庞大，其中也存在着很多底层业务逻辑类似但产品展示多样化的功能，这些功能的每次修改都需要重复修改业务逻辑，造成了开发资源的极大浪费，影响了工作效率，所以要将中台化技术引入采购平台的系统架构，以提升工作效率。

中台化能力指标的证明材料为企业在匹配指标能力时应当对应的中台内容的设计文档和使用说明等资料。

📍 提示

中台的类型可以是业务中台、数据中台、技术中台、AI 中台等内容。

❓ 问题

问：对于中台能力的第四等级要求，必须要逐一满足列举的中台吗？

答：指标评分细则中对于中台进行了枚举，但不要求进行一一对应，通常具备三个中台的能力即可认为是略超出预期的。但业务中台和数据中台的建设应该是优先的。

2.3.2.3 微服务能力

采购供应链信息系统或数字化平台对于微服务技术的运用能力，包括对系统高可用设计、系统分层式设计等技术的运用能力。

■ 评价所需证明材料：

①包含微服务技术能力的系统架构设计图

■ 指标评分细则：

A：系统没有采用微服架构，少部分采用模块化设计。

B：系统没有采用微服架构，但采用了模块化设计，支持集群部署，能满足集群的高可用。

C：系统采用了微服架构，并采用了服务分层设计，具备服务故障隔离能力。

D：系统采用了微服架构，业务模型设计从底层数据库到后端逻辑代码都做了对应服务拆分，具备可扩展性，并形成了相应的说明文档。

E：系统微服务之间具有快速集成能力，对业务的支撑能满足扩展性、兼容性、高可用性要求；具备完备的服务治理能力，具有熔断、限流、降级、链路追踪等能力。

释义

本指标中阐述的微服务能力，是指采购供应链信息化平台在技术架构设计和平台建设过程中，对微服务软件开发技术的结合运用能力。

国央企采购供应链平台系统通常都庞大且复杂，采用一体式平台架构有着很大的弊端，中台化技术和微服务技术都是解决这种弊端的良好技术方案。当前很多国央企的采购系统已经采用了微服务架构技术，但实际对这种架构技术的落地应用还是有差异的，这种差异也将导致企业采购供应链系统的集成、扩展、稳定性等方面的差异，因此需要对企业的微服务能力进行差异化对比，协助企业从技术层面提升系统的先进性和易用性。企业微服务能力包括是否采用微服务的架构设计、是否进行了服务分层、是否实现了服务的快速集成和兼容扩展等内容。

如果需要微服务能力指标的证明材料，需要提供企业采购供应链系统的架构设计图，通过架构图可以体现出企业采用了微服务技术。

提示

企业的微服务能力一般可以通过企业采购系统实际的技术架构图观察出来。

问题

问：采用了 SOA 的技术架构体系，是否满足微服务的要求？

答：SOA 架构和微服务架构都是面向服务的架构体系，从这点上看是满足的，但不同的是，微服务架构对服务的组件化要求更明确、更细化，同时还有领域建模的思想，这些内容是 SOA 所不具备或者没有要求的。

2.3.2.4 容器编排能力

采购供应链信息系统或数字化平台对于容器编排等先进技术的运用能力，包括对系统虚拟化技术、系统容器化编排技术、系统负载均衡技术、系统故障转移技术的运用能力。

■ 评价所需证明材料：

①企业的容器编排管理工具的截图界面

②使用容器技术的业务板块介绍说明

■ 指标评分细则：

A：所有系统均不支持常见的虚拟化技术，不支持容器编排；或仅个别系统尝试了虚拟化技术，但水平不高。

B：支持 Docker 虚拟化技术，配置较为复杂，需要进一步完善架构；支持容器集群资源脚本分配。

C：支持 Docker 虚拟化技术，满足服务发布、运行环境的支撑需求，快速扩展搭建服务集群，配置简单；支持应用实例的手动伸缩。

D：支持主流的容器虚拟化技术，支持服务治理能力下沉；支持应用实例的多种伸缩方式；容器故障转移时，对业务节点影响面较小可控，时延可控。

E：支持多种容器虚拟化技术，支持容器编排，满足集群容错、可用、负载均衡的需求；有完善的操作规范手册；支持多种容器隔离策略，从租户隔离、物理隔离到网络流量隔离均支持；支持集群资源自动分配，支持多种动态调整策略，可灵活配置并自动化运行。

📎 **释义**

本指标中阐述的容器编排能力，是指采购供应链信息化系统对容器技术的应用结合能力，以及对多个容器在部署、管理、监控中的综合应用管理能力。

容器技术是服务器资源管理持续迭代过程中当前最佳的系统部署解决方案，采用容器技术可以更好地利用系统资源，更加敏捷地完成系统迭代，特别是在数字化时代背景下，系统的敏捷性就意味着业务的灵活性，并且当前更多的国央企信息化解决方案在向云原生方向转变，采用容器编排技术更会成为当前最佳的解决方案。容器编排能力包括企业对容器虚拟化技术的支持能力，以及容器资源整体编排管理、动态分配、灵活配置的能力。

容器编排能力的证明材料为企业的容器编排管理工具的截图界面，以及使用了容器技术的业务板块的介绍说明。

📍 **提示**

以 K8s 为代表的工具产品的使用结果，都可以作为企业容器编排能力的证明依据。

❓ **问题**

问：对企业容器编排能力进行自评打分时，是要求采购供应链平台所有的系统都满足每个指标等级的要求，才能得到这个指标等级的得分吗？

答：考虑到采购供应链信息系统或数字化平台的系统众多，因此对于容器编排技术这些新技术能力指标，并不要求企业所有的系统都满足才能得分，只要有一个独立的系统具备此项能力，即可证明企业已经掌握了该指标等级下的能力，可以预知企业的其他系统在后续的改造过程中也必然会达到此项能力，因此只要求单个系统满足即可。

2.3.2.5 持续集成能力

采购供应链信息系统或数字化平台对于持续集成等敏捷持续技术的运用能力，包括对系统多模式发布、系统代码分部构建等技术的运用能力。

■ 评价所需证明材料：

①企业使用 DevOps 工具的产品截图说明

②代码发布流程介绍说明

■ 指标评分细则：

A：很弱或根本不支持 Jenkins 流水线构建配置；不支持前端代码分步构建；不支持前后端镜像发布。

B：可配置多种发布模式，支持 Jenkins 流水线构建配置；构建流程可作不同环境迁移，但是多环境迁移困难，需要适配调整。

C：支持多种主流工具的流水线构建配置；支持前后端使用镜像发布，但迁移需要脚本手动执行支持；支持构建流程多环境迁移。

D：集成 10 种以上构建工具模板及过程插件，支持主流构建工具的流水线配置；支持前后端使用镜像发布，基本满足跨地域、跨机房无感迁移；支持构建流程多环境迁移，移植到其他 DevOps 环境很方便。

E：可动态扩展构建工具及各种流程插件，支持多种流水线构建配置；支持 DevOps 技术工具；脚本自动化程度很高；操作规范完善，对操作有很强的指导意义；支持多种前端框架的代码分步构建；支持自定义组合多工程，一键集成发布。

📎 **释义**

本指标中阐述的持续集成能力，是指采购供应链信息化系统在代码开发部署方面，所具备的持续集成、持续交付、持续测试、持续部署的能力。

在采购供应链数字化的实现过程中，采购平台系统能否敏捷持续地为采购业务提供技术支撑至关重要，而采购平台系统的敏捷持续能力的实现，需要企业对系统开发迭代运维工作流程形成一套自动化解决方案，使系统可以频繁地对代码进行更新维护。这套解决方案的好与坏，将代表着企业持续集成、持续交付、持续测试、持续部署能力的高与低。持续集成能力包括了企业在集成、交付、测试、部署等方面的各项持续能力，但推荐企业采用成熟的工具产品实现企业持续集成的能力目标。

企业持续集成能力指标的证明材料为企业使用 DevOps 工具的产品截图说明，以及企业系统研发或迭代过程的代码发布流程介绍说明。

提示

企业持续集成能力一方面体现于对 DevOps 工具的使用，另一方面体现于企业的规范化管理能力。

问题

问：持续集成能力指标中对于技术工具的描述都是基于 Java 语言的，那么对于非 Java 语言的平台系统，该如何参考？

答：考虑到 Java 语言在国央企大型系统的绝对性覆盖面，持续集成能力指标以及整个技术能力指标体系下的其他技术指标，其系统开发语言都是默认按照 Java 语言来编写的，而且考评和自评时企业也无须对应每一个系统，对非 Java 语言的系统可以暂时不做评测。

2.3.3　兼容扩展能力

采购平台对数字化采购业务的良好支撑还体现在平台的开放和兼容扩展能力方面，平台的开放能力将体现在与采购供应链上下游及内外部系统的对接协同，兼容扩展能力将体现在对国产化的支撑、抗外部风险和系统资源的快速扩展。

2.3.3.1　内外互联能力

采购供应链信息系统或数字化平台对于内外部系统集成、系统互联互通、系统动态扩展的能力。

■ 评价所需证明材料：

①企业集成内外部系统的截图或说明

②系统支撑动态扩展的功能截图或说明

■ 指标评分细则：

A：系统较为孤立，仅与企业 OA 系统等极个别内部系统实现了对接。

B：系统与大部分企业内部供应链及企业管理系统实现了互联互通。

C：系统不仅与企业内部各个系统实现了互联互通，也与部分的企业外部系统实现了互联互通。

D：除已实现企业内部的互联互通，也实现了与企业内部供应链系统的集成，并且可以通过配置的方式实现与大多数外部系统的互联互通。

E：系统实现了与内外部供应链系统的一体化集成和协同，可以通过配置化更改系统集成策略，并且具有很好的协同性、扩展性和兼容性。

📎 **释义**

本指标中阐述的内外互联能力，是指采购供应链信息化平台为了满足集成协同的数字化基本目标，所具备的与内外部供应链平台、系统、功能集成互联的能力。该指标体现了企业采购供应链信息化平台的开放性和扩展性。

采购供应链系统在采购业务发展的过程中，会面临与各种信息化系统或功能进行对接的需求，快速、安全、稳定地实现这些需求，对业务的帮助作用极大。传统的采购系统相较于数字化采购系统内外互联能力较为薄弱，通常仅与少数的系统实现了对接，并且对接的系统间也缺乏联动和协同，系统的集成效果并不好，达不到数字化集成的目标。而在数字化时代背景下，数字化采购系统不仅要实现与内外部供应链系统的互联互通，而且要达到一体化协同的集成效果，并且可以通过配置化使集成效果更加合理，这些都决定了企业内外互联能力的高低。

对于内外互联能力的证明材料，需要提供企业集成内外部系统的截图或说明和系统支撑动态扩展的功能截图或说明。

📍 **提示**

平台的内外互联能力应该以完全的配置化为目标终点，如果缺少配置化能力，每次的对接都依赖专门的开发，将是十分低效的。

❓ 问题

问：如果企业暂时没有与外部系统对接的需求，内外互联能力指标是不是就没有用处？

答：平台的互联能力并不局限于与企业外部系统的对接，只要是采购供应链平台以外的系统对接需求，都属于平台内外互联能力的范畴，包括与企业 ERP 系统、财务系统、OA 系统等的对接。

2.3.3.2　信创兼容能力

采购供应链信息系统或数字化平台对国产化产品的兼容能力，包括对国产主流操作系统、数据库、中间件、浏览器及硬件的兼容能力。

■ 评价所需证明材料：

①系统国产化软、硬件使用证明

■ 指标评分细则：

A：不支持国产操作系统，由于架构或开发语言问题，没法完成适配；不支持国产主流数据库，适配困难；不支持主流国产浏览器；不支持国产芯片，无法适配。

B：不支持国产操作系统，但修改代码及架构可以完成适配工作；不支持国产主流数据库，可调整中间件和代码完成适配；不支持主流国产浏览器；不支持国产芯片。

C：支持某个国产操作系统，但未真正使用；支持某个国产主流数据库，但未真正使用；支持两种以上的主流国产浏览器；支持某种国产芯片，但未真正使用。

D：支持一种国产操作系统并在使用；支持一种国产主流数据库并在使用；支持两种以上的主流国产浏览器；支持一种国产芯片，在使用并可通过操作系统屏蔽差异。

E：支持多种国产操作系统并在使用其中一种，性能稳定，用户无感知底层系统差异存在；支持多种国产主流数据库，使用效果良好；支持多种主流国产浏览器，并可快速适配新内核浏览器；支持多种规格的国产芯片，并在使用其中一种；支持多种国产中间件，能满足可用性和可扩展性要求。

📎 **释义**

本指标中阐述的信创兼容能力，是指采购供应链信息化平台为了满足国央企供应链的信息安全及稳定目标，所具备的对国产化基础硬件、基础软件、应用软件、信息安全软件等内容的技术兼容能力。

在新时代背景下，国际市场环境错综复杂，"脱钩""卡脖子"等逆全球化行为时有发生，国央企作为国家战略的执行者和保障者，其供应链的稳定性关乎国计民生。因此，采购供应链的数字化还必须以采购供应链信息化系统对信创的兼容和支撑为基础，采购供应链信息化系统的信创兼容能力在很大程度上决定了采购供应链的抗风险能力。信创兼容能力包括了企业采购供应链系统对各种国产化软硬件设置的兼容适配能力。

企业信创兼容能力指标的证明资料为对应信创系统的明细，比如操作系统，需要企业能够说明在什么系统中采用了哪个国产化操作系统以及对应的版本。同理对于数据库、浏览器、芯片、中间件等都需要作类似的举例说明。

📍 **提示**

采购供应链的信创兼容能力指标重点关注企业在软件方面的信创兼容情况，对于硬件的信创兼容，只是对最为核心的 CPU（中央处理器）国产化进行了考核。

❓ **问题**

问：信创兼容能力四级、五级指标对企业的信创操作系统、数据库、浏览器、芯片等内容同时作了要求，如果只满足其中一项或多项应该归为这一级别吗？

答：信创兼容指标要求企业满足所有等级的要求后才能认定为属于该级别，否则只能从更低的级别中寻找可以全部满足的等级进行能力匹配。

2.3.3.3 云原生能力

采购供应链信息系统或数字化平台对云原生技术的兼容能力，包括对主流云原生平台及组件的兼容能力。

■ 评价所需证明材料：

①系统架构图和技术选型说明

②使用云产品的截图证明

■ 指标评分细则：

A：不支持或很难支持云原生的中间件、数据库、微服务组件。

B：可通过代码升级适配，满足云原生需求。

C：能兼容主流的一个公有云平台；不支持组件版本升级。

D：能兼容主流的两个公有云平台；适配组件版本升级较复杂。

E：兼容市面上主流的公有云原生组件；可快速适配新组件版本升级。

释义

本指标中阐述的云原生能力，是指采购供应链信息化系统所具备的对云生态技术方案的兼容与支撑能力。

在数字化时代，私有云解决方案对于保障国有企业数据安全、提升业务质量、提高资源使用效率、减少硬件对业务的影响都有着十分明显的优势，企业采购供应链系统采用云解决方案后可以更加聚焦于平台与业务，发挥企业竞争优势。所以企业对云原生的支撑能力决定着企业在数字化时代的整体竞争力。

关于企业云原生能力指标的证明资料，由于私有云源于公有云，并且公有云处于技术发展的前沿，对公有云的支持更能表明企业发展方向的正确性，所以需要企业提供对公有云平台和云组件的支持或使用的证明资料，比如系统的架构图和技术选型说明，以及使用的截图或者技术资料文件内容。

提示

企业云原生能力指标只是使用公有云来对标企业的支撑能力，并不是要求企业去使用公有云平台或产品。

问题

问：云原生能力五级指标为何要求兼容多家公有云，而不是一家即可？

答：云原生能力指标希望企业技术支撑能力不局限于某一家，而是具有一定的技术通用性，这样企业采购系统的抗风险能力会更好。

2.4 安全防护能力建设

采购供应链的数字化还应以平台的系统安全、网络安全、数据安全为前提，形成强大的安全防护能力，规避各种潜在的风险。

2.4.1 网络安全能力

2.4.1.1 防火墙防护能力

采购供应链信息系统或数字化平台的防火墙安全防护能力。

■ 评价所需证明材料：

①测评报告

■ 指标评分细则：

A：未设置防火墙或防火墙相关产品缺乏安全检测报告。

B：已设置单一类型防火墙且防火墙产品具备《信息安全技术 防火墙安全技术要求和测试评价方法》（GB/T 20281—2020）的"基本级"要求。

C：已设置单一类型防火墙且防火墙产品具备《信息安全技术 防火墙安全技术要求和测试评价方法》（GB/T 20281—2020）的"增强级"要求。

D：已设置多类型防火墙且具有《信息安全技术 防火墙安全技术要求和测试评价方法》（GB/T 20281—2020）的"增强级"安检报告的产品数量占比≥50%。

E：已设置多类型防火墙且所有防火墙产品都具有《信息安全技术 防火墙安全技术要求和测试评价方法》（GB/T 20281—2020）的"增强级"安检报告。

✎ **释义**

本指标中所阐述的防火墙防护能力，是指采购供应链信息化系统各平台网络防火墙在对标《信息安全技术 防火墙安全技术要求和测试评价方法》标准后，得到高评价等级的能力。

采购供应链的数字化实现，除了要求采购供应链系统的业务和技术具备很强的支撑能力外，还要求在信息安全技术层面具备强大的支撑能力，而网络安全防护能力是信息安全技术能力的首要目标,可以保障采购系统不受外部的非法攻击。这其中,网络防火墙防护能力是首要的技术要点。通过对标国家标准《信息安全技术 防火墙安全技术要求和测试评价方法》(GB/T 20281—2020),可以将网络防火墙分为基本级和增强级,而企业采购供应链各系统的防火墙增强级数量可以表明企业的防火墙防护能力等级。

关于企业防火墙防护能力指标的证明资料,要求根据国家标准《信息安全技术 防火墙安全技术要求和测试评价方法》(GB/T 20281—2020)进行详细的评测,从而得到对企业防火墙防护能力等级的客观评价以及测评报告。

📍 提示

国家标准《信息安全技术 防火墙安全技术要求和测试评价方法》(GB/T 20281—2020)规定了防火墙的等级划分、安全技术要求及测评方法。

❓ 问题

问:如果企业采购系统为一体化系统,已经满足增强级要求,不存在多个产品防火墙,评价时应认定其属于哪个等级?

答:属于指标的第五级,没有多个产品或系统时即可认定已经覆盖100%的系统。

2.4.1.2 入侵检测能力

采购供应链信息系统或数字化平台的入侵检测安全防护能力。

■ 评价所需证明材料:

①测评报告

■ 指标评分细则:

A:无入侵检测系统,或相关产品无安全检测报告。

B:有入侵检测系统且相关产品具有《信息安全技术 网络入侵检测系统技术要求和测试评价方法》(GB/T 20275—2021)的"基本级"安全测评报告。

C:有入侵检测系统且相关产品具有《信息安全技术 网络入侵检测系统技术要求和测试评价方法》(GB/T 20275—2021)的"基本级"安全测评报

告；同时，设有安全团队提供 7×24 小时的安全值守和应急响应服务。

D：有入侵检测系统且相关产品具有《信息安全技术　网络入侵检测系统技术要求和测试评价方法》（GB/T 20275—2021）的"增强级"安全测评报告。

E：有入侵检测系统且相关产品具有《信息安全技术　网络入侵检测系统技术要求和测试评价方法》（GB/T 20275—2021）的"增强级"安检测评报告；同时，设有安全团队提供 7×24 小时的安全值守和应急响应服务。

释义

本指标中阐述的入侵检测能力，是指采购供应链信息化系统在对标《信息安全技术　网络入侵检测系统技术要求和测试评价方法》标准后，得到入侵检测高评价等级的能力。

采购供应链信息化系统的网络安全防护能力指标体系下，除了防火墙防护能力作为首要技术点外，是否配备了入侵检测系统以及入侵检测系统的质量也是一项十分重要的技术点。通过对标国家标准《信息安全技术　网络入侵检测系统技术要求和测试评价方法》，可以将入侵检测系统分为基本级和增强级，企业采购系统是否配备了入侵检测系统，入侵检测系统的等级测评情况，以及有没有额外的保障措施，这些都可以表明企业的入侵检测能力。

关于企业入侵检测能力指标的证明资料，要求根据国家标准《信息安全技术　网络入侵检测系统技术要求和测试评价方法》进行详细的评测，从而得到对企业入侵检测系统能力等级的客观评价以及测评报告。

提示

国家标准《信息安全技术　网络入侵检测系统技术要求和测试评价方法》规定了入侵检测系统的等级划分、安全技术要求及测评方法。

问题

问：如果企业的供应链系统部署在云厂商或者第三方资源中，还需要提供证明资料吗？

答：同样需要云厂商或第三方提供对应的测评结果或测评报告。

2.4.1.3 灾难恢复能力

采购供应链信息系统或数字化平台的灾难恢复安全防护能力。

■ 评价所需证明材料：

①测评报告

■ 指标评分细则：

A：参照《信息安全技术 灾难恢复服务能力评估准则》（GB/T 37046—2018），能力级别为基本执行级。

B：参照《信息安全技术 灾难恢复服务能力评估准则》（GB/T 37046—2018），能力级别为计划跟踪级。

C：参照《信息安全技术 灾难恢复服务能力评估准则》（GB/T 37046—2018），能力级别为能力定义级。

D：参照《信息安全技术 灾难恢复服务能力评估准则》（GB/T 37046—2018），能力级别为量化控制级。

E：参照《信息安全技术 灾难恢复服务能力评估准则》（GB/T 37046—2018），能力级别为持续改进级。

📎 **释义**

本指标中阐述的灾难恢复能力，是指采购供应链信息化系统在对标《信息安全技术 灾难恢复服务能力评估准则》标准后，得到灾难恢复高评价等级的能力。

采购供应链信息化系统的网络安全防护能力指标体系下，除了防火墙防护能力和入侵检测能力，还需要有很好的灾难恢复能力，从而保障企业在面对网络攻击或入侵行为时，具备很好的灾难恢复兜底处理安全保障能力。通过对标国家标准《信息安全技术 灾难恢复服务能力评估准则》（GB/T 37046—2018），可以将灾难恢复分为基本执行级、计划跟踪级、能力定义级、量化控制级、持续改进级五个等级，企业与标准对标并测评后得到的能力级别，对应了灾难恢复能力的指标等级。

对于企业灾难恢复能力指标的证明资料，要求根据国家标准《信息安全

技术　灾难恢复服务能力评估准则》（GB/T 37046—2018）进行详细评测，从而得到对企业灾难恢复能力等级的客观评价以及测评报告。

提示

国家标准《信息安全技术　灾难恢复服务能力评估准则》（GB/T 37046—2018）规定了灾难恢复的等级划分、安全技术要求及测评方法。

问题

问：为何将灾难恢复能力指标归属于网络安全能力指标体系？

答：由于系统安全防护和网络安全防护都面临灾难恢复的问题，且当前技术环境背景下来源于网络攻击或入侵的灾难更加致命，因此将此指标归属于网络安全指标体系。

2.4.2　系统安全能力

2.4.2.1　等级保护能力

采购供应链信息系统或数字化平台的系统等级保护安全防护能力。

■ 评价所需证明材料：

①等级保护测评认证结果

■ 指标评分细则：

A：未认证（或认证未通过）且系统承建方核心标准产品无《信息安全技术　网络安全等级保护基本要求》（GB/T 22239—2019）安全等级认证。

B：未认证（或认证未通过）但系统承建方核心标准产品有《信息安全技术　网络安全等级保护基本要求》（GB/T 22239—2019）安全等级认证。

C：通过《信息安全技术　网络安全等级保护基本要求》（GB/T 22239—2019）一级认证。

D：通过《信息安全技术　网络安全等级保护基本要求》（GB/T 22239—2019）二级认证。

E：通过《信息安全技术　网络安全等级保护基本要求》（GB/T 22239—2019）三级认证。

📎 **释义**

本指标中阐述的等级保护能力，是指采购供应链信息化系统在对标《信息安全技术　网络安全等级保护基本要求》标准后，得到等保测评的能力。

采购供应链信息化系统应该满足国家标准《信息安全技术　网络安全等级保护基本要求》的要求，并对系统进行等级保护测评。企业根据自身系统的实际情况申请不同等级的测评。非金融领域的等级保护最高为三级，分别为自主保护级、指导保护级、监督保护级，考虑到国有企业的特殊性，推荐企业进行三级等级保护的测评。

关于企业等级保护能力指标的证明资料，要求根据国家标准《信息安全技术　网络安全等级保护基本要求》进行详细的评测，从而得到对企业等级保护能力的客观评价以及测评认证。

📍 **提示**

"三级等保"认证为采购供应链系统的最高安全标准。

❓ **问题**

问：等级保护能力指标是否和其他安全性指标有重复？

答：是有一定程度的重复，但考虑到信息安全领域的考核指标项众多且十分复杂，使用单一的指标很难全面细致地区分企业在安全防护上的能力差异，因此通过多个维度的安全指标来进行区分和认定。

2.4.2.2　访问控制能力

采购供应链信息系统或数字化平台的系统访问控制安全防护能力，包括系统对角色和权限的访问控制、对非法操作的追踪记录及限制等安全防护能力。

■ 评价所需证明材料：

①配置平台/中台

②对角色权限进行访问控制的功能截图

■ 指标评分细则：

A：无用户角色和权限管理，对用户的非法操作及尝试缺乏记录和告警机制。

B：无用户角色和权限管理，但支持对用户的非法操作及尝试进行记录并告警。

C：支持根据用户角色和权限设置对系统功能及数据资产进行访问，但对用户的非法操作及尝试缺乏记录和告警机制。

D：支持根据用户角色和权限设置对系统功能及数据资产进行访问，同时支持对用户的非法操作及尝试进行记录和告警。

E：支持根据用户角色和权限设置对系统功能及数据资产进行访问，也支持对用户的非法操作及尝试进行记录和告警，并具备根据用户行为实施限制或处罚的措施。

释义

本指标中阐述的访问控制能力，是指采购供应链信息化系统基于用户角色和权限，对系统功能及数据资产的访问控制能力。

采购信息化平台用户受众群体大、数据全面、功能众多，如果不进行有效的管理控制，将导致企业核心内容的外流，给企业供应链带来风险。而基于用户角色和权限设置的访问控制能力，可以很好地为企业规避这种风险。访问控制能力指标除了要求具备控制能力，还要求具备对非法行为的分析、监测能力，实现综合性控制。

对于企业访问控制能力指标的证明资料，推荐以相应的配置平台、中台或后台来证明，如果没有配置类的平台，则可以提供能基于角色权限进行访问控制的管理功能截图。

提示

对用户非法操作的记录可以体现于操作日志能力指标当中，可一并提供进行证明。

⑦ **问题**

问：对于非法操作的告警应该以怎样的形式体现？

答：对体现形式不做要求，可以通过运维系统、监督系统、工作台等多种途径进行告警，也可以通过更适合企业的方式，但需要以最终的告警结果来证明其存在性。

2.4.2.3　日志管理能力

采购供应链信息系统或数字化平台基于日志管理的安全防护能力，包括系统可记录用户访问信息、操作信息和系统运行状态信息等的安全防护能力。

■ 评价所需证明材料：

①日志管理及分析工具

■ 指标评分细则：

A：无日志或日志记录的关键信息不完整。

B：有日志，且日志记录的关键信息中能够完整覆盖一项。

C：有日志，且日志记录的关键信息中能够完整覆盖两项。

D：日志对三项关键信息进行了完整的记录。

E：日志对三项关键信息进行了完整的记录，同时采用了日志分析工具采集、存储和分析日志信息，提升系统安全性。

⑦ **释义**

本指标中阐述的日志管理能力，是指采购供应链信息化系统应当具备的对系统操作行为进行日志捕捉、日志存储、日志分析的能力。

日志的留痕与分析是保障采购供应链系统安全可追溯的最有效途径，日志内容的完整性和覆盖性体现了企业采购系统利用操作日志进行安全防护管理的能力。日志的全面性体现于对系统关键信息的留痕覆盖情况，这些关键信息包括：①用户访问信息，包括但不限于用户 ID、用户名、访问时间、URL、IP 等；②用户操作信息，如对信息/文件的增删改查，对系统或功能的启动或关闭操作；③系统运行状态信息，如提示、出错等信息。

对于企业日志管理能力指标的证明资料，推荐以日志管理工具来证明，如果没有则可以通过实际的日志库中日志内容截图或日志分析结果截图来证明。

提示

企业如果有专门的日志分析处理系统，则以系统的日志采集覆盖情况来评估。

问题

问：如果日志采集的内容与列举的关键信息存在一定的偏差，该如何认定？

答：本指标项里对于关键日志信息的列举并不要求完全覆盖，能够做到一半左右的覆盖即可证明企业已经将重要日志信息进行了安全管控。

2.4.2.4 系统运维能力

采购供应链信息系统或数字化平台的系统运维安全防护能力，包括借助系统运维制度、流程、规范及系统运维辅助工具等手段保证系统稳定的安全防护能力。

■ 评价所需证明材料：

①系统运维管理制度

②系统运维工具界面

■ 指标评分细则：

A：组织在系统运维侧未采取任何措施或采取了简单措施。

B：制定有相关制度、流程、规范或细则，为系统安全运维提供原则与指导。

C：制定有相关制度、流程、规范或细则，设立了运维团队，并定义和分配了系统安全运维的所需角色及其责任。

D：制定有相关制度、流程、规范或细则，设立了运维团队，对系统相关软硬件资产进行登记，形成资产及资产关系清单文件，持续维护并形成设备或系统的安全检查清单。

E：制定有相关制度、流程、规范或细则，设立了运维团队，形成了资产清单，具有安全运维辅助性系统工具。

📎 释义

本指标中阐述的系统运维能力，是指采购供应链系统在流程、制度、规范和人员团队方面所具备的系统运维能力。

系统运维能力指标对于企业采购供应链系统安全有着更大的保障意义，因为强大的安全防护技术能力需要良好的运维机制、流程、制度、规范及人员团队来保障，任何流程、制度、规范或人员层面的安全保障能力缺失，都会导致系统安全风险的失控。

如果需要企业系统运维能力指标的证明资料，就需要提供实际的系统安全运维流程、制度、规范文件内容，人员和团队安排也需要对应的职责划分文件或团队协作流程资料来证明，工具则需要提供相应的工具截图。

📍 提示

系统运维能力指标涉及的范围广、证明材料较多，因此企业是否已经形成了系统安全运维体系十分重要，如果已经具备系统安全运维体系，则指标内容企业基本都会具备。

❓ 问题1

问：安全运维辅助性系统工具包括哪些内容？

答：包括但不限于以下内容。

（1）信息系统安全服务台：对信息系统安全事件进行统一监控与处理。

（2）资产管理系统：发现、管理所有与信息系统运行相关的软硬件系统，建立资产清单和资产配置清单。

（3）漏洞管理系统：定时扫描信息系统相关资产脆弱性，并对发现的漏洞进行及时加固。

（4）入侵检测系统：及时发现并阻断入侵攻击，降低业务损失。

（5）异常行为监测系统：及时发现存在的异常操作及行为，以降低业务损失。

⑦ **问题2**

问：是否要求证明材料中制度、流程、规范和人员团队缺一不可？

答：流程、制度、规范有一项证明材料即可，人员或团队安排的证明材料也需要有。

2.4.3 数据安全能力

2.4.3.1 数据采集安全能力

采购供应链信息系统或数字化平台对于数据采集场景下数据的安全防护能力，包括数据分级分类采集规范、采集人员与采集流程管理制度、采用技术手段鉴别数据源等数据安全防护能力。

■ 评价所需证明材料：

①数据采集规范、流程、制度

②数据采集工具

■ 指标评分细则：

A：未采取任何安全措施或仅采取简单措施。

B：有明确的数据分类分级方法，并对生成或收集的数据进行分类分级标识。

C：有明确的数据分类分级方法，设有数据采集安全管理岗位及人员，负责制定和推动数据采集安全管理相关制度、要求、流程的落实。

D：有明确的数据分类分级方法，设有数据采集安全管理岗位及人员，采取技术手段对数据源进行身份鉴别和记录，防止数据仿冒和数据伪造。

E：有明确的数据分类分级方法，设有数据采集安全管理岗位及人员，采取技术手段对数据源进行身份鉴别和记录，应用技术工具实现对数据质量的管理和监控，并对异常数据及时告警或更正。

✐ **释义**

本指标中阐述的数据采集安全能力，是指采购供应链系统从系统内外或离线数据源采集数据时，所具备的对数据采集过程和采集的数据的安全保障能力。

在采购供应链数字化进程中，数据资产的价值将愈发重要，因此采购供应链系统对数据的安全防护应当成为安全防护能力体系的重要组成。数据的安全防护能力体现于数据流转、数据利用的数据全生命周期安全防护，这其中数据采集安全防护是数据安全的起始环节。数据采集安全的防护措施，包括对不同分类分级数据采用不同的防护策略，制定专门的数据采集安全防护制度、流程、规范，对数据源采用技术鉴别手段筛查风险项，采用技术工具对风险行为和风险内容进行识别和预警等。

对于企业数据采集安全能力指标的证明资料，需要提供企业集团层面的数据采集安全保障制度或规范，如果企业使用了特定的采集工具采集数据，还需要提供该工具存在且使用的截图证明资料。另外对于采集人员设置和团队设置，也需要提供相应的人员安排证明资料和团队职责分工证明资料。

📍 提示

企业的数据平台、数据中台、业务平台等各个系统都需要符合数据采集安全的要求。

❓ 问题1

问：数据分类分级方法是指什么？

答：由于对不同的数据类别和数据重要等级采取的数据安全防护等级和措施内容都是不一样的，所以对数据的安全防护需要依据数据的分类分级进行差异化处理，而数据的分类分级方法就是指数据分类的规则和依据，是安全等级分级的原则内容。可行的数据分类分级方法是依照数据的业务属性和可公开范围进行划分，但企业也可以依照自身特点梳理自己的数据分类分级方法。

❓ 问题2

问：如何证明企业存在数据分类分级方法？

答：企业可以依据实际的分类分级规则提供文字性的说明，将分类分级的依据和分别的安全保障措施表达清楚。

2.4.3.2 数据传输安全能力

采购供应链信息系统或数字化平台对数据传输场景下数据的安全防护能力，包括重要数据传输时采用加密措施、应对数据泄露风险的处置措施等数据安全防护能力。

■ 评价所需证明材料：

①数据传输加密管理技术措施规范

②数据传输防侵犯措施

③人员及团队责任分工安排

■ 指标评分细则：

A：未采取任何安全措施或仅采取简单措施。

B：采用适当的加密保护措施，保证传输通道、传输节点和传输数据的安全，防止数据泄露。

C：采用适当的加密保护措施，部署相关设备以确保网络可用，如负载均衡。

D：采用适当的加密保护措施，部署相关设备以确保网络可用，部署相关设备对数据泄露的风险进行防范，如防入侵攻击、数据防泄露检测与防护等设备。

E：采用适当的加密保护措施，部署相关设备以确保网络可用，部署相关设备对数据泄露的风险进行防范，设有安全团队提供 7×24 小时的安全值守和应急响应服务。

📎 **释义**

本指标中阐述的数据传输安全能力，是指采购供应链系统在系统内或者与外部系统进行数据传输时，所具备的对数据传输过程和传输的数据进行安全保障的能力。

在采购供应链各项数据流转的过程中，数据在各个系统间传输时极易发生安全问题，需要采购供应链系统在数据传输过程中具备很好的数据安全保障能力，包括数据传输时对数据的加密保护措施、数据传输节点和设备的安全保护措施、数据传输网络风险攻击防护措施、风险预防和应急处置人员团队配置等。

关于企业数据传输安全能力指标的证明资料，需要提供企业数据传输安全加密技术措施规范内容，以及传输节点、设备、网络的防侵犯措施内容，也需要提供相应的人员安排证明资料和团队职责分工证明资料。

📍 提示

企业数据加密措施证明资料不需要提供具体技术内容，只需要提供资料存在性证明。

❓ 问题

问：数据传输安全能力指标中的防入侵措施与入侵检测指标是否有重复？

答：两个指标内容存在一定的交叉，满足入侵检测的要求后无须再证明数据传输中的防入侵能力。

2.4.3.3 数据存储安全能力

采购供应链信息系统或数字化平台对于数据存储场景下数据的安全防护能力，包括对数据存储介质进行加密及监控、数据备份及快速恢复等数据安全防护能力。

■ 评价所需证明材料：

①数据备份证明

②数据的容灾恢复措施

③数据存储介质安全加密技术措施规范

■ 指标评分细则：

A：未采取任何安全措施或仅采取简单措施。

B：使用技术工具对存储媒介性能进行监控，对超过安全阈值的媒介进行预警，对存储媒介的访问和使用行为进行记录和审计。

C：使用技术工具对存储媒介性能进行监控，建立了数据备份与恢复的技术手段。

D：使用技术工具对存储媒介进行加密处理，对性能进行监控，建立了数据备份与恢复的技术手段，存储系统具备数据存储跨地域的容灾能力。

E：使用技术工具对存储媒介进行加密处理，对性能进行监控，建立了数据备份与恢复的技术手段，存储系统具备数据存储跨地域的容灾能力，设有安全团队提供 7×24 小时的安全值守和应急响应服务。

📎 释义

本指标中阐述的数据存储安全能力，是指采购供应链系统在进行业务数据存储时，所具备的对数据存储介质和存储数据内容进行安全保障的能力。

采购供应链数字化的实现将包括数据要素的资产化，而资产化的数据以及全量的业务数据都将存储在采购供应链系统中，这些存储数据的安全防护能力，将决定采购供应链资产的安全性，所以需要采购供应链信息化系统具备良好的数据存储安全保障能力，包括对数据存储介质的身份认证与访问控制、对存储性能和数据备份的保护对数据的隔离和容灾恢复能力等。

关于企业数据存储安全能力指标的证明资料，需要提供企业数据存储介质安全加密技术措施规范内容，以及存储性能监控、存储数据备份保护措施内容，也需要提供数据的容灾恢复措施内容和已经备份数据的截图。

📍 提示

关于企业数据存储安全防护措施的证明资料，不需要提供具体技术内容，只需要提供资料存在性证明。

❓ 问题

问：数据存储安全能力指标中数据备份和恢复的要求有哪些？

答：对于数据存储来说不存在 100% 的安全，因此数据备份和恢复能力成为最重要的兜底能力，所以对数据备份和恢复的要求就是数据信息的完整性与及时性，保证系统在发生存储安全事故后可以最大限度地减少损失。因此，对于数据备份和恢复技术的证明资料内容，也应该是数据备份的实时性和恢复的彻底性的技术方案证明资料。

2.4.3.4 数据处理安全能力

采购供应链信息系统或数字化平台对于数据处理场景下数据的安全防护能力，包括对数据处理进行脱敏、数据处理监控审计、数据处理日志记录等数据安全防护能力。

■ 评价所需证明材料：

①企业数据处理脱敏方案

②数据处理过程安全管控计划

③数据处理日志

④核心敏感数据自动检测工具

■ 指标评分细则：

A：未采取任何安全措施或仅采取简单措施。

B：具有数据处理或脱敏方案，确保原始数据以及处理或脱敏后数据的可用性和安全性。

C：具有数据处理或脱敏方案，具有必要的监控审计措施，确保数据分析过程不会超过相关分析团队对数据的权限范围。

D：具有数据处理或脱敏方案，具有必要的监控审计措施，具有数据处理日志管理工具，记录用户在数据处理系统上的数据加工操作。

E：具有数据处理或脱敏方案，具有必要的监控审计措施，具有数据处理日志管理工具，具备基于机器学习的敏感数据自动识别、数据分析算法安全设计等数据分析安全能力。

📎 **释义**

本指标中阐述的数据处理安全能力，是指采购供应链系统在进行数据的分析、加工、处理、利用时，所具备的对处理数据内容进行安全保障的能力。

采购供应链的数字化进程，需要对数据内容进行大量的分析和处理，但如何保证在数据处理的过程中关键数据内容私密化、核心数据内容不外泄，就需要采购供应链系统具备很好的数据处理安全保障能力，一方面可以将待处理数据中的关键核心信息脱敏化，另一方面对数据处理全过程进行有效的安全监控，保证数据的处理安全。

关于企业数据处理安全能力指标的证明资料，需要提供企业数据处理脱敏方案、数据处理过程安全管控计划、数据处理日志，以及可以对核心敏感数据自动检测的工具等内容。

提示

企业数据处理安全能力指标中数据脱敏方案只需证明方案的存在性即可，不需要提供具体的脱敏方案内容。

问题

问：为何需要基于机器学习的敏感数据自动识别、数据分析算法安全设计内容？

答：数据处理安全能力指标中，对待处理数据的脱敏是最为重要的解决措施，但是数据内容中到底有哪些信息是敏感和关键性的，是需要人工经验进行判断的。为了降低由于人工经验差异而导致的敏感信息误判，因此希望借助智能化的敏感信息识别技术来提升对敏感信息的识别率和发现水平，从而保障数据处理的真正安全。

2.4.3.5 数据销毁安全能力

采购供应链信息系统或数字化平台对数据销毁场景下数据的安全防护能力，包括数据安全销毁的技术处置措施等数据安全防护能力。

■ 评价所需证明材料：

①企业数据销毁制度、流程、规范内容

■ 指标评分细则：

A：未采取任何安全措施或仅采取简单措施。

B：具备必要的数据销毁技术手段与管控措施，确保以不可逆方式销毁敏感数据及其副本内容。

C：具备必要的数据销毁技术手段与管控措施，针对存储媒介，建立硬销毁和软销毁的数据销毁方法和技术。

D：具备必要的数据销毁技术手段与管控措施，建立了硬销毁和软销毁的数据销毁方法和技术，具有数据销毁相关的制度、规范或流程，为数据销毁安全提供原则与指导。

E：具备必要的数据销毁技术手段与管控措施，建立了硬销毁和软销毁的数据销毁方法和技术，具有数据销毁相关的制度、规范或流程，有安全团队负责制定、推动和落实与数据销毁安全相关的制度和措施。

📎 释义

本指标中阐述的数据销毁安全能力，是指采购供应链系统在对一些文件数据内容进行销毁处理时，所具备的数据销毁安全保障的能力。

采购供应链平台在业务开展的过程中，除了数据不断积累并且向资产化转化外，也会有一些文件或数据由于业务原因需要做删除销毁处理，而这些数据或文件中必然会存在大量的关键或敏感信息，所以采购供应链系统一方面要保证数据销毁的彻底性并且不发生数据泄露，另一方面要保证数据销毁的准确性，不可以发生非销毁数据被销毁的情况，这两方面都需要数据销毁安全能力的保障。

关于企业数据销毁安全能力指标的证明资料，需要提供企业数据销毁的技术方案和管控措施内容，也包括销毁制度、流程、规范内容。其中数据销毁的技术方案要包括被销毁数据的技术确认方法和销毁技术方法说明，销毁数据的管控措施、制度、流程和规范内容有一项证明即可。

📍 提示

简单的数据删除达不到数据销毁的目的。

❓ 问题

问：数据的软销毁和硬销毁分别指什么，必须都具备吗？

答：数据的软销毁是指通过数据删除后数据重新覆盖的方式擦除数据，达到销毁的目的；而硬销毁是指对存储介质进行物理或化学层面的破坏。数据软销毁和硬销毁都是数据销毁的实现方式，考虑到采购业务的数据敏感程度并不太高，具备其中之一即可。

案例 5：以电商平台为核心构建采购供应链数字化生态能力

易派客是中国石化响应国家发展战略，探索铸就的阳光透明、开放共享的 SC2B（Supply Chain to Business，以供应链核心企业需求为基础，不断富集需求与其他企业交易的电商模式）创新模式的电商平台。易派客根植于中国石化 40 年来打造的坚实产业链、28 年来积累的采购管理实践、23 年来取得的信息化新成果，践行"让采购更专业"的理念，汇集甄选千万工业品优质资源，深度挖掘供应链内在核心价值，精心淬炼"采购、销售、招标、综合"服务，聚焦用户痛点，着力汇集资源，满足用户需求，实现价值增值。

互联网经济和数字经济下的 B2B 电商业态，正在朝着集需求管理、采购决策、商品交易、在线支付、物流配送、技术支持、信用支撑、数据价值挖掘等功能于一体的电商平台生态体系加速发展。易派客持续创新实践，与平台上的各用户企业共同构建以电商增值业务为核心的"易系列"工具，致力打造阳光诚信、绿色安全、开放共享的数智化供应链生态，助推工业企业高质量发展。

一、以主流功能架构构建易派客电商平台的技术生态

易派客平台于 2015 年 4 月 1 日上线试运行，2016 年 4 月 18 日正式投入商业运营。2015—2020 年，易派客平台经过三期建设，功能不断完善，用户量、交易量稳步增长，为平台业务的开展提供了坚实的支撑。但与此同时，易派客平台的快速发展，对数字化系统的先进性和前瞻性，对平台技术架构的健壮性、通用性、可扩展性、可复用性，对软件代码的可维护性、合理性等提出了更高的要求。为了更好地支撑和响应业务的快速发展和生态模式的多样化需求，适应数智化供应链发展升级的需要，易派客于 2021 年对平台进行了整体的架构功能升级，实现前台网站应用"微服务化"拆分，完成整体架构的前后端分离，更替部分老旧技术栈，应用集群部署和容器虚拟化技术，建立"灰度发布"能力，提高开发和运维效率。

（一）以"厚平台、薄应用"理念构建工业品电商架构

易派客致力于围绕工业品供应链业务打造"互联网＋采购""互联网＋销售""互联网＋金融""互联网＋综合"等新型业务模式，选用了国内领先的云架构技术，以统一的云基础设施为基础，从业务和技术两个层面抽离出共性的、通用的、可复用的和可标准化的功能，形成业务和技术组件，沉淀形成电子商务共享平台，并通过标准 API 服务输出的方式支撑上层电商应用功能的快速和灵活建设，实现平台服务标准化、上层应用差异化，完成了易派客电商平台技术架构从"竖井式"向"云计算"转变（见图 7）。

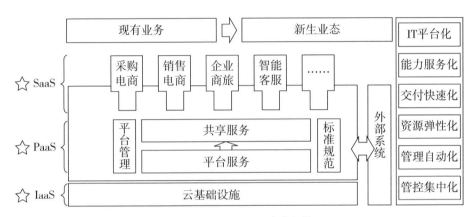

图 7　易派客工业品电商架构

（二）以分布式应用服务框架支撑电商业务灵活发展

随着企业级互联网应用的快速发展，早期 RPC（Remote Process Call）服务治理方案已无法满足业务复杂和巨量数据的企业应用需求，因此基于分布式服务思想的 SOA（Service - Oriented Architecture）架构理念应运而生。易派客平台采用业界先进的分布式服务架构，实现了基础层、数据层、支撑层、共享层、应用层的 5 层设计模式，通过使用分布式负载（SLB）、分布式虚拟服务器（ECS）、分布式数据库（RDS）、分布式缓存及分布式消息服务等关键技术，践行了平台高性能、高扩展、高可用、高稳定的设计原则，达到了请求分流、读写分离、分库分表和分布式部署的目标，消除了访问瓶颈、扩展瓶颈和性能瓶颈，支撑业务的高效运行和灵活发展。此外，易派客还应用了非关系型大数据专用数据库、搜索引擎、对象存储等多种特定类型的数据

存储模式，以应对大数据入仓、信息检索、非结构化数据存储等应用场景，支撑了平台应用功能的灵活拓展。

（三）以"微服务化"功能单元提升平台快速迭代能力

易派客平台按照业务场景，构建一系列相对较小且独立的"微服务化"功能单元，降低各功能模块间的相互关联与影响，解决系统代码过于集中、臃肿，迭代发版灵活性不足的问题，提升响应速度，降低运行维护成本。同时，基于工业品种类繁多、规格参数复杂的特点，建立了物料体系兼容、可以按需灵活扩展的商品体系，增强了平台的搜索能力、运营能力和互联能力。

二、以易派客平台为核心构建数智化采购供应链生态

（一）创新供应链管理服务，提供一站式采购解决方案

为进一步深化"互联网+供应链"创新应用，服务平台关联方的采购管理，易派客平台匠心打造合规、高效的一站式"SaaS商城+供应资源+管理工具"数智化供应链采购管理生态体系，助力企业全方位采购管理升级。

1. 易专采

易派客从企业实际需求出发，依托平台强大的供应商资源与标准化数据，建设SaaS化部署的企业专属商城，为企业提供一站式数字供应链解决方案。支持企业自主配置组织架构、商品类目与审批流程，展现企业形象特色，实现"一企一面"，助力采购管理阳光规范、集约高效。同时，面向央企等重点企业，易派客可提供私有化部署的采购管理系统、采购商城等系统建设服务，并实现与易派客平台的互联互通，助力企业的数字化供应链建设。

2. 易资源

易派客打造企业供应链及服务资源聚集平台——易资源，以平台企业需求为导向，按照"性价比最优"的原则，共享中国石化多年框架协议采购资源，集聚平台企业与第三方平台优质资源，为企业提供高性价比的采购资源，降低采购成本，同时跨平台资源互通共享，推进供需互联，提升采购效能。

3. 易专区

易派客不断优化完善易专区功能，充分展现专业特质，提升服务质量，实现价值增值，先后推出钢铁、阀门、MRO、劳保等专区，为用户提供专业的一揽子解决方案。

4. 易招标

将投标供应商的资质审核、电子投标开标、远程异地评标等操作搬上平台，实现在线发布公告、制作标书、电子加解密、投标人管理以及投标、开标、评标的全过程闭环管理，同时提供免费的电子招标系统支持自行招标，并提供线上渠道向多家机构委托招标。

5. 易应急

为了向企业提供事件事故处置应急保障，易派客打造易应急专区，整合中国石化、平台供应商和社会企业等各方应急物资资源，与央企、地方政府、社会企业等单位，建立联动机制，打破应急资源信息壁垒，打造资源汇集的应急平台。一键搜索现货资源，在线"快速查询、实时库存、供需对接"，应对自然灾害、抢修抢险、事故灾难、公共安全等紧急场景。

6. 易融通

为企业融通供需、促成合作，基于中国石化坚实的产业链、平台的各种供需信息集合和多方资源汇集，易派客推出易融通服务，打通堵点连接购销，发挥平台融通供需作用，加强信息交互，引入信保支持，精准快速匹配供需，促成双方线下贸易合作，提升贸易服务能力和经营效益。

（二）创新标准引领，助推工业品电商标准化建设

1. 易标准

易派客积极响应国家信用体系建设，践行国家高质量发展战略，打造以法人信用认证、产品质量评价、履约动态考评、市场业绩表现为核心内容的易派客标准（Epec Standard, ES）体系，专注于对企业及工业品进行精确评价、精准画像、精挑细选，并推动标准的全球互认互用，用标准助力贸易融通，用标准推动世界联通，为中国制造走向世界，为世界精品进入中国，搭建起互联互通的桥梁。

2. 易认证

易派客推出知识创新能力评价服务，构建企业知识产权数据平台，在开展知识产权管理体系认证服务的基础上，建立知识创新能力分级评价标准体系，综合考核企业的主体信誉、资源能力、研发能力、管理能力等，给予评定分级。通过知识创新能力评价，帮助企业评估其核心产品、技术、服务的

先进性、可靠性和可持续性，不断提高企业知识产权创造、运用、保护和管理能力，加强知识产权风险防控，不断提高创新能力与核心竞争力，助力知识产权强国建设。

（三）创新供应链数据服务模式，深入挖掘数据价值

1. 易数据

以数据为生产要素，以数字技术为核心驱动，强化数据治理，挖掘数据价值，深化与金融机构、数字科技公司等生态协作，为企业采购决策、产融合作、招标投标、行业解决方案等提供数据服务，推动数据资源价值创造。

2. 易保理

聚焦企业融资难的痛点，开展交货保理、挂账保理和订单保理三类业务，具有融资效率高、融资期限活、融资流程短、不占用授信额度等优势，快速响应企业解决融资的需求，缓解资金压力。

3. 易支付

易派客联合金融机构，推出工业品电商 B2B 在线支付系统，依法合规、安全高效地搭建起便捷友好的电子支付环境。平台实时展示交易资金流向，供采双方实时掌握支付进度和状态，有效联通供应方、采购方、平台方，实现商流、信息流、资金流的融合，更大地发挥数据价值，为平台全业务场景提供交易安全保障。

4. 易权通

易派客助力国家诚信体系建设，利用先进的数字技术，推出电子债权流转服务，充分发挥核心企业在供应链中的作用，实现核心企业带动供应链中小企业共同发展，有效缓解中小企业融资难的问题。基于债权凭证转让的易权通服务，具有可拆分、可流转、可融资等特点，全方位服务于供应链每个经济体的交易结算，为平台企业提供无成本的应收、应付、清账服务，有助于缓解企业资金紧张状况，助推供应链上下游资源协同高效，共建阳光商业生态。

（四）创新企业管理服务工具，助力企业降低运营成本

易派客持续创新和探索实践，不断增强内涵服务能力，不断拓宽外延服

务范围，持续优化平台企业运营管理功能，开展增值服务，多向助力降本增效。

1. 易物流

致力于为企业提供物流综合服务，统筹物流设施、仓储设施、运输设备等资源配置，建立支撑平台业务发展的物流业务系统，为企业供应链全流程物流业务管理、车货寻源提供平台与服务。为更好地服务平台物流商进行高效、便捷的物流管理，易派客打造并推出物流云平台，通过全面集成物流信息，贯通采购订单与物流业务流程，实现接单、配送、存储、交付等物流信息全程可跟踪，实现平台订单流、物流、资金流、信息流"四流"合一，促进平台交易透明、阳光、高效、可追溯，助力平台用户数字化转型升级。

2. 易竞拍

为提高物资利用效率，易派客推出线上公开竞价的物资处置平台——易竞拍，为企业提供废旧物资、闲置资产、二手设备等资产的系统化处置方案，提供合规、透明、高效、便捷的处置工具，助力企业规范业务操作、强化监督管理、创造价值增值，推进绿色循环经济高质量发展。

3. 易派客商旅

精心打造商旅服务平台，推出机票购买、火车票购买、酒店预订、商务租车等业务，为企业提供差旅管理及特色化定制旅游的一站式服务。易派客商旅服务平台具有数据安全、便捷高效、产品丰富、合规透明、节约成本等优势，通过线上审批、预订、分析等多样化服务，助力企业优化差旅业务管控流程，节约管理成本，提升管理效率。

4. 易保险

为企业提供全方位的风险评估、保险定制和行业综合解决方案服务，涵盖企业经营过程中的企业财产、企业信用、质量保证、物流运输等板块以及企业员工的意外、医疗、重疾等项目服务。

5. 易生活

积极探索 B2B2C 业务模式，依托中国石化品牌议价优势及全球供应链资源，推出易派客生活馆，为企业提供阳光、便捷、高效、实惠的一站式企业福利采购服务，为企业劳保福利发放提供数字化、平台化解决方案，助力企业降低管理成本、提高管理效率，提升员工满意度和幸福感。

（五）创新企业宣传推广服务，助力企业市场推广

易派客建设易派客国际站，践行国家互利共赢的对外开放战略，推动共建"一带一路"高质量发展，积极融入新发展格局，聚焦全球化贸易融通。易派客助力线上线下有效融合，助力工业企业开拓市场，打造泛工业品领域展会。

1. 易会展

全力打造工业品展览会，同时，致力于为企业提供线上线下、海内外会展服务。线下展会旨在为企业衔接供需搭建创新实践、合作共建、交流互鉴的平台，强化行业之间、企业之间的深化合作。易派客线上工业云展旨在激活全球买卖端和全球会展业的全链路，让买卖双方足不出户，借助云展实现精准的供需对接。

2. 易国际

在易派客中文站基础上，敞开大门、面向世界，精心打造易派客国际业务平台，先后推出国际业务平台的英语、俄语、西班牙语版，并与中文站资源互通，实现中文站与国际站资源同步展示，多语种在线无障碍交流，易派客成为内外贸一站式服务工业品电商平台，助力中国企业走向世界，世界优质产品进入中国，为全球工业企业搭建贸易融通的桥梁。

三、共建共赢，互联互通，创造价值，服务社会

易派客跨越企业、行业、产业边界，贯通产业链，践行开放、共享、共赢宗旨，融通供应链，面向社会共享供应链核心企业优势资源，形成连接供给侧和需求侧的桥梁，成为市场配置资源链上的连接器；集聚、引导、培育、开发各行业优质供应资源，促进企业调整结构、降本提效，坚持诚实信用、公平公开竞争，成为供给侧结构性改革的加速器；立足大数据、云计算、区块链、人工智能等前沿技术，致力于打造数字供应链创新之路，实现平台服务数字化、数字价值显性化、数字应用系统化和增值化，成为数字经济发展的助推器；携手易派客平台企业诚实守信、精心合作、风险共担、成果共享，坚持共创价值、履行企业责任，全力放大国有资本功能，成为共享经济发展的放大器；持续构建数智化供应链生态能力，服务社会、贡献价值。

3 业务数字化场景应用

业务数字化场景应用评价维度下的指标设置，包括 8 个一级指标、20 个二级指标、52 个三级指标，分述如下。

3.1 供应资源数字化应用

衡量企业在供应资源管理方面的数字化应用水平。企业应充分利用采购供应链数字化平台或供应资源管理系统/供应商管理系统的作用，实现覆盖企业总部、所有下属单位，包含供应商管理、许可供应品类管理、供应商动态量化考核及结果应用等涉及供应资源全生命周期的数字化应用。

3.1.1 供应商全生命周期管理数字化应用

3.1.1.1 供应商准入数字化应用

企业基于采购供应链信息系统或数字化平台开展供应商认证准入的数字化应用水平，范围是否覆盖企业总部、所有下属各级单位的所有供应商，包括供应商基本信息的收集，供应商相关资质的认证，以及供应商准入评价的执行等，也包括对不同类别供应商采用不同标准的差异化供应商准入管理。

■ 评价所需证明材料：

①采购供应链数字化平台的供应商认证准入模型、供应商准入认证应用场景操作手册

②供应商准入认证数据档案

■ 指标评分细则：

A：通过简单的信息技术工具收集供应商的信息，记录信息后，人工进行线下踏勘和供应商认证，认证完成后，在电脑中存储供应商信息文档。

B：企业利用信息系统，实现部分品类、业务单元的供应商信息登记，结合人工审核、线下踏勘开展供应商认证，并根据供应商协作要求，分级分类管理供应商。

C：企业利用供应商管理信息系统，实现大部分品类、业务单元的供应商自主登记，包括供应商的基本信息和企业资质。企业通过供应商认证模型开展智能化认证与准入，根据企业对供应商的管理要求，结合供应商的线下踏

勘收集生产信息，分级分类进行供应商的准入审核。

D：企业利用采购供应链数字化平台或供应商管理信息系统，实现全部品类、业务单元的供应商自主登记，包括供应商的基本信息和企业资质。数字化平台获取社会化企业征信信息，并构建供应商认证模型开展智能化认证与准入，自动核查供应商资质，并根据品类管理要求和长约供应商管理要求，对供应商进行分级分类的认证与准入。

E：企业利用采购供应链数字化平台或供应商管理信息系统，实现全部品类、业务单元的供应商自主登记，包括供应商的基本信息和企业资质。数字化平台自动获取社会化企业征信信息，并构建供应商认证模型开展智能化认证与准入，自动核查供应商资质，并根据品类管理要求和长约供应商管理要求，对供应商进行分级分类的认证与准入。企业基于品类的供应资源与外部供应环境分析，根据供应商认证模型智能调整供应商准入等级，实现动态灵活的供应商准入协作。

释义

通过对供应商的准入过程电子化和规范化，扩大供应商的引入范围，将整个供应商引入的过程管理起来，可以了解这个过程中各种事项的进展情况，管理监控其运作；并在这个过程中划分供应商的不同分类，追溯供应商的进入路径，以利于对供应商的细化管理。

供应商准入应考虑供应商的生产管理体系、质量体系、物流体系、服务体系、财务分析、企业组织与管理体系等方面。

在找到相关供应商之后，除供应商产品本身外，对供应商的资质应进行准入审核与评估，确认通过之后再安排后期的采购供应协同工作，但对于新开发的进口供应商还有些需要特别注意的事项：

（1）供应商资质需要确认明确和明细；

（2）进口供应商渠道要正规，贸易流程要规范；

（3）供应商所在地的贸易政策和国家相关产业法律法规要知悉；

（4）供应商所在港口及航线物流信息应考虑在内。

证明材料包含企业供应商准入管理的制度文件，考察采购供应链数字化平台的供应商准入管理的相关流程、功能，通过数字化平台的操作场景演示，衡量企业供应商准入管理的数字化成熟程度。

📍 **提示**

企业可以根据不同的供应商等级设置供应商准入与认证条件，以及相应的准入审核流程。

❓ **问题**

问：供应商准入管理的业务场景基于采购供应链数字化平台如何运行与操作？

答：供应商准入管理可以借助社会化、生态化的企业征信管理数据，实现供应商准入的自动化和智能化。

3.1.1.2　供应商关系管理数字化应用

企业基于采购供应链信息系统或数字化平台开展供应商关系管理的数字化应用水平，包括进行不同角色定位管理：如交易、长期合作、战略联盟等，根据业务需求开展供应商协同（包括信息共享机制与基于采购供应链数字化平台），基于品类进行供应商分类管理（如基于 ABC 维度分析与分类），根据供应商绩效评价开展供应商持续改善。

■ 评价所需证明材料：

①采购供应链数字化平台的供应商合作协议、供应商关系管理应用场景操作手册

②供应商关系管理数据档案

■ 指标评分细则：

A：与供应商仅有临时交易关系（无长期合作关系）。对所有供应商以相同的方式处理，未与供应商进行信息共享。针对供应商没有明确的价格策略。依托简单的信息技术手段管理供应商数据。

B：建立供应商信息管理系统，实现企业部分品类、部分业务单元的供应商关系管理，与供应商仅有交易关系（无战略合作关系）。对所有供应商以相同的方式处理，仅与供应商进行有限的信息共享。在不考虑产品总成本的情

况下，倾向于将供应商推向最低价格。

C：通过采购供应链数字化平台或信息系统的支撑，实现企业大部分品类、业务单元的供应商关系管理，已制定供应商关系管理策略，与部分供应商签订长期合同，并与供应商共享相关供应信息。根据产品、商品类别的重要性来管理供应商关系。阶段性向供应商征求对于企业采购供应最佳实践的意见。

D：通过采购供应链数字化平台或信息系统的支撑，实现企业全部品类、业务单元的供应商关系管理，供应商关系管理战略不断发展，且并不局限于现有产品，开始着眼于新产品和再设计。供应商关系管理的重点是强化互相依赖，增加信息共享和协作。供应商关系管理由特定的公司发起人推动实施。

E：通过采购供应链数字化平台或信息系统支撑，实现企业全部品类、业务单元的供应商关系管理，企业与供应商建立强大的长期战略联盟/合作伙伴关系。企业根据成本分析模型、供应商绩效分析模型，以及供应商持续改进计划进行智能分析，并将供应商关系可持续发展作为企业生态圈发展的重要整合目标之一。

释义

供应商关系管理的第一步，就是要对供应商进行细分管理，也称为供应商差异化管理，包括分析和评估供应商对采购企业的核心竞争力和竞争优势的贡献程度，包括与哪些供应商接触、接触供应商的方式、供应商差异化管理的资源投入安排等。

（1）供应商的分类与选择。

应该确定符合公司战略的供应商特征，对所有供应商进行评估，可以将供应商分成交易型、战略型和大额型。一般来讲，交易型供应商是指为数众多，但交易金额较小的供应商；战略型供应商是指公司战略发展必需的少数几家供应商；大额型供应商指交易数额巨大，战略意义一般的供应商。供应商分类的目标是为了针对不同类型的供应商，制定不同的管理方法，实现有效管理。这种管理方式的转变，应该首先与各利益相关方进行充分沟通，获得支持。

供应商的评估与选择应该考察多个方面的因素，包括实力（技术、容量、竞争力等）；响应速度（销售服务、质量反应速度、对防范问题的反应以及对改进工作的兴趣等）；质量管理（效率、产品设计以及质量保证程序等）；时间控制（交货期的长短以及交货是否准时等）；成本控制（设计费用、制造费用、维护费用以及运输费用和保管费用等）。数字化平台可以综合考察供应商各个方面的因素，帮助企业作出准确的分类与选择。

（2）与供应商建立合作关系。

确定对各类供应商的关系和发展策略，可通过几个步骤来进行：首先，与战略供应商和大额增长型供应商在总体目标、采购类别目标、阶段性评估、信息共享和重要举措等各方面达成共识，并记录在案；其次，与各相关部门开展采购供应共同流程改进培训会议，发现有潜力改进的领域；再次，对每位供应商进行职责定位，明确其地位与作用；最后，双方达成建立供应商关系框架协议，明确关系目标。在这一部分可以做的工作包括供应商管理制度的建立、供应商绩效管理、供应商的合同关系管理、采购流程的设计与实施。数字化平台能够使采购流程透明化，并能提高效率和反应能力，降低周转时间，提高买卖双方的满意度。

（3）与供应商谈判和采购。

根据前面各步骤的工作可以通过谈判与供应商达成协议。数字化平台能够帮助企业跟踪重要的供应商表现数据，如供应商资金的变化等，以备谈判之用。数字化平台在采购过程中还可以实现公司内部与外部的一些功能。面向企业内部的功能包括采购信息管理、采购人员的培训管理和绩效管理、供应商资料实时查询。

证明材料包含企业供应商关系管理的制度文件，考察采购供应链数字化平台的供应商关系管理的相关流程、功能，通过数字化平台的操作场景演示，衡量企业供应商关系管理的数字化成熟程度。

📍 提示

供应商细分管理通常分为三到四个级别，也可以按照企业管理要求分成更多的供应商等级。

❓ 问题

问：供应商关系管理的业务场景基于采购供应链数字化平台如何运行与操作？

答：企业应根据供应商细分等级进行差异化的供应商关系管理与资源投入，并建立差异化的供应商协作关系。

3.1.1.3 供应商退出数字化应用

企业基于采购供应链信息系统或数字化平台实现供应商退出的数字化应用，包含供应商退出流程的制定、退出后的后备供应商选择、如何处理供应商切换、基于公司供应商风险管控和供应策略如何实现价值最优等。

■ 评价所需证明材料：

①采购供应链数字化平台的供应商退出应用场景操作手册

②供应商退出数据档案

■ 指标评分细则：

A：初步形成供应商退出合作流程。供应商退出合作决策没有特定的策略，通常是在采购部门能够找到商品价格更低的供应商，就定期进行更换。未对供应商过渡计划和备选供应商进行综合考虑，未通过信息系统记录相关数据档案。

B：没有特定的供应商终止合作流程。通过供应商信息管理系统，实现部分品类、部分业务单元的供应商终止管理，供应商退出合作决策是在"按需"的基础上做出的，通常是在企业内部对供应商绩效不满意，并催促采购部门退出合作的情况下进行。仅对供应商过渡计划和备选供应商进行有限的考虑，通过信息系统记录部分数据档案。

C：通过采购供应链数字化平台或信息系统支撑，实现大部分品类、业务单元的供应商退出管理，企业已建立供应商退出合作的指导方针，未建立全企业统一集中的供应商退出合作管理流程。

D：通过采购供应链数字化平台或信息系统支撑，实现全部品类、业务单元的供应商退出管理，建立比较完整的供应商退出合作流程，包括问题记录文档、沟通模板，并会同法务等相关部门进行合同审核。当前供应商退出前，备选供应商已经确定，备选供应商有充分的时间执行过渡计划，企业对供应商退出实施风险可管可控。

E：通过采购供应链数字化平台或信息系统支撑，实现全部品类、业务单元的供应商退出管理，建立完整的供应商退出合作流程，包括问题记录文档、沟通模板。该流程已经过采购、法务等相关部门的审核，企业通过数字化平台的寻源流程确定相关备选供应商。建立多供应商/供应商组合的评价模型，供应商关系管理团队通过数字化平台进行供应商退出管理。

📎 释义

如果供应关系发生变化，供应商无法对企业继续进行供应合作管理，应根据采购企业的需求修改或退出、终止供应合作关系。

对于供应商终止合作，企业应制定合理的终止过渡计划，确保实现有序过渡，实现供应连续性，要考虑内部相关人员的信息一致，以及相应终止替代方案的成本与影响评估，并且需要选择合适的终止时机，以便达到对采购企业的影响最小。

证明材料需提供企业供应商退出管理的制度文件，考察采购供应链数字化平台的供应商退出管理的相关流程、功能，通过数字化平台的操作场景演示，衡量企业供应商退出管理的数字化成熟程度。

📍 提示

供应商退出管理应符合法律法规要求，结合企业的供应商管理和供应保障要求，制定供应商退出与供应替代的过渡方案。

❓ 问题

问：供应商退出管理的业务场景基于采购供应链数字化平台如何运行与操作？

答：基于采购供应链数字化平台的供应商退出管理应包括供应商合作关系的数据状态变化，还应包括供应商线下管理的过渡替换方案等业务场景。

3.1.2　供应资源协同数字化应用

3.1.2.1　供应资源计划协同数字化应用

企业基于采购供应链信息系统或数字化平台开展供应资源与企业计划协同的数字化应用水平，包含供应商协同策略的制定、供应商协同规划、需求预测与补货计划，与不同类型供应商的协同机制分类、供应商计划协同组织的职能与考核绩效跟踪等数字化应用场景。

■ 评价所需证明材料：

①采购供应链数字化平台的协同预测与补货管理模型、计划协同与补货应用场景操作手册

②计划协同与补货数据档案

■ 指标评分细则：

A：通过简单的信息技术工具收集供应商提供的供应计划信息，企业在制订供应计划时，未与企业外的供应资源进行积极协同。

B：企业通过信息系统与供应商进行需求计划的沟通协调，并与供应商进行供应计划的沟通协调。仅有限地运用非正式的协作机制，与供应商进行短期计划的协同，通过信息技术工具确认交货计划与交货通知单。

C：通过采购供应链数字化平台或信息系统支撑，实现大部分品类、业务单元的供应资源计划协同，将需求计划和物料采购计划与供应商进行协调，并与供应商进行供应计划协同。仅有限的业务单元或有限的品类运用了正式的计划协同机制。

D：通过采购供应链数字化平台或信息系统支撑，实现全部品类、全部业务单元的供应资源计划协同，在与供应商达成共识的整个过程中，供应商供应预测在各个职能领域得到了有效管理。充分利用协同计划、需求预测和补货，支持采购供应链合作伙伴共同计划、预测和补货。

E：通过采购供应链数字化平台或信息系统支撑，实现全部品类、全部业务单元的供应资源计划协同，采购企业与供应商基于智能供应策略模拟建议，达成供应策略共识。基于品类供应策略，共同设计协同计划、预测和补货流程，并定期基于计划协同流程绩效分析进行策略规则调整，适应品类采购需求的变化。

📎 释义

企业应充分利用采购供应链数字化平台，与供应商建立良好的计划协同关系，帮助供应商了解企业对采购产品、服务的需求和使用情况，使供应商能在采购供应交易背后形成一个整体的概念，使供应商能够积极主动地参与企业的采购供应链生态体系中，使供应商全面了解采购企业对产品或服务的需求，以及采购计划的安排与要求。

供应资源计划协同可以采用联合的、综合的质量保证计划，而不是各自独立的质量保证计划，供需双方可以获取互利的技术信息，共享生产需求计划、采购计划、供应计划，开展协同规划，提高协作效率，减少采购企业和供应商的库存成本。

证明材料包含企业供应资源计划协同的制度文件，考察采购供应链数字化平台的供应资源计划协同的相关流程、功能，以及采购需求预测数据记录，通过数字化平台的操作场景演示，衡量企业供应资源计划协同的数字化成熟程度。

📍 提示

供应资源计划协同是企业与供应商建立良好的战略合作伙伴与联盟关系的重要体现。

❓ 问题

问：供应资源计划协同的业务场景基于采购供应链数字化平台如何运行与操作？

答：供应资源计划协同应不仅包括面向采购计划、采购方案的需求明细，还应包括采购企业与供应商能够互相分享采购供应的管理要求与信息，包括质量、交期、服务等。

3.1.2.2 供应资源订单协同数字化应用

企业基于采购供应链信息系统或数字化平台开展供应资源订单协同的数字化应用水平，包含企业采购记录与供应商订单协同，基于协同计划分解到交货计划，基于采购品类分类（如 ABC/XYZ）制定不同的订单协同策略等数字化应用场景。

■ 评价所需证明材料：

①采购供应链数字化平台的采购订单协同（供应资源订单协同）数据档案

■ 指标评分细则：

A：根据采购历史记录，建立简要的供应商档案，定期向供应商推送订单信息，通过线下手工方式或利用邮件、即时通信工具等简单信息技术进行采购订单协同。

B：根据采购历史记录，建立供应商档案，通过信息管理系统，实现企业部分品类、部分业务单元的供应资源订单协同。

C：基于企业采购信息系统，根据采购历史记录，建立基于品类的采购信息记录，根据品类需求，实现大部分品类、大部分业务单元的供应资源订单协同。

D：通过采购供应链数字化平台的支撑，实现企业全品类、全部业务单元的供应资源订单协同，基于品类的购买和浏览历史数据，建立采购品类需求画像，基于品类与采购计划，与供应商建立实时协同机制，大部分流程环节实现自动化。

E：通过采购供应链数字化平台或信息系统支撑，实现企业全部品类、全部业务单元的供应资源协同，能够基于订单协同历史数据构建模型，基于市场趋势和采购频率预测品类的采购需求，智能推荐供应商目录，通过自动化协同流程满足企业采购需求。

📎 释义

供应资源订单协同能够紧密连接企业与供应商，缩短交货时间，增加订单协同的灵活性，提高企业的市场反应能力，为企业和供应商共同创造竞争优势，同时能够降低企业与供应商的行政管理成本和库存管理成本。

证明材料为企业供应资源订单协同的制度文件，考察采购供应链数字化平台的供应资源订单协同的相关流程、功能，以及采购需求预测绩效数据记录，通过数字化平台的操作场景演示，衡量企业供应资源订单协同的数字化成熟程度。

📍 **提示**

供应资源订单协同应包括订单协同全过程、订单确认、订单发货、订单交付、订单配送、订单验收、订单收付款等多种业务场景的企业与供应商的协同。

❓ **问题**

问：供应资源订单协同的业务场景基于采购供应链数字化平台如何运行与操作？

答：供应资源订单协同应包括多种方式的协同，包括订单协同全过程、订单确认、订单发货、订单交付、订单配送、订单验收、订单收付款等多种业务场景的协同。

3.1.3 供应资源绩效数字化应用

3.1.3.1 供应资源绩效策略数字化应用

企业基于采购供应链信息系统或数字化平台开展供应商绩效策略管理的数字化应用水平，包含供应商绩效管理模型的定义，根据供应商分类采用不同的绩效管理策略，供应商绩效策略需要随着企业采购战略的迭代不断调整优化。

■ 评价所需证明材料：

①数字化平台的供应商绩效评价模型，供应商绩效管理应用场景操作手册

②供应商绩效管理数据档案

■ 指标评分细则：

A：尚未建立信息系统，通过线下手工方式或电子化表格等简单信息技术方式开展管理供应商绩效工作。

B：建立信息系统针对部分品类、部分业务单元开展供应商绩效管理，未对供应商的全过程绩效进行管理。

C：通过采购供应链数字化平台或信息系统支撑，实现部分品类、业务单

元的供应资源绩效管理，使用来自采购供应链的多领域数据（如财务信息、合同约定交货时间和实际交货时间、内部客户满意度调查、可持续性影响等），实现对供应商绩效的较全面的管理。

D：通过采购供应链数字化平台或信息系统支撑，实现全部品类、业务单元的供应商绩效管理，通常按照合理的周期持续性地进行，使用来自采购供应链的多领域数据（如财务信息、合同约定交货时间和实际交货时间、内部客户满意度调查、可持续性影响等），实现对供应商绩效的全面管理。

E：通过采购供应链数字化平台或信息系统支撑，实现全部品类、业务单元的供应商绩效管理，针对不同等级、不同类别的供应商建立对应的绩效管理模型，使用来自采购供应链的多领域数据（如财务信息、合同约定交货时间和实际交货时间、内部客户满意度调查、可持续性影响等），实现对供应商绩效的全面管理，结合企业内外部供应商绩效评价等数据，建立供应商绩效动态分析跟踪模型并持续优化。

📎 释义

使用恰当的供应商绩效衡量指标，有效评估供应商绩效，监督供应商以提高其绩效，有利于提高采购企业的总体供应效率。如果供应商绩效低于要求，可能导致企业的产品质量、客户服务、运营等方面出现问题。

供应资源绩效可以包括质量、产能、服务、成本效益、创新、财务稳定性、员工稳定性、业务持续性等多方面的评价指标。

供应资源绩效管理可以采用六西格玛、精益管理等管理科学理论与数据模型。

企业应采用差异化的供应商绩效管理策略，以保证对具有战略合作意义的供应商绩效评估投入关键资源。

证明材料需提供企业供应资源绩效管理的制度文件，考察采购供应链数字化平台的供应资源绩效管理的相关流程、功能，以及供应资源绩效管理数据记录，通过数字化平台的操作场景演示，衡量企业供应资源绩效管理的数字化成熟程度。

📍 **提示**

企业应采用差异化的供应商绩效管理策略，以保证对战略合作供应商的绩效评估投入关键资源。

❓ **问题**

问：供应资源绩效管理的业务场景基于采购供应链数字化平台如何运行与操作？

答：供应资源绩效管理应包括供应资源绩效指标定义、供应资源细分管理策略规则定义、供应资源绩效指标分析优化等业务场景。

3.1.3.2 供应资源绩效评价数字化应用

企业基于采购供应链信息系统或数字化平台开展供应商绩效评价的数字化应用水平，包含供应商评价方案的制定，涵盖从评价指标设计到评价数据收集直至汇总、分析以及结果沟通。供应商绩效评价结果将作为供应商绩效改进和供应商差异化管理策略制定的依据。

■ 评价所需证明材料：

①采购供应链数字化平台的供应商绩效评价应用场景操作手册

②供应商绩效评价数据档案

■ 指标评分细则：

A：尚未搭建供应商绩效评价体系，针对服务、质量和交付的个别指标进行评价，通过线下手工或电子表格等简单信息技术方式进行供应商绩效评价。

B：服务、质量和交付的指标通过信息系统记录相关评价执行结果，但仅限于企业部分品类、业务单元的供应商绩效评价。

C：通过信息系统记录供应商绩效评价数据，实现企业大部分品类、业务单元的供应商绩效评价，供应商被划分为多个绩效等级，形成供应商绩效报告。

D：通过采购供应链数字化平台或信息系统支撑，实现企业全部品类、业务单元的供应商绩效评价，基于平衡计分卡或其他科学的评价方法进行供应商绩效管理。采用全面的绩效指标来跟踪和衡量改进目标的进展情况，如质量和交付、融入产品开发周期的水平等。

E：通过采购供应链数字化平台或信息系统支撑，实现企业全部品类、业务单元的供应商绩效评价，基于品类构建供应商绩效评价指标体系，基于平衡计分卡或其他科学的评价方法对供应商绩效进行设定与评价，包括总拥有成本等。

释义

供应商绩效评估是整个供应商关系管理的重要环节。供应商绩效评估包括收集供应商协作过程数据，持续对供应商的技术能力、生产能力、交付能力、服务能力、成本管理能力进行衡量评价，以建立供应商等级管理体系，监督供应商持续改进绩效，以提高总体供应效率。

它既是对某一阶段双方合作实施效果的衡量，又是下一次供应商关系调整的基础，能够帮助企业制定供应商评估流程，定期向供应商提供反馈。供应商的绩效评估流程可以从技术、质量、响应、交货、成本和合同条款履行这几个关键方面进行，同时该流程还可以包括相关专家团特定的绩效评估。评估流程的目的在于给双方提供开放沟通的渠道，以提升彼此的关系。同时，供应商也可以向企业作出反馈，站在客户的角度给出他们对企业的看法。这些评估信息有助于改善彼此的业务关系，从而改善企业自身的业务运作。

证明材料包含企业供应资源绩效评价的制度文件，考察采购供应链数字化平台的供应资源绩效评价的相关流程、功能，以及供应资源绩效评价数据记录，通过数字化平台的操作场景演示，衡量企业供应资源绩效评价的数字化成熟程度。

提示

企业应采用供应商差异化绩效评价管理的方法，以保证对具有战略合作关系的供应商的绩效评估持续关注，获得采购供应的最大效益。

问题

问：供应资源绩效评价的业务场景基于采购供应链数字化平台如何运行与操作？

答：供应资源绩效评价应包括识别供应商绩效评价范围，制定供应商绩效指标体系与权重，定义评分标准，执行评价，汇总并审核评价结果，提出供应商持续改进的目标与计划等业务场景。

3.1.4　供应资源优化数字化应用

3.1.4.1　供应资源评审数字化应用

企业基于采购供应链信息系统或数字化平台开展供应商评审的数字化应用水平，包含供应商评审的格式和频次，供应商评审流程的制定，供应商评审体系的构建。

■ 评价所需证明材料：

①采购供应链数字化平台的供应商评审过程应用场景操作手册

②供应商评审过程数据档案

■ 指标评分细则：

A：尚未对供应商进行评审管理，与供应商开展互动主要是为了解决特定的交易问题。

B：仅对部分有限的供应商进行评审，与大多数供应商开展互动主要是为了解决特定的交易问题。

C：对大多数供应商进行评审，但尚未建立正式的供应商评审流程，通过信息系统记录评审档案，根据品类采购经理的偏好对供应商进行评审。

D：通过采购供应链数字化平台或信息系统支撑，建立供应商评审流程，并将其作为采购流程的一项标准。建立跨职能团队进行供应商评审，但供应商评审和沟通方面尚未形成持续改进的文化。对供应商可持续性影响的评审是临时性的。

E：通过采购供应链数字化平台或信息系统支撑，供应商评审的格式和频次根据供应商等级细分（如战略型与交易型）来设定。

建立正式的供应商评审体系，跨职能（如研发、制造）团队和高层参与其中；根据环境和社会指标以及可持续发展目标对供应商进行系统性的评审。对全链路的供应资源评价建立长期动态优化机制。

📎 **释义**

供应资源评审是指企业对供应商进行综合跨职能体系的全面评价，包括实地考察、资格审查、供应协同过程评价等。企业通过供应商评审，为供应商定级，并根据企业的供应商管理体制，为供应商提供相关辅导与培训的服务。

证明材料需提供企业供应资源评审的制度文件，考察采购供应链数字化平台的供应资源评审的相关流程、功能，以及供应资源评审数据档案，通过数字化平台的操作场景演示，衡量企业供应资源评审的数字化成熟程度。

提示

供应商评审与供应资源绩效评价不同，供应商评审更侧重于综合定级，为差异化管理供应商提供依据。

问题

问：供应资源评审的业务场景基于采购供应链数字化平台如何运行与操作？

答：供应资源评审的关键过程与结果数据应通过采购供应链数字化平台进行完整的可视化展示与数据记录。

3.1.4.2 供应资源持续改进数字化应用

企业基于采购供应链信息系统或数字化平台开展供应商持续改进的数字化应用水平，包含构建供应商评价、评审及反馈机制，快速构建供应商多维度的指标评价报表，不断迭代供应商目录，保持优质供应商的比例，根据供应商评价、评审的结果，企业在采购决策中确定供应商合同和配额比例。

■ 评价所需证明材料：

①采购供应链数字化平台的供应商评价及反馈流程应用场景操作手册

②供应商持续改进数据档案

■ 指标评分细则：

A：手工收集供应资源评价与改进相关数据，依赖采购经办人或简单信息技术工具跟踪管理供应资源改进情况。

B：建立信息管理系统，记录企业部分品类、业务单元的供应过程相关数据，手工分析供应商评价报表，依赖采购经办人跟踪管理供应资源改进情况。

C：通过采购供应链数字化平台或信息系统支撑，实现部分品类、业务单元的供应资源持续改进管理，使用采购订单交期、质检信息等供应商评价指标，基于供应商评价结果，记录供应商改进实施情况。

D：通过采购供应链数字化平台或信息系统支撑，实现全部品类、业务单元的供应资源持续改进管理，建立供应商管理评价体系，统计供应商到货、交期、质量、研发协作等指标，基于供应商评价结果建立持续改进跟踪效果模型，持续跟踪供应商改进实施情况。

E：通过采购供应链数字化平台或信息系统支撑，实现全部品类、业务单元的供应资源持续改进管理，利用认知学习和人工智能，基于供应商资质、历史绩效和发展规划等因素，构建敏感性分析模型，准确预测供应商对企业成本与分析的影响，通过可视化管理仪表盘，监控供应商的绩效指标，并进行供应资源发展趋势模型分析，对全链路的供应资源评价建立长期动态优化机制。

📎 释义

供应商根据采购企业组织的绩效评价结果，对质量、交付、成本、可持续性、财务管理、企业管理等领域，制订持续改进计划，随时间推进逐步进行不断的改进。企业可以为供应商设置持续改进目标，并且可以将持续改进效果纳入供应商绩效评价考核体系中。

供应商持续改进的重点包括增加产能、提高质量、降低成本、缩短交付周期、提高风险管理能力等方面。

证明材料包含企业供应资源持续改进管理的制度文件，考察采购供应链数字化平台的供应资源持续改进的相关流程、功能，以及供应资源绩效管理数据记录，通过数字化平台的操作场景演示，衡量企业供应资源持续改进的数字化成熟程度。

📍 提示

供应资源持续改进应包括改进目标、改进过程、改进效果等业务内容，可以通过采购供应链数字化平台进行数据档案记录与分析。

⑦ 问题

问：供应资源持续改进的业务场景基于采购供应链数字化平台如何运行与操作？

答：供应资源持续改进是供应商全生命周期管理的重要内容，应基于采购供应链数字化平台支撑完整过程的业务操作，并建立供应商持续改进跟踪管理机制。

3.2　品类管理数字化应用

企业应充分应用信息化或数字化手段开展品类管理，实现采购供应的品类管理策略、品类管理分析、品类管理应用的全面数字化。

3.2.1　品类管理分析数字化应用

3.2.1.1　品类支出分析数字化应用

企业基于采购供应链信息系统或数字化平台开展品类支出分析的数字化应用水平，包括采购金额、采购数量等，通过对品类支出指标的量化分析识别品类改善机会点，并为品类管理策略制定提供参考。

■ 评价所需证明材料：

①采购供应链数字化平台的品类支出分析模型、品类支出分析应用场景操作手册

②品类支出分析数据档案

■ 指标评分细则：

A：通过手工或简单信息技术工具统计采购支出数据，实现品类支出报表的编制。

B：主要的采购品类目录分类清晰，通过在信息系统中读取采购供应链的相关数据，形成支出分析报表。

C：通过信息系统平台，实现部分品类支出信息的汇总和整合，形成部分业务单元的较为完善的支出分析报表，能自动展示各品类的支出金额、数量、趋势、价格库等信息。

D：通过采购供应链数字化平台支撑，实现全部品类、业务单元的品类支出分析，与上下游供应链数据互联互通，能按照品类、供应商、SKU、产品

等不同维度展示支出分析信息，并能实现外部市场或供应资源对标。

E：通过采购供应链数字化平台支撑，实现全部品类、业务单元的品类支出分析，通过品类支出分析，能自动识别品类管理风险点和品类绩效改善的机会点，提出智能品类管理改进建议（如提升某品类采购集中度可以带来进一步的成本节约）。

📎 **释义**

品类管理过程中的首要步骤就是根据品类支出分析、对企业未来需求的评估、供应市场分析和品类细分，建立管理的品类及优先级。

品类支出分析是按商品或品类，对企业历史支出模式进行分析，分析企业的历史财务交易数据，以确定企业采购什么、采购数量、采购价格、从哪个供应商采购以及企业内的采购执行负责人员。

品类支出分析的第一步是从采购供应链相关的信息系统或者数字化平台抽取数据，下一步是清理数据，删除错误和差异，然后使用标准分类方案对每个采购数据进行归类。下一步是确定哪些品类的支出最高，使用帕累托分析（也称为 ABC 分析或者 80/20 法则）或者类似的分析模型识别支出最高的品类。

品类支出的分析结果提供了企业已经发生支出的历史记录，可以作为采购与供应战略决策分析的依据，在理解企业战略方向与目标的基础上，评估企业未来的采购需求。

证明材料包含企业品类支出分析的制度文件，考察采购供应链数字化平台的品类支出分析的相关流程、功能，以及品类支出分析数据记录，通过数字化平台的操作场景演示，衡量企业品类支出分析的数字化成熟程度。

📍 **提示**

品类支出分析应建立常态化的业务应用机制，为品类策略制定提供参考依据。

⑦ **问题**

问：品类支出分析的业务场景基于采购供应链数字化平台如何运行与操作？

答：品类支出分析的数据应包括企业内部、企业外部的多种按品类归集的支出数据，在生态智能化的阶段，应建立采购供应链总体成本分析的品类支出分析模型，为品类策略制定提供参考依据。

3.2.1.2 品类需求分析数字化应用

企业基于采购供应链信息系统或数字化平台开展品类的不同层次商业需求分析的数字化应用水平，既包含质量、成本、交期等基本运营方面的需求，也包含企业供应商联合流程改进、战略合作、产品创新等方面的高阶需求，通过指标分析能够识别品类改善的机会点，并为品类管理策略制定提供依据。

■ 评价所需证明材料：

①采购供应链数字化平台的品类需求分析模型、品类需求分析应用场景操作手册

②品类需求分析数据档案

■ 指标评分细则：

A：对品类相关需求方进行识别，通过与需求方定期开展线下沟通，通过简单信息技术工具收集品类的基本需求信息。

B：通过信息系统获取品类需求信息，包括历史需求信息和预测信息等。

C：通过需求信息的数字化平台化管理，开展部分品类、业务单元的品类需求分析，实现跨职能或跨品类的信息共享，自动开展品类需求的波动分析及复杂度分析等。

D：通过采购供应链数字化平台支撑，开展大部分品类、业务单元的品类需求分析，采购需求数据与上下游供应网络打通，能够通过需求管理自动开展供应链相关业务活动，如开展联合流程优化等。

E：通过采购供应链数字化平台支撑，开展全部品类、业务单元的品类需求分析，通过品类需求分析，挖掘出企业运营层面及战略层面的商业需求，并形成智慧决策建议，如降低某产品的设计复杂度、引入采购供应创新等。

📎 释义

品类需求分析具有前瞻性，企业采购与供应战略的推进实施需要一段较长时间的执行，了解企业在采购品类方面的未来需求是非常重要的，企业采购要与内部利益相关者沟通，了解企业未来需求的变化，例如企业是否正在开发新的流程、产品或者服务，从而改变品类的重要等级，或者企业是否需要全新的品类。

证明材料包含企业品类需求分析的制度文件，考察采购供应链数字化平台的品类需求分析的相关流程、功能，以及品类需求分析数据记录，通过数字化平台的操作场景演示，衡量企业品类需求分析的数字化成熟程度。

📍 提示

品类需求分析应建立常态化的业务应用机制，结合企业经营发展，制定品类策略。

❓ 问题

问：品类需求分析的业务场景基于采购供应链数字化平台如何运行与操作？

答：品类需求分析不同于采购需求分析，要具有一定前瞻性，以企业经营发展为目标，分析品类的采购需求。

3.2.1.3　供应环境分析数字化应用

企业基于采购供应链信息系统或数字化平台开展品类的供应市场环境分析的数字化应用水平，包括企业供应资源在行业内的竞争情况，品类的市场行情、价格库，与主要竞争对手的对标分析等，通过指标分析能识别品类供应环境的风险点和机会点，为品类管理策略制定提供依据。

■ 评价所需证明材料：

①采购供应链数字化平台的品类供应环境分析模型、基于品类的价格库应用场景操作手册

②供应环境分析数据档案

■ 指标评分细则：

A：对行业、竞争对手或供应商的信息收集与分析不充分，尚未确定各品类的采购信息来源。主要基于采购历史经验和人际关系进行分析。

B：基本明确各品类环境分析的信息获取来源，大部分信息可通过信息系统获取，但尚未系统开展相关分析。

C：通过采购供应链数字化平台支撑，实现部分品类、业务单元的供应环境分析，组织有较为完善的供应环境分析工具与模型（如价值链分析模型、成本分析模型、品类价格库），品类经理系统地收集各类供应环境信息与数据，开展供应环境分析。

D：通过采购供应链数字化平台支撑，开展大部分品类、业务单元的供应环境分析，与外部的供应信息及资讯平台连接，识别、获取品类相关供应信息，建立基于品类的价格库，并应用于采购供应各业务环节，如原材料成本行情、供应商产能、供应风险信息等。

E：通过采购供应链数字化平台支撑，实现全部品类、业务单元的供应环境分析，通过对供应环境的结构化、半结构化、非结构化数据的分析与挖掘，识别品类风险点与机会点，建立基于品类的价格库，并应用于采购供应各业务环节，实现品类自动化预警，并提出相关决策建议。

📎 释义

除了解品类历史支出分析与品类未来需求分析外，企业的采购供应管理专业人员还必须深入研究供应环境的基本情况与预期变化，包括收集分析供应环境市场信息。市场信息是收集和分析某一特定服务或商品中贸易和交易的总经济信息的过程和结果，可以通过企业内部人员收集和分析，也可以使用第三方服务商的数据和分析成果，还可以充分利用机器学习、互联网大数据分析、信息可视化的解决方案。

市场信息通常包括但不限于预期的供应和需求变化、供应市场结构和竞争强度、市场总体供应能力、产能利用率和潜在的扩张与收缩、品类的技术变化和创新、影响品类的法律法规。企业可以采用例如波特竞争力模型等成熟管理科学模型进行供应环境与市场的分析。除了宏观方面的市场信息，企业的采购供应管理专业人员还应收集关于特定产品、服务、供应商的信息，以增加企业采购供应的价值，如现有和潜在供应商的产能和地理位置、成本和价格趋势、潜在的成本因子、成本模型，供应链风险以及潜在中断风险。对供应环境的分析不仅要描述过去发生的环境情况，而且要提供对未来可能发生事情的预测，可以采用例如 SWOT 等战略管理工具和模型进行综合全面的供应环境分析。

证明材料包含企业供应环境分析的制度文件，考察采购供应链数字化平台的供应环境分析的相关流程、功能，以及供应环境分析数据记录，通过数字化平台的操作场景演示，衡量企业供应环境分析的数字化成熟程度。

提示

供应环境分析应建立常态化的业务应用机制，结合企业经营发展，制定品类策略。

问题

问：供应环境分析的业务场景基于采购供应链数字化平台如何运行与操作？

答：供应环境分析应包含宏观市场的预测性分析，还包含企业供应资源分析，通过采购供应链数字化平台呈现供应环境分析过程与分析结果。

3.2.2 品类管理策略数字化应用

3.2.2.1 品类策略制定数字化应用

企业基于采购供应链信息系统或数字化平台，根据对品类支出、品类商业需求、品类供应环境等方面的分析，制定品类管理策略的数字化应用水平，包括明确品类的定标与供应目标、寻源策略、定价策略、供应商管理策略等业务场景。

■ 评价所需证明材料：

①采购供应链数字化平台的品类策略管理应用场景操作手册

②品类策略管理数据档案

■ 指标评分细则：

A：设置专门的品类负责人管理品类团队，定期制定品类策略，通过简单的信息技术工具记录相关数据。

B：品类策略的制定、评审、审批实现基本的信息化管理，可以查询品类策略相关数据，但仅限部分业务单元、部分品类。

C：通过采购供应链数字化平台支撑，实现部分品类、业务单元的品类策略与规则制定，品类策略与品类支出、品类需求、品类市场环境、企业及采购的战略目标相互联动。

D：通过采购供应链数字化平台支撑，实现全部品类、业务单元的品类策略与规则制定，品类管理通过接入上下游供应网络，实现跨品类的整合管理，并且品类策略被平台及时调用和分析，为企业战略、风险管理和环境管理目标的达成提供有效支持。

E：通过采购供应链数字化平台支撑，实现全部品类、业务单元的品类策略与规则制定，形成品类策略制定的模型，通过一系列的品类分析自动提出策略建议。智慧化的品类策略管埋成为企业获得竞争优势的一种方式。

释义

通过品类管理制定采购策略和采购工作目标，在采购供应链全链路管理中落地实施，包括寻源策略、供应资源管理策略等。基于品类的采购策略包括品类支出分析、企业未来需求发展变化与方向分析、供应环境分析、供应商创新和风险管理等，并规定了一系列的基于品类的采购与供应管理执行的规则，比如品类采购优先级、采购数量、采购周期等，同时制订了一系列品类策略执行计划，包括供应库的优化管理，最佳供应商，与供应商的关系类型、合同类型和期限等方面。

证明材料包含企业采购品类策略制定的制度文件，考察采购供应链数字化平台的采购品类策略制定的相关流程、功能，以及采购品类策略数据记录，通过数字化平台的操作场景演示，衡量企业采购品类策略制定的数字化成熟程度。

⊙ 提示

本指标的品类策略指的是企业采购的品类策略，面向企业采购寻源、供应资源管理、采购执行等采购与供应全流程的策略与规则。

② 问题

问：企业采购品类策略制定的业务场景基于采购供应链数字化平台如何运行与操作？

答：企业采购品类策略应细化为多方面的业务规则体系，并且根据采购与供应全流程的数据分析情况持续优化与动态调整。

3.2.2.2　品类策略执行数字化应用

企业基于采购供应链信息系统或数字化平台，按照品类管理策略执行相应的品类采购项目，开展相应品类采购行为的数字化应用水平。

■ 评价所需证明材料：

①采购供应链数字化平台的品类策略执行管理应用场景操作手册

②品类策略执行数据档案

■ 指标评分细则：

A：明确品类策略相关执行落地的负责人，但对执行情况无系统管理，仅通过简单的信息技术工具记录数据。

B：设置专门的角色负责管理品类策略的执行，定期通过线下会议等方式跟进品类策略的执行情况，通过信息系统记录数据。

C：通过采购供应链数字化平台支撑，实现部分品类、业务单元的品类策略执行，品类策略执行者直接在信息系统中及时反馈品类策略执行进展，可以通过系统来监控执行进度。

D：通过采购供应链数字化平台支撑，实现大部分品类、业务单元的品类策略执行，品类策略直接应用、固化到相关采购供应操作环节，例如采购寻源中的采购模式选择、采购执行中的合同条款嵌入等。

E：通过采购供应链数字化平台支撑，实现全部品类、业务单元的品类策略执行，通过对品类策略管理的执行开展数字化监控，自动识别问题点和风险，对品类管理进行预警，并提供策略调整建议。

释义

品类策略执行过程包括制定品类管理战略组合、战略风险分析、战略实施。企业可以使用卡拉杰克矩阵（风险/价值矩阵）进行供应定位分析，再与供应资源库结合，制定供应资源关系管理矩阵，推导得出品类管理战略组合。通过战略风险识别、制定风险化解措施与应急预案，完成战略风险分析。将品类管理战略分解，制订战略实施行动计划。

品类策略执行解决企业基于品类的供应资源优化问题，根据既定的品类采购策略，设计供应资源库，使其更好地满足企业采购需求。供应资源优化首先要做好供应资源合理化，按照品类的价值与风险管理策略，确定并保持适当数量的供应资源库。最初的供应资源合理化往往意味着缩小供应资源规模，长期将根据品类采购策略，随着供应市场的变化动态管理供应资源库。

在采购寻源、履约执行过程中，按照品类采购策略与规则，定义合理有效的绩效跟踪指标，根据获取数据分析供应资源与采购管理执行的效率、效能、绩效，并对供应资源库进行动态治理，为企业采购战略实施与品类策略执行提供支持与保障。

证明材料包含企业采购品类策略执行的制度文件，考察采购供应链数字化平台的采购品类策略执行的相关流程、功能，以及采购品类策略执行数据记录，通过数字化平台的操作场景演示，衡量企业采购品类策略执行的数字化成熟程度。

提示

企业品类策略执行是根据企业在采购与供应全流程中实施品类策略的业务规则，通过采购供应链数字化平台执行企业采购供应流程。

问题

问：企业采购品类策略执行的业务场景基于采购供应链数字化平台如何运行与操作？

答：采购品类策略执行的业务规则实现是通过采购寻源、采购执行等业务场景体现。

3.2.3 品类管理优化数字化应用

3.2.3.1 品类管理绩效数字化应用

企业基于采购供应链信息系统或数字化平台，结合采购组织的绩效目标，衡量品类管理绩效的数字化应用水平。

■ 评价所需证明材料：

①采购供应链数字化平台的品类管理绩效应用场景操作手册

②品类管理绩效数据档案

■ 指标评分细则：

A：通过手工或简单的信息技术工具开展品类绩效的数据收集与分析。

B：企业有较为规范的品类绩效管理标准，品类绩效数据大部分实现了线上化管理，可以通过信息系统获取与计算，但仅限部分品类或部分业务单元。

C：通过采购供应链数字化平台支撑，实现部分品类、业务单元的品类管理绩效，品类绩效目标与公司战略、供应链战略及采购战略目标相一致，能实现品类绩效的自动分析和内部对标。

D：通过采购供应链数字化平台支撑，实现大部分品类、业务单元的品类管理绩效，品类管理绩效与上下游供应网络打通，与供应商绩效数据相互联通，同时品类管理绩效实现外部对标。

E：通过采购供应链数字化平台支撑，实现全部品类、业务单元的品类管理绩效，通过品类绩效管理平台和多维度、多因子的分析，自动识别品类绩效差距，提出绩效改进建议。

✐ 释义

品类管理绩效是企业按照品类采购策略与品类策略行动计划定义，衡量品类管理过程效率、效能的一系列指标体系。

品类的深度管理是系统性提升采购从项目交付到全局布局的能力。基本规则制定、供应商深度管理、指标融合/品类规范是品类深度管理的三大过程。

品类管理基本规则的制定要基于当前采购现状的清晰分类和基本管理规则梳理，逐渐发展融合财务预算属性。

供应商的深度管理主要凭借品类供方资源复盘，作品类现状分析，并凭借品类管理重点考核指标制定基于品类的供应商绩效评估规范，以促进供应关系整理，配额输出。

指标融合/品类规范属于品类管理的进阶性建设阶段，提炼重点品类，梳理标准的管理规范，形成操作指导；对品类进行计划规划，融合业务诉求形成品类全链路规划。

证明材料包含企业采购品类管理绩效的制度文件，考察采购供应链数字化平台的企业采购品类管理绩效的相关流程、功能，以及企业采购品类管理绩效数据记录，通过数字化平台的操作场景演示，衡量企业采购品类管理绩效的数字化成熟程度。

提示

采购品类管理绩效是按品类管理策略定义的绩效指标体系，用以衡量品类管理的成果并持续优化改进品类管理。

问题

问：企业采购品类管理绩效的业务场景基于采购供应链数字化平台如何运行与操作？

答：采购品类管理绩效分析的数据应覆盖采购供应链全流程的内外部数据，并实现智能分析，可视化呈现结果。

3.2.3.2　品类管理持续改进数字化应用

企业基于采购供应链信息系统或数字化平台，对品类管理过程进行总结与复盘，持续改善品类管理的数字化应用水平。

■ 评价所需证明材料：

①采购供应链数字化平台的品类管理绩效改进应用场景操作手册

②品类管理持续改进数据档案

■ 指标评分细则：

A：线下或通过简单的信息技术工具开展品类管理持续改进的复盘工作。

B：企业品类管理持续改进较为规范，通过信息系统实现了对部分品类管理的持续改进进行记录。

C：通过采购供应链数字化平台支撑，实现部分品类、业务单元的品类管理绩效改进，能够较为科学准确地整合品类管理的信息，为品类复盘工作提供参考。

D：通过采购供应链数字化平台支撑，实现大部分品类、业务单元的品类管理绩效改进，品类管理的应用与外部平台相互联动，能通过感知外部供应环境的变化，评价现有策略的有效性及品类执行的机会与风险。

E：通过采购供应链数字化平台支撑，实现全部品类、业务单元的品类管理绩效改进，根据品类复盘分析，自动形成品类管理改进建议，并落实到下一轮的品类策略与执行中，形成自学习、自发展的生态管理。

✐ 释义

品类管理绩效改进是基于数字化精细管理品类采购战略的重要步骤。按照品类采购策略，制订品类采购策略实施计划，定期收集品类管理过程数据，分析品类管理策略的有效性，适时进行品类管理策略的调整与优化。

企业按照品类采购策略，在采购寻源方面合理选择供应资源，并按供应资源分级管理体系签订不同类型的采购合同和供应服务协议。企业按照品类采购策略，在履约执行方面跟踪监督管理供应服务与内部反馈情况。企业按照品类管理绩效，通过采购供应链数字化平台，收集管理各方面数据，定期分析品类管理过程的效率与效能。结合供应商绩效改进与考核，提升品类管理绩效。

企业根据产品开发战略、供应商中长期绩效报告、品类管理策略执行跟踪数据，适时开展品类管理策略的调整与优化，总结供应资源合作成效，识别品类管理策略改进机会，规划品类策略发展路线，调整品类策略执行过程环节，提高品类管理策略执行效率。

证明材料包含企业采购品类管理绩效改进的制度文件，考察采购供应链数字化平台的企业采购品类管理绩效改进的相关流程、功能，以及企业采购品类管理绩效改进数据档案，通过数字化平台的操作场景演示，衡量企业采购品类管理绩效改进的数字化成熟程度。

📍 提示

企业品类管理绩效改进不是面向品类管理过程的考核，而是为了衡量品类采购策略实施情况，通过数据总结品类采购策略开展效果，改进优化品类管理过程。

❓ 问题

问：品类管理绩效改进的业务场景基于采购供应链数字化平台如何运行与操作？

答：企业品类管理绩效改进的业务场景应在采购供应链数字化平台重点体现绩效指标的分析与调整优化，以及持续改进的效果可视化呈现。

3.3 采购需求与计划数字化应用

企业应充分应用采购供应链信息系统或数字化平台开展需求计划和采购计划管理，实现从总部到所有下属单位、所有品类采购需求计划管理的数字化、自动化、智能化支撑，包括需求计划提报收集、需求汇总分析、需求预测模型建立及应用、采购计划形成及供需匹配协同等数字化应用场景。

3.3.1 采购需求管理数字化应用

3.3.1.1 采购需求收集数字化应用

企业基于采购供应链信息系统或数字化平台开展采购需求收集的数字化应用水平，包括从总部到所有下属各级单位、所有品类采购需求收集、采购需求整合、采购需求与生产计划联动等的数字化应用场景。

■ 评价所需证明材料：

①采购供应链数字化平台的采购需求收集、采购需求管理的应用场景操作手册

②采购需求数据档案

■ 指标评分细则：

A：手工或通过电子表格收集采购需求，依赖采购经办部门和企业生产部门的线下手工协作收集采购需求。

B：通过采购供应链数字化平台的支撑，实现部分品类的需求收集与提报，未实现企业全部业务单元范围的采购需求线上管理。

C：通过采购供应链数字化平台的支撑，实现全部品类的需求收集与提报，未实现企业全部业务单元范围的采购需求线上管理。

D：通过采购供应链数字化平台的支撑，从企业总部到下属所有业务单元均实现全部品类的需求自动化收集、提报、归集，企业内部采购需求实现基于物资数据标准化分析的需求智能调剂、需求整合、联合采购。

E：通过采购供应链数字化平台的支撑，从企业总部到下属所有业务单元均实现全部品类的需求自动化收集、提报、归集，企业内部采购需求实现基于物资数据标准化分析的需求智能调剂、需求整合，实现企业整体采购需求的弹性协调与动态整合，与内部生产管理系统自动联动，根据生产与库存情况自动判断并提报、归集采购需求。

释义

采购需求是指采购人根据工程建设计划、生产制造计划、经营管理计划提出的采购需求，包括采购标的物的名称、数量、规格或需实现的功能。能否对采购需求进行有效管理，直接关系到后续采购工作开展的成效，对于一些以快速响应客户需求并提供客户所需产品为运营目标的企业而言，采购需求的管理更是一个难点。

采购需求收集是采购需求管理的关键过程，通常包括采购需求提报、采购需求论证与评估、采购需求汇总。合理科学的采购需求能够客观地反映采购标的物的主要特征以及要求供应商的响应条件，符合适用原则、非歧视原则，并能够切合市场实际。

采购需求的重要内容是技术规格，如质量、性能、功能、体积、符号、标志、工艺与方法等，技术规格一方面反映了采购的要求，对预算单位而言，这种要求往往是一种基本要求；另一方面技术规格也是对供应商响应情况的评审依据。技术规格的编制是一项技术性非常强而又费时的工作，编制的好坏直接影响整个项目的采购效果。预算单位对采购项目的需求应当明确，应当对采购项目的技术规格、服务要求等作前期论证，如对采购需求难以明确细化的，可以请采购咨询专家或有关行业专家进行采购需求论证。采购需求论证应当着重考虑以下 4 方面内容：①是否符合政府采购法律法规；②是否属于政府采购政策扶持范围，包括是否体现鼓励使用本国产品，实现节约能源、保护环境、扶持不发达地区和少数民族地区、促进中小企业、监狱企业发展等目标；③采购需求是否完整、明确，体现公平竞争的原则；④采购数量、采购标的功能标准、性能标准、材质标准、安全标准、服务标准以及是否有法律法规规定的强制性标准。

在确定采购需求前，应当充分了解市场信息，不能只采纳少数供应商推荐的方案作为需求指标。值得一提的是，不合理的过高的技术配置，将造成资源的闲置和浪费，过低的技术配置也不能达到实际使用的功能要求，因此采购需求应切合实际。预算单位对采购需求进行市场调研和论证后，不应将采购需求初步论证的结果向供应商透露，否则不利于采购过程中市场的充分竞争，采购结果也未必理想。

国有企业采购需求应有机整合，而不是简单汇总，可以从企业最常用的物资和服务采购入手，例如，①同时间段不同类标的物的整合：将同一时间段内不同类别的标的物通过分包件的方式整合到一次采购中。②同时间段同类标的物的整合：将不同时间段内同类别的标的物以清单的方式列出并整合到一次采购中。采购整合可以是一季度，也可以是一年或几年，通过签订年度框架协议或战略合作协议建立长期关系，对时间段内产生的需求以协议为基础进行订单支付。

证明材料包含企业采购需求管理的制度文件，考察采购供应链数字化平台的采购需求管理的相关流程、功能，以及采购需求数据记录，通过数字化平台的操作场景演示，衡量企业采购需求管理的数字化成熟程度。

提示

采购需求收集不仅要包括企业采购标的物技术规格的简单汇集，而且要与企业生产运营的实际需要和周期关联。

问题

问：采购需求收集的业务场景包括采购需求提报、采购需求论证、采购需求汇总整合等方面，基于采购供应链数字化平台如何运行与操作？

答：企业应充分利用采购供应链数字化平台的数据与智能化工具，挖掘采购需求与企业生产运营的密切关系，不仅呈现为表单的提交、数据的汇总，而且应该有基于采购需求数据特征与模型的自动化、智能化的需求收集与整合流程。

3.3.1.2　采购需求预测数字化应用

企业基于采购供应链信息系统或数字化平台开展采购需求预测执行的数字化应用水平，包括从总部到所有下属各级单位、所有品类采购需求预测执行周期管理、采购需求预测模型应用与管理等的数字化应用场景。

■ 评价所需证明材料：

①采购供应链数字化平台的采购需求预测模型

②采购需求预测数据档案

■ 指标评分细则：

A：手工或通过电子表格收集采购需求预测所需的相关数据，依赖采购经办人的经验手工执行采购需求预测。

B：手工或通过电子表格收集采购需求预测所需的相关数据，仅对采购需求总量进行预测，未在采购需求预测中使用采购历史数据，针对需求预测未进行采购成本评价，未对企业采购的全部品类进行需求预测，未对企业全部业务单元范围进行采购需求预测。

C：通过采购供应链数字化平台支撑，可以实现企业部分品类采购需求预测，未覆盖企业全部业务单元范围，基于部分采购历史数据，仅对部分品类的采购需求总量进行预测，针对需求预测实现了采购费用和成本评价，未对企业全部业务单元范围进行采购需求预测。

D：通过采购供应链数字化平台支撑，可以实现企业全部品类采购需求预测，并覆盖企业全部业务单元范围，基于采购历史数据按品类进行采购需求预测，实现基于市场、销售、财务和需求计划的数据协同进行采购需求预测，针对需求预测实现了采购费用和成本评价，但采购需求预测的数据模型与算法相对简单，仍需要较多人工参与。

E：通过采购供应链数字化平台支撑，可以实现企业全部品类采购需求预测，并覆盖企业全部业务单元范围，基于采购历史数据按品类进行采购需求预测，实现基于市场、销售、财务和需求计划的数据协同进行采购需求预测，针对需求预测实现了采购费用和成本评价。采购需求预测的数据模型与算法具备治理与更新能力，基于需求预测差异、订单变化、供应商市场信息等形成快速采购决策的正向循环。

📎 **释义**

采购需求预测分为广泛的宏观情况和实际情况预测。宏观情况预测指的是一个大范围的预测，通常用在对原材料，比如原油、橡胶、棉花等采购项目的预测。例如，网上经常发布原材料的市场供给走势报告，这些也是宏观预测的内容。例如，在成衣制造中，棉花和聚酯纤维是两大原材料。通过全国甚至全球棉花产量下降的信息，就可以预测出棉花的供应短缺情况，以及需求会从棉花转向聚酯纤维的趋势。这样的结果隐含着聚酯纤维的需求量会持续增加，因此，如果公司未来需要更多的原材料进行生产，那么就要提前备好聚酯纤维。以上是宏观情况的预测，下面再来看实际情况预测。实际情况的预测和宏观情况是相辅相成的。比如，公司周边的原料供应商价格会受到市场波动的影响，还用前面的例子，如果预期中的聚酯纤维需求量增加了，那么可以合理推断公司周边的原材料可能缺货，而原材料供应商也可能缺货。因此，对于是否建立更多材料库存，就需要采购部门提供判断依据。依据有哪些呢？主要有5个方面，分别是数量、市场产能、成本价格、组织规划和供应商产能，从这5个方面，采购部门能判断出是否应该建立更多的材料库存。所以，实际情况的预测和宏观情况是相辅相成的，在实际的采购预测中，要把它们结合起来使用。

采购需求预测的方法通常有定性预测法和定量预测法。定性预测法包括德尔菲法、类比法、转导法、用户调查法、经验判断法。定量预测法包括时间序列法（如算术平均数法、移动平均数法、指数平滑法）、回归预测分析法。

采购需求预测需要的信息包括外部信息、内部信息、产品信息等。外部信息包括市场供求情况预期、价格波动与趋势等。内部信息包括生产计划任务、设备能力"瓶颈"、进货和供应能力等。产品信息包括商务标准、市场等级、产品说明书等。

证明材料包含企业采购需求预测管理的制度文件，考察采购供应链数字化平台的采购需求预测管理的相关流程、功能，以及采购需求预测数据记录，通过数字化平台的操作场景演示，衡量企业采购需求预测管理的数字化成熟程度。

📍 **提示**

采购需求预测应基于采购供应链数字化平台的数据建模与算法，融合采购办理人员的工作经验，持续优化。

❓ **问题**

问：采购需求预测的业务场景基于采购供应链数字化平台如何运行与操作？采购需求预测的模型包括哪些数据要素与算法？

答：采购需求预测应结合历史采购需求数据、企业生产经营数据、外部宏观市场数据进行数据建模，并根据采购需求预测的应用情况持续优化。

3.3.1.3　采购需求预测绩效跟踪数字化应用

企业基于采购供应链信息系统或数字化平台开展采购需求预测绩效跟踪的数字化应用水平，包括从总部到所有下属各级单位、所有品类采购需求预测准确率跟踪、采购需求预测偏差管理等数字化应用场景。

■ 评价所需证明材料：

①采购供应链数字化平台的采购需求预测绩效分析模型与采购需求预测绩效跟踪应用场景操作手册

②采购需求预测绩效数据档案

■ 指标评分细则：

A：手工或通过电子表格收集采购需求预测执行的相关数据，依赖采购经办人跟踪管理采购需求预测绩效。

B：通过采购供应链数字化平台支撑，可以实现企业部分品类采购需求预测，覆盖企业部分业务单元，采购需求预测总体预测准确率较低（低于

50%）或未设置相关指标，无法对采购需求预测准确率和预测偏差进行持续性的测量与跟踪。

C：通过采购供应链数字化平台支撑，可以实现企业全部品类采购需求预测，未覆盖企业全部业务单元，按照品类的采购需求预测准确率较低（低于50%），可以对采购需求预测准确率和预测偏差进行跟踪管理，但数据存在较大的滞后性。

D：通过采购供应链数字化平台支撑，可以实现企业全部品类采购需求预测，并覆盖企业全部业务单元，按照品类的采购需求预测准确率在50%至70%，可以对采购需求预测准确率和预测偏差进行跟踪，但数据存在一定的滞后性。

E：通过采购供应链数字化平台支撑，可以实现企业全部品类采购需求预测，并覆盖企业全部业务单元，按照品类的采购需求预测准确率＞70%，可以采用多种方式和多个品类级别衡量和管理采购预测准确率，并按品类的采购需求预测偏差进行差异化衡量和管理，实现采购需求预测绩效的实时自动化管理与持续优化。

释义

采购需求预测的本质之一，便是对历史采购数据进行分析从而判断出趋势、季节性等规律，并认为历史会重演。因而高质量的历史采购数据则成为确保高预测准确率的基础之一。采购需求预测的准确率直接影响着公司的固定资本、库存周转率、库存供应总天数、准时交付率、物流成本等重要财务指标。

采购需求预测的另一个本质，就是所谓的"大数原则"（Law of Large Number），即在数据聚集的高层次上去作预测的准确率要比在数据的最底层上作预测的准确率要高。

数学模型的选择对采购需求预测非常重要，但要明白采购需求预测管理不是由具体哪一个部门来完全负责，是由计划、销售、市场、供应链、管理层等多部门参与的一项工作，因为各部门都是本领域的专家，在采购需求预测管理的过程中能够提供独特的、专业的和不可或缺的信息和专业知识，这就要求企业要有一个完善的采购需求预测管理流程来支持各个职能各司其责。

在一个有效的需求预测管理流程建立起来之前，一系列的准备工作要开始做起来，如需求预测的周期和频次，预测的产品/销售组织层级，需求预测提前期，需求预测的数据来源，需求预测的职能设置，需求预测使用的工具（如软件、模板等）、需求预测的方式（自上而下、自下而上或者中间开花），以及企业中哪些部门要参与需求预测流程，他们的角色、职责、考核指标是什么。

评估需求预测的两个重要指标分别为需求预测准确性（1 - MAPE）和偏差率（Bias），前者用于评估误差幅度，后者用于确定系统误差。

采购需求预测对供应链各个绩效指标有杠杆作用。计划是供应链的龙头，需求计划是计划的龙头，是计划中的计划。一个相对准确的需求计划，可以提升订单的交付率，降低库存成本、运营成本、采购成本、物流成本。库存降低了，资金占用降低，资金成本自然会降低，利润自然就上去了。

证明材料包含企业采购需求预测绩效跟踪管理的制度文件，考察采购供应链数字化平台的采购需求预测绩效跟踪管理的相关流程、功能，以及采购需求预测绩效数据记录，通过数字化平台的操作场景演示，衡量企业采购需求预测绩效跟踪管理的数字化成熟程度。

提示

采购需求预测绩效跟踪管理不是为了考核而设定绩效指标，而是为了采购需求预测应用更准确、更精确、更符合企业生产运营需要的目标而设计绩效指标。

问题

问：采购需求预测绩效包括哪些指标？

答：采购需求预测绩效管理的指标设计通常包括准确率和偏差率，建议企业按照品类细分设计采购需求预测准确率指标。

3.3.2　采购计划管理数字化应用

3.3.2.1　采购计划编制数字化应用

企业基于采购供应链信息系统或数字化平台开展采购计划编制和供应需

求匹配的数字化应用水平，包括从总部到所有下属各级单位、所有品类的企业采购计划编制的内外部协作流程数字化应用场景。

■ 评价所需证明材料：

①采购供应链数字化平台的供应需求匹配模型和供应需求匹配应用场景操作手册

②供应需求匹配档案与分析数据档案

■ 指标评分细则：

A：手工或通过电子表格编制采购计划，依赖采购经办人手工管理采购计划，根据经验执行供应需求的匹配。

B：通过采购供应链数字化平台支撑，可以实现企业采购的部分品类采购计划在线编制，覆盖企业部分业务单元，编制采购计划时，依赖采购经办人的经验执行供应需求的匹配。

C：通过采购供应链数字化平台支撑，可以实现企业采购的全部品类采购计划在线编制，未覆盖企业全部业务单元，企业采购经办人根据采购计划与供应商进行有限的协作，实现部分品类的供需匹配。

D：通过采购供应链数字化平台支撑，可以实现企业采购的全部品类采购计划在线编制，并覆盖企业全部业务单元，企业采购经办人根据采购计划与供应商进行协作，实现全部品类的供需匹配。

E：通过采购供应链数字化平台支撑，可以实现企业采购的全部品类采购计划在线编制，并覆盖企业全部业务单元，企业与供应商根据采购计划实现全面有效的供需协作，企业根据采购历史数据，实现对采购计划的合理合规等方面智能判断、供需自动匹配、采购计划的决策支撑。

🔗 释义

采购计划编制是根据采购范围说明书、产品说明书、企业内采购力量、市场状况、资金充裕度等有关项目采购计划所需的信息，结合项目组织自身条件和项目各项计划的要求，对整个项目实现过程中的资源供应情况作出具体安排，并按照有关规定的标准或规范，编写项目采购计划文件的管理工作过程。一个项目组织在编制采购计划中需要开展下述工作和活动：①制造或购买的决策分析；②采购方式和合同类型的选择；③项目采购计划文件的编制和标准化。

采购计划编制所需的输入包括项目范围说明书、产品说明书、市场条件以及约束条件和假设。

1. 采购计划编制的工具和技术

采购计划编制的工具和技术包括进行自制或外购决策分析和向专家咨询。

自制或外购决策分析，即决定是由组织内部提供某些产品或某种服务，还是从组织外部购买这些产品或服务。它包括估算提供产品和服务的内部成本，还包括与采购成本估算的比较。

作为采购计划编制的一个环节，应该咨询内部专家的意见。而公司外部的专家，包括一些潜在的供应商，也能提供一些专家判断。不管是内部的还是外部的，向专家咨询都是制定采购决策的一个重要环节。

2. 合同类型

合同类型是应当考虑的重要项目，不同类型的合同在不同的情况下使用。总的来说有三种类型的合同，固定价合同或固定总价合同、成本补偿合同和单价合同。

（1）固定价合同或固定总价合同。

这类合同涉及详细定义的产品或服务的固定总价格，这种情况下买方承担的风险很小。

（2）成本补偿合同。

这类合同是指买方向卖方支付直接和间接实际成本。直接成本就是项目直接发生的成本，可以通过很经济的方法直接摊销。间接成本是不能通过很经济的方法直接分摊到项目上的业务成本。例如，项目人员的工资和特定项目所需购买的硬件和软件成本是直接成本，而给办公室提供的电力、食堂等是间接成本。间接成本通常用直接成本的百分比计算。成本补偿合同通常包含诸如利润百分比与奖励费（对满足或超过既定的项目目标的奖励）之类的费用。这类合同常用于涉及新技术产品或服务采购的项目。买方在成本补偿合同中承担了比固定总价合同更大的风险。成本补偿合同有三种类型，按照买方承担风险的高低，从最低到最高依次排列为成本加奖励费合同（CPIF）、成本加固定费合同（CPFF）、成本加成本百分比合同（CPPC）。

成本加奖励费合同。买方向卖方支付经容许的完成任务的成本以及事先决定的费用和激励奖金。如果最终成本小于预期成本，按照事先谈判好的分配公式，买方和卖方都从节省的成本中受益。

成本加固定费合同。买方向卖方支付经容许的完成任务的成本，加上按估算成本一定百分比计算的固定费用。事实上，这种费用通常不会改变，除非合同的范围发生变更。

成本加成本百分比合同。买方给卖方支付经容许的完成任务的成本，加上事先约定的总成本的一定百分比。从买方的角度看，这是最不理想的一种合同，因为卖方没有降低成本的动机。实际上，这会促使卖方增加成本，因为这样做可以使利润按照成本的百分比增加。这种合同的所有风险都由买方来承担。

（3）单价合同。

要求买方向卖方按单位服务的预定金额支付的合同，合同总价就是完成该项工作所需工作量的函数。这种类型的合同有时称为时间和物料合同。

任何一种类型的合同都应当包括一些考虑了项目特有问题的具体条款。

3. 工作说明书

很多合同都包括工作说明书（Scope of Work，SOW）。这是对采购所要求完成的工作的描述。SOW 详细描述工作，以便让潜在的供应商决定他们能否提供所需的产品和服务，以及确定一个适当的价格。SOW 应当清楚、简洁而且尽量完整，它应描述所要求的全部服务，包含绩效报告。SOW 中的措辞非常重要，比如使用"必须"还是使用"可以"。"必须"意味着不得不完成某件事；而"可以"表示做与不做之间的某种选择。SOW 还应详细说明项目产品，注意使用行业用语，并参考行业标准。

项目采购计划的编制过程就是根据项目所需资源说明书、产品说明书、企业内采购力量、市场状况、资金充裕度等有关项目采购计划所需的信息，结合项目组织自身条件和项目各项计划的要求，对整个项目实施过程中的资源供应情况作出具体的安排，并在最后按照有关规定的标准或规范，编写出项目采购计划文件的管理工作过程。一个项目组织在编制采购计划中需要开展下列工作和活动：采购的决策分析、采购方式和合同类型的选择、项目采购计划文件的编制和标准化等。

证明材料需提供企业采购计划编制的制度文件，考察采购供应链数字化平台的采购计划编制的相关流程、功能，以及采购计划数据记录，通过数字化平台的操作场景演示，衡量企业采购计划编制的数字化成熟程度。

📍 **提示**

采购计划编制、采购方案编制应按企业采购管理要求，与企业生产运营需要、采购寻源、采购执行的实际情况相结合。

❓ **问题**

问：采购计划编制的业务场景基于采购供应链数字化平台如何运行与操作？

答：采购计划、采购方案的数据要素应与采购寻源、采购执行的数据要素紧密关联，保持一致，以实现采购业务全流程数字化支撑的目标。

3.3.2.2　供应计划协同数字化应用

企业基于采购供应链信息系统或数字化平台开展采购计划与供应资源协同的数字化应用水平，包括企业从总部到所有下属各级单位、所有品类与供应资源的供应计划协作流程的数字化应用场景。

■ 评价所需证明材料：

①采购供应链数字化平台的供应计划协同应用场景操作手册

②供应计划协同数据档案

■ 指标评分细则：

A：手工或通过电子表格管理供应计划，依赖采购经办人手工管理供应计划与供应资源。

B：通过采购信息系统支撑，可以实现企业采购的部分品类供应计划协同，覆盖企业部分业务单元，根据采购历史记录建立了初步的供应商目录，采购经办人定期与供应商线下沟通采购供应信息。

C：通过采购供应链数字化平台支撑，可以实现企业采购的部分品类供应计划协同，覆盖企业部分业务单元，根据采购历史记录建立了供应商档案，采购经办人基于数字化平台与供应商实时协同采购计划与供应信息。

D：通过采购供应链数字化平台支撑，可以实现企业采购的全部品类供应计划协同，并覆盖企业全部业务单元，建立按照采购品类的需求与计划分析模型，实时与供应商协同采购计划与供应信息，建立企业采购计划与供应商生产计划的联动协作机制。

E：通过采购供应链数字化平台支撑，可以实现企业采购的全部品类供应计划协同，并覆盖企业全部业务单元，能够基于内外部采购数据建立需求与计划的分析模型和算法，基于企业需求趋势和采购频率，智能判断各品类的采购需求与计划，并按品类与推荐供应商实现实时协同，实现企业采购计划与供应商生产计划的联动，满足企业各品类采购供应要求。

📎 **释义**

供应计划协同，指的是企业与供应商根据采购计划管理建立协同协作工作体制，具体内容如下。

（1）物料分类与交期分析。

检查物料编码规则是否正确，是否存在一物多码、一码多物、有物无码等常见问题。

物料的管理规定是否执行到位；物料的分类是否科学；重点关注长交期物料占比并分析合理性。

（2）订料模式优化。

根据现状，从 PO（采购订单）、VMI（供应商管理库存）、JIT（准时制生产）到 Milk Run（循环取货），制定优化路线，实施 VMI 管理，提升 JIT 比例，有效降低库存，提升齐套率。

（3）预测模式优化。

针对不同 lead time（前置时间）的物料，从预测的取值、长度、频度和颗粒度区分管理。

识别关键二级供应商及二级物料，提高与不同层级供应商的协同程度。

（4）备货模式优化。

针对风险物料明确启动时点，制定合理的备货规则，从成品、原材料、供应商三级实施动态备货策略，有效规避缺货风险，提升资金的利用率。

（5）库存优化。

分析现有的库存及指标，进行点到点的排查，制定符合行业特点的库存指标，参与S&OP（销售与运营计划）会议，与销售协同推动库存优化。

（6）呆滞料管理优化。

界定呆滞料的责任人和指标，制定呆滞料再利用流程，有效降低呆滞料的产生并加快呆滞料的处理。

（7）绩效指标优化。

以"逐级考核、聚焦到点"为原则，从预测、订单、交付、付款等环节制定量化指标并与供应商的奖惩机制挂钩，具备持续优化的能力。

（8）齐套率优化。

以上订料、预测、备货等模式的优化，最终体现在齐套率的提升上。

对于其他原因造成的不齐套，如质量问题、交期过长、供应商缺料等，进行专题研究，专项解决。

（9）MRP（物资需求计划）协同与优化。

参与S&OP会议，与销售预测、主生产计划协同，提升信息系统中MRP的功能，取消手动管理。

（10）优化供应交付预警。

分析从供应商到企业的交付过程，设定预警机制，要求供应商严格执行。

证明材料需提供企业供应计划协同的制度文件，考察采购供应链数字化平台的供应计划协同的相关流程、功能，以及供应计划协同数据记录，通过数字化平台的操作场景演示，衡量企业供应计划协同的数字化成熟程度。

📍 提示

供应计划协同不仅是企业与供应商关于采购供应计划的业务操作协同，还包括了企业与供应商在采购供应计划领域建立的数据协同、流程协同、数据标准等方面。

⑦ **问题**

问：供应计划协同的业务场景基于采购供应链数字化平台如何运行与操作？

答：企业与供应商关于采购供应计划的协同，应通过采购供应链数字化平台实现多种协同方式，应建立统一的数据标准、流程协作机制。

3.4　采购寻源数字化应用

企业应基于业已建成的采购供应链数字化平台或采购寻源系统、电子招标系统、非招标系统等信息化、数字化设施开展采购寻源工作，包括从总部到所有下属单位、所有品类的寻源策略管理、寻源执行与寻源绩效管理、采购合同谈判等数字化应用场景。

3.4.1　寻源策略管理数字化应用

3.4.1.1　品类寻源策略数字化应用

企业基于采购供应链信息系统或数字化平台开展根据品类的采购寻源策略管理的数字化应用水平，包括基于所有品类的寻源策略模型、成本分析、寻源绩效跟踪等的数字化应用场景。

■ 评价所需证明材料：

①采购供应链数字化平台的品类寻源策略应用场景操作手册，品类寻源模型

②品类寻源策略数据档案

■ 指标评分细则：

A：手工或通过电子表格管理基于品类的采购寻源策略，依赖采购经办人管理采购品类寻源策略或规则。

B：通过采购信息系统支撑，可以实现企业采购的部分品类寻源策略管理，覆盖企业部分业务单元，大部分品类寻源策略依赖采购经办人手工管理的方式，难以对采购寻源策略进行整合管理，难以对采购寻源支出信息和供应商绩效进行严格分析。

C：通过采购供应链数字化平台支撑，可以实现企业采购的大部分品类寻源策略管理，覆盖企业部分业务单元，品类寻源策略用于支持更全面地降低成本，对主要品类的采购支出进行跟踪，可实现对供应商的成本和绩效进行

适度分析。

D：通过采购供应链数字化平台支撑，可以实现企业采购的全部品类寻源策略管理，覆盖企业全部业务单元，品类寻源策略包括对市场波动的对冲，以及其他前瞻考虑，可以实现对采购相关支出信息进行跟踪，对供应商的成本和绩效进行分析，并按品类进行外部供应市场对标分析。

E：通过采购供应链数字化平台支撑，可以实现企业采购的全部品类寻源策略管理，覆盖企业部分业务单元，将品类寻源策略作为创造企业采购竞争优势的关键组成部分，实现灵活、多维度品类采购支出分析，对供应商的成本和绩效进行有效跟踪分析，了解质量和成本的驱动因素，并按品类进行外部供应市场的持续对标分析，建立持续优化的品类寻源策略模型。

📎 **释义**

采购策略可以分两个维度来管理：第一个维度是品类策略，第二个维度是供应商策略。

品类，即采购物资（包含服务）的分类。同一品类有类似的制造过程和技术、类似的使用特性、类似的供应商（供应商通常属于同一个行业）。

品类策略就是指根据品类自身的特点和企业运营策略对品类的要求而制定的未来一段时间的行动原则。品类策略包含以下内容。

品质和技术策略，即每个品类的品质和技术的努力方向。举例来说，这个部分的策略制定出来后，要能够回答：这个品类我们选用市场上哪个品质等级的物料？是否要在这个品类中开展新技术新工艺的研发？这个品类的物资在产品设计时的复用率应该达到什么量级？等等。

交付策略，即每个品类保证交付的方针。比如，是"一品一点"还是"一品多点"？要不要用 VMI？要不要鼓励供应商在附近设工厂？要不要建立省外、国外的采购中心？等等。

成本策略，即控制每个品类的供应成本的基本原则。比如，降低成本的主要方向是让供应商之间进行价格竞争，还是将采购量尽量集中？在与供应商进行合作方式的优化而降低成本的选项中，哪些方面是主攻方向？（例如，是努力促成循环包装的使用，还是和供应商合作提升良品率？）

供应商策略是与每类供应商合作的原则。确定供应商策略，既要考虑供应商所供应的物资（服务）所属品类的策略，也要考虑供应商所在行业的特点，以及供应商自身的能力和配合度。

供应商策略主要包含两个部分：

（1）布局这个品类需要几个供应商？现有合格供应商中哪些是主，哪些是辅？现阶段看，需要引入几家什么样的供应商，淘汰哪几家供应商？

（2）供应商合作原则。

a. 每个供应商获得的采购量分配是怎样的？

b. 每个供应商的降本重点是什么？

c. 与哪些供应商开展技术、研发合作？

d. 新业务机会首先分配给哪些供应商？

e. 与哪些供应商需要做信息系统的互通？

f. 与哪些供应商需要推进流程的集成？

品类策略和供应商策略既是相辅相成的，也是互相牵制的。制定品类策略，必须考虑供应商的条件，但同时又会决定下一步选择供应商的方向。供应商策略中，很大一部分其实是品类策略的延伸和实现载体。

那么依据什么来确定品类策略和供应商策略这两个维度的采购策略呢？

要了解如何确定采购策略，就必须了解采购策略在整个企业运转中的位置。

企业有五个基本的运转体系：

（1）营销财务体系；

（2）生产运营体系；

（3）物料供应体系；

（4）工程研发体系；

（5）人力行政体系。

在这五个体系中，我们通常把第 1 项称作"经营"，把后面 4 项称作"运营"。通常在企业中，运营是服务于经营的，经营要达成的目标是需要通过运营来实现的。或者说，一个企业打算在客户面前呈现什么价值，就需要内部运营体系能够提供这些价值。

在这些体系中，采购管理体现在哪里呢？在物料供应体系中。当然也是服务于经营体系，服务于经营目标的。所以采购策略的制定取决于经营策略（如市场、销售、财务等）。例如，当企业要给客户提供的是"快速响应"的价值时，企业的整个供应链的第一要务就是缩短每个环节的交付周期。相应地，品类策略中交付策略就是重头戏，而供应商策略中，企业对近距离的、供应周期稳定的供应商就会分配更多的资源。如果企业的主要营销点是"低成本"，那么品类策略和供应商策略当然也就大不相同了。

任何一种采购策略的选择，都没有绝对的好坏对错，只有与经营策略的匹配程度不同。有的行业适合与供应商在技术合作方面深度融合，相互高度依赖，有的行业适合不断引入新供应商优化供应格局；有的企业适合只提供少而精的产品，有的企业适合提供大覆盖面的产品系列……这些不同的经营和运营策略，都会对应着不同的采购策略。

作为企业采购管理者，只有能够清晰地了解整个企业的经营策略，才能为之匹配最合身的采购策略，并把采购策略转化成可量化衡量的管理指标，进一步指导具体的采购作业管理。

证明材料需提供企业基于品类的采购寻源策略管理的制度文件，考察采购供应链数字化平台的采购寻源策略管理的相关流程、功能，以及采购寻源策略数据记录，通过数字化平台的操作场景演示，衡量企业采购需求预测绩效跟踪管理的数字化成熟程度。

📍 提示

基于品类的采购寻源策略，可以细分为多方面的业务规则，根据企业采购管理发展程度，选择适合企业采购寻源管理的具体策略。

❓ 问题

问：采购寻源策略管理的业务场景基于采购供应链数字化平台如何运行与操作？

答：采购寻源策略管理的业务规则、管控规则可以通过采购供应链数字化平台实现，在采购供应的具体业务操作场景中体现。

3.4.1.2　供应市场分析数字化应用

企业基于采购供应链信息系统或数字化平台开展供应资源和供应市场分析的数字化应用水平，包括从总部到所有下属各级单位、所有品类的供应市场分析的数字化应用场景。

■ 评价所需证明材料：

①采购供应链数字化平台的供应市场分析模型

②供应市场分析数据档案

■ 指标评分细则：

A：通过手工或电子表格收集供应市场信息，人工进行供应市场分析。

B：仅对企业部分品类进行信息收集与分析，服务企业的部分业务单元，对行业、竞争对手或供应商等所做的市场分析不充分，未确定各品类的信息来源，主要基于采购历史信息，通过信息系统对供应市场进行简单分析。

C：通过采购供应链数字化平台支撑，可以实现企业部分品类的供应市场分析，服务企业部分业务单元，结合行业与市场趋势，以及各品类的供应市场信息，根据采购历史经验，为企业采购提供参考。

D：通过采购供应链数字化平台支撑，可以实现企业全部品类的供应市场分析，服务企业全部业务单元，企业能够充分了解行业动态、市场趋势、供应市场信息，数字化平台自动定期收集和分析供应市场信息，初步建立基于品类、供应商的供应市场分析模型，为企业采购寻源提供决策依据。

E：通过采购供应链数字化平台支撑，可以实现企业全部品类的供应市场分析，服务企业全部业务单元，企业能够充分了解行业动态、市场趋势、供应市场信息，数字化平台自动定期收集和分析供应市场信息，根据品类类别、行业趋势的供应市场分析模型，进行实时供应市场跟踪与分析，使用大数据技术对供应商、行业市场进行关联分析、深度挖掘，为采购寻源和供应资源选择提供决策依据。

释义

供应市场分析是指企业为了满足未来发展的需要，针对所采购的商品，系统地进行供应商、供应价格、供应量、供应风险等基础数据的收集、整理和分析，为企业的采购决策提供依据。

一、供应市场研究的影响因素

影响采购方进行主动的供应市场研究的主要因素有以下几个方面。

1. 技术的不断创新

无论是生产企业还是商业贸易，为保持竞争力必须致力于产品的创新和质量的改善。当出现新技术时，企业或公司在自制、外购的决策中就需要对最终供应商的选择进行大量的研究。

2. 供应市场的不断变化

国际供应市场处在不断变化之中。国家间的政治协定会突然限制一些出口贸易，供应商会因为突然破产而消失，或被其竞争对手收购，价格水平和供应的持续性都会因此受影响。需求也会出现同样的变化，对某一产品的需求会急剧上升（如20世纪90年代中期对奔腾微处理器的需求），从而导致紧缺状况的发生。采购方必须预期某一产品供需状况的可能变化，并由此获得对自己的商品价格动态的更好理解。

3. 社会环境的变化

例如西欧相对较高的工资水平已经造成了供应商市场的变化。由于发展中国家工资较低，有许多欧洲零售商的纺织品供应发生了变化，他们已将自己的供应基地从欧洲转移到了远东地区。

4. 汇率的变动

许多主要币种汇率的不断变化对国际化经营的采购方施加了新的挑战。许多国家的高通货膨胀、巨额政府预算赤字、汇率的迅速变化都要求采购方对其原料需求的重新分配作出快速反应。

5. 产品的生命周期及其产业转移

产业转移、技术进步不仅改变了供应市场的分布格局，整体上降低了制造成本，也给采购的战略制定、策略实施及采购管理提出了新的要求，带来了新的变化。主要体现在：一是在自制、外购的决策中，外购的份额在增加；二是采购呈现向购买组件、成品的方向发展；三是采购的全球化趋势日益增强，同时采购的本地化趋势也伴随着生产本地化的要求得以加强；四是供应市场及供应商的信息更加透明化；五是技术发展使得许多公司必须完全依赖供应商的伙伴关系。

二、供应市场分析的步骤

供应市场分析可能是周期性的，也可能是以项目为基础进行的。供应市场分析可以是用于收集关于特定工业部门的趋势及其发展动态的定性分析，也可以是从综合统计和其他公共资源中获得大量数据的定量分析，大多数的供应市场分析包括这两个方面，供应商基准分析就是定性分析和定量分析的结合。供应市场分析既可以是短期分析，也可以是长期分析。进行供应市场分析并没有严格的步骤，有限的时间通常会对分析过程产生一定的影响，并且每个项目都有自己的方法，所以很难提供一种标准的方法。但是一般情况下，供应市场分析主要有以下步骤。

1. 确定目标

要解决什么问题，问题解决到什么程度，解决问题的时间多长，需要多少信息，信息准确到什么程度，如何获取信息，谁负责获取信息，如何处理信息等问题都包含在一个简明概述中。

2. 成本效益分析

分析成本所包含的内容，分析所需的时间，并分析获得的效益是否大于所付出的成本。

3. 可行性分析

分析公司中的哪些信息是可用的？从公开出版物和统计资料中可以得到什么信息？是否需要从国际数据库及其专业代理商中获得信息，并以较低的成本从中获得产品和市场分析？是否需要从一些部门购买研究、分析服务，甚至进行外出调研。

4. 制定分析计划的方案

确定获取信息需要采取的具体行动，包括目标、工作内容、时间进度、负责人、所需资源等。除了案头分析，还要与供应商面谈并进行实地研究。案头分析是收集、分析及解释任务的数据，它们一般是别人已经收集好的，在采购中这类分析用得最多；实地研究是收集、分析和解释案头分析无法得出的细节，它设法追寻新信息，通过详细的项目计划为此类分析做好准备。

5. 方案的实施

在实施阶段，遵循分析方案的计划是非常重要的。

6. 撰写总结报告及评估

供应市场分析及信息收集结束后，要对所获得的信息和情报进行归纳、总结、分析，在此基础上提出总结报告，并就不同的供应商选择方案进行比较。对分析结果的评估应该包括对预期问题的解决程度，对方法和结果是否满意等。

三、供应市场研究的内容

具体的分析内容有供应市场研究、供应市场风险分析。

（一）供应市场研究

供应市场研究主要研究三部分内容：一是供应市场研究过程；二是供应市场结构分析；三是宏观、中观、微观供应市场分析。

1. 供应市场研究过程

这个过程的主要工作包括：

（1）确定目标；

（2）成效分析；

（3）可行性分析；

（4）制定研究方案与方案实施；

（5）总结报告。

2. 供应市场结构分析

市场结构分析主要研究的是市场竞争的类型，包括：

（1）完全竞争市场；

（2）完全垄断市场；

（3）垄断竞争市场；

（4）寡头垄断市场。

3. 宏观、中观、微观供应市场分析

在进行供应市场研究时，可遵循这样一条思路：由大到小、由粗到精。

（二）供应市场风险分析

如果供应风险能够降低的话，会给成本的降低带来很大的空间。因此，它是采购决策必须重点考虑与分析的内容。一般应该在新供应商评价、选择认可之前就要作供应市场风险分析；对现有的供应商也可以定期进行分析。

供应市场风险分析包括四个阶段：准备阶段、分析评价阶段、行动改进阶段、总结提高阶段。

1. 准备阶段

这一阶段包括供应市场风险分析评价之前的所有准备工作。

（1）明确潜在的风险性和是否需要做风险分析；

（2）确定风险分析的理由，制定风险分析的准则、方法，界定风险分析所涉及的供应商和采购物品范围；

（3）明确参与风险分析的人员，提出进一步的工作计划。

2. 分析评价阶段

这一阶段可以采用检查表作为指导，由评价队伍通过对供应商进行提问、现场考察等方式进行。

（1）评价内容。

总体情况；

管理对策与措施；

质量保证体系；

设计、工程能力；

企划与供应商管理；

市场及顾客服务；

环境管理。

（2）三种状态。

根据上述各评价检查要素，依据实际情况可以划分为三种状态：风险较大（用红色表示）、不适用（用黄色表示）、状态良好适用（用绿色表示）。

风险较大（用红色表示）：指该要素对采购企业来说存在较严重的潜在风险，不符合采购企业的要求，必须立即采取纠正行动；

不适用（用黄色表示）：指该要素的状态不是太好，不能完全满足采购企业的评价要求，需要进一步改进；

状态良好适用（用绿色表示）：指该要素的状态良好或超过采购企业的

要求。

3. 行动改进阶段

这一阶段主要根据评价分析调查结果，研究人员及评价小组应在企业采购人员的协调下，就供应商中存在的用红色表示的状态要素及用黄色表示的状态要素向供应商提出纠正及改进的建议。

4. 总结提高阶段

这一阶段与前一阶段紧密相关。如果供应商乐于改进并有能力改进，总结提高就有基础。

证明材料需提供企业供应市场分析的制度文件，考察采购供应链数字化平台的供应市场分析的相关流程、功能，以及供应市场分析数据记录，通过数字化平台的操作场景演示，衡量企业供应市场分析的数字化成熟程度。

提示

供应市场分析应结合多方面数据进行，融合采购管理人员的工作经验，为采购寻源提供高价值参考。

问题

问：供应市场分析的业务场景基于采购供应链数字化平台如何运行与操作？

答：供应市场分析应能呈现总体与细分的供应市场分析情况，为采购寻源提供参考依据。

3.4.1.3 品类价格管理数字化应用

企业基于采购供应链信息系统或数字化平台，开展品类价格管理数字化应用水平，包括从总部到所有下属各级单位，所有品类及品类明细的投标价格、中标价格、订单成交价格、协议采购价格等，以及在采购供应全链路中各环节使用品类价格的数字化应用场景。

■ 评价所需证明材料：

①采购供应链数字化平台的品类价格管理场景操作及品类价格分析模型

②品类价格管理数据档案

■ 指标评分细则：

A：通过手工或电子表格收集品类采购价格信息，人工进行品类价格管理。

B：仅对企业部分品类进行采购价格收集与分析，服务企业的部分业务单元，未确定各品类的价格来源与组成，主要基于采购历史信息，通过品类信息管理系统对品类采购价格进行简单分析。

C：通过采购供应链数字化平台支撑，可以实现企业部分品类的采购价格管理与分析，服务企业部分业务单元，结合行业与市场趋势，以及各品类的定价策略，基于采购历史经验，为企业采购寻源提供参考。

D：通过采购供应链数字化平台支撑，可以实现企业全部品类的采购价格管理与分析，服务企业全部业务单元，企业能够充分了解行业动态、市场趋势、供应市场信息，数字化平台自动定期收集和分析供应市场信息，初步建立基于品类、供应商的定价模型，为企业采购寻源提供决策依据。

E：通过采购供应链数字化平台支撑，可以实现企业全部品类的采购价格管理与分析，服务企业全部业务单元，企业能够充分了解行业动态、市场趋势、供应市场信息，数字化平台自动定期收集和分析供应市场信息，根据品类类别、行业趋势的定价模型进行实时采购价格跟踪与分析，使用大数据技术对供应商、行业市场进行关联分析、深度挖掘，为采购寻源和供应资源选择提供决策依据。

📎 **释义**

品类价格管理是指为了满足企业及未来发展的需要，针对所采购的商品，体系化地开展投标价格、中标价格、订单成交价格、协议采购价格等基础数据的收集、整理和分析，为企业的采购决策提供依据。

采购价格的降低，不仅有利于提升企业产品的利润率，对于减少资金占用、降低仓储成本和提高资金投资回报率等各方面都具有突出作用，更有利于企业整体竞争力的提升。

在采购成本的构成中，采购价格是最主要的部分，也是最受企业关注的元素。几乎每个企业都会在价格上与供应商锱铢必较，询价与议价环节被看作采购工作的重点。

据调查机构的数据，"采购成本每降低1%，相当于企业业绩提高10%～15%"。故采购成本管得好，赚钱；管不好，亏钱。采购成本的有效控制，确实能够为企业带来超额收益。由于采购成本占据企业营业额的大部分，降低采购成本也能对企业业绩与财务指标发挥出意料之中的杠杆效果。面对全球性的经济衰退，在原材料涨价、劳动力成本上升的大环境下，"生存第一、发展第二"成为许多企业的首选战略方针。此时，成本竞争优势则显得至关重要。但是，很多企业将控制采购成本的重心放在价格控制上。

采购成本控制绝不只是简单地降低价格，而是一个系统化的工程。单纯地降低采购价格，可能会给企业带来多种风险，如质量风险、技术风险、及时供货风险等。从采购成本的结构来看，可以将采购成本理解为采购成本＝品类采购价格＋订单处理成本＋采购管理成本。品类采购价格是指供应商获取原材料的价格、设计研发成本、生产制造成本、仓储物流成本以及供应商利润等的总和。订单处理成本（也称上下游接口成本）包括订单识别与分析成本、谈判成本、合同与检验成本等。采购管理成本指采购企业管理过程所涉及的综合运营成本，包括返修与客户投诉等成本。如此看来，可将采购成本理解三个成本总和：采购成本＝供应商成本＋上下游订单处理的接口成本＋企业自身采购管理成本。

降低采购价格是一项系统工程，需要从采购战略出发，系统搭建采购供应链数字化平台，实现采购与供应链无缝对接，进而构建富有竞争力的采购商与供应商之间的关系总价值。同时，规划并设计产品形成过程的诸多成本要素：设计、采购、生产、工艺、品质、物流仓储与配送等，关注企业总成本降低。否则，从单一战术层面降低成本，结果却只是降低了采购价格，就可能带来质量风险、技术风险、及时供货风险，以及更多的运营成本。

早在1978年，Corey就提出供应商定价的3种主要方法，即成本导向定价法（Cost - based Pricing）、需求导向定价法（Market - based Pricing，又称为市场导向定价法）和竞争导向定价法（Competitive Bidding）。面对不同的供应关系，每家供应商都会根据自身成本结构进行定价，尤其是供应商自身的定价目标。供应商的定价目标主要可以归纳为以下五点。①获取足够的预期收益，衡量标准则分为长期和短期。②在较长的阶段内，通过控制总收入和总成本，创造最大的总利润。③如果自身能力不足，无法获得预期收益或最大利润，供应商的定价目标则是参考市场行情制定的合理利润。④制定较低的价格，从而迅速挤占市场，提高市场占有率，再逐步提高产品价格。⑤认真研究竞争对手的策略，制定更具竞争性的价格与之抗衡，以占领市场或保护既得市场。

明确供应商定价方法之后，企业有必要对其报价进行分析，以评估其报价是否合理，并据此进行采购决策，找到最适宜的采购定价、采购量和采购时机。

（1）历史数据法：将供应商的报价与历史交易数据进行比较来评估当下价格合理性的方法。

（2）目标价格法：根据市场设定的产成品的目标卖价，减去公司目标利润之后所得的目标成本，通过价值工程（VE）/价值分析（VA）分解到产成品每一个配件的目标价格与供应商报价进行比较的方法。

（3）横向比较法：供应商有大量系列产品或者相类似产品，详细了解不同产品之间的报价差异与成本动因后作横向比较，以评估其中某产品报价的合理性。

（4）应用经验法：在某个领域常年有丰富的工作经验，对产品结构、生产工艺、材料用耗、品质管理等了如指掌，可以对产品进行主观估价的方法。

（5）货比三家法：对于标准统一、技术规范、完全竞争市场的产品，采购方邀请三家或以上的供应商进行比价的操作方法。

（6）市场价格法：对于某些低技术附加值产品的报价，其主要成本为原材料成本，故完全按照该原材料市场价格评估其报价合理性的方法。

（7）实际成本法：对于某些产品，如定牌生产合作（OEM）的产品，依据自己的制造成本来评估供应商报价合理性的方法。

（8）采购价格标准法：为控制价格风险、提高采购效率，企业价格小组对采购的所有标的物（尤其是备品备件办公用品的非生产原料性质的工业用品）制定一个红线标准价格表，供应商报价一旦超过公司价格红线，直接淘汰供应商的评价方法。

（9）网络数据法：对于某些替代性强，或部分标准化的产品，依据国内外各种 B2B 或 B2C 网络平台的数据报价，来评估供应商报价合理性的方法。

（10）科学简易算定法：借助财务计算公式，价格（P）＝固定成本（F）÷数量（Q）＋变动成本（V），根据供应商的几个报价，计算出供应商产品固定成本（F）与变动成本（V），再评估其报价合理性的评估方法。

（11）数量折扣分析：通过批量阶梯式报价之间的差异，评估其报价合理性的方法。

提示

品类价格管理不仅要管理企业采购品类的各类价格历史数据，更重要的是品类价格组成、供应商定价策略、价格比较评估、品类价格分析等工作，从而服务企业采购供应服务的各种应用场景。

品类采购价格数据档案可以包括产品名称、产品参数、采购数量、采购价格、供应商、采购时间等。数据档案中的每一条记录都应当链接相关的单据、合同等数据档案材料。如单次采购价格存在异常，企业也需要备注清楚原因。

问题

问：品类价格管理的业务场景基于采购供应链数字化平台如何运行与操作？

答：品类价格管理的业务支撑能力要求企业建立灵活开放的采购供应链数字化平台，并且能够与国家法律法规要求的，产业相关、行业相关、企业上下游相关的组织、供应商、企业及平台建立数据互通共享的业务应用能力。

3.4.2 寻源执行与绩效管理数字化应用

3.4.2.1 采购寻源执行数字化应用

企业基于采购供应链信息系统或数字化平台开展供应资源选择的数字化应用水平，应用范围应覆盖总部及所有下属各级单位和所有需求品类，包括企业通过招投标、询比价、竞价、全网寻源等多种方式选择供应资源的数字化应用场景。

■ 评价所需证明材料：

①采购供应链数字化平台的供应资源选择模型、采购寻源应用场景操作手册

②供应资源选择数据档案

■ 指标评分细则：

A：通过手工或电子表格记录供应资源信息，人工进行采购寻源执行与供应资源选择，采购寻源执行过程无信息管理系统或数字化平台支撑。

B：通过采购供应链数字化平台，实现企业部分品类、业务单元的采购寻源执行与供应资源选择的数字化支撑，包括招标和非招标。

C：通过采购供应链数字化平台，实现企业大部分品类、业务单元的采购寻源执行与供应资源选择的数字化支撑，包括招标和非招标，企业通过数字化平台发布采购项目需求，获取供应商的价格和质量指标，记录寻源评标过程和寻源评标结果，基于采购寻源过程数据、供应资源相关数据建立基础的自动化寻源流程。

D：通过采购供应链数字化平台，实现企业全部品类、业务单元的采购寻源执行与供应资源选择的数字化支撑，包括招标、非招标、商城直购，企业通过数字化平台发布采购项目需求，获取供应商的价格和质量指标，记录寻源评标过程、寻源评标结果，基于采购寻源过程数据、供应资源相关数据建立自动化、智能化的寻源流程，建立智能评标、寻源风险管理、自动化供应资源选择的模型与算法。

E：通过采购供应链数字化平台，实现企业全部品类、业务单元的采购寻源执行与供应资源选择的数字化支撑，包括招标、非招标、商城直购，企业通过数字化平台发布采购项目需求，获取供应商的价格和质量指标，记录寻源评标过程和寻源评标结果，基于采购寻源过程数据、供应资源相关数据建立自动化、智能化的寻源流程，形成智能评标、寻源风险管理、自动化供应资源选择的可视化预测及业务洞察，构建敏感性分析模型。企业自动获取外部平台供应市场信息，包括供应商的价格和质量等关键指标，平台自动推荐最优供应商和签约价格。

📎 **释义**

采购寻源就是找到合格的供应商资源，其中包含符合资质的新供应商以及新产品的供应商，企业采购寻源主要应用在这几个方面：为企业新品找到合适的供应商、由于企业产品生产转移到异地而就近寻找低成本供应商、优化采购成本而进行采购战略调整。采购寻源对企业来说至关重要，能否找到合格的供应商，关乎企业是否能正常生产、按时交货、效益产出等。

企业通常通过线上信息化与线下联系等方式方法寻找采购供应商，通过在线协作和谈判来进行供应商的资质评估、能力确认和商务谈判，以期获得更多和更好的采购来源。数字化采购寻源可以通过互联网、电子招标平台、采购供应链数字化平台等进行供应商的寻找、选择、评估、议价和招标。帮助企业作为买方加速商谈和议价过程，增加采购节余。利用数字化采购寻源，企业可以方便地创建、协作、发布、商谈以及评估招投标结果，帮助企业很好地实施既定的采购策略，同时可以在寻源过程中积累供应商资源，完善供应商评估、电子竞价的知识库等。

采购寻源执行包括公开招标、邀请招标、询价采购、竞价采购、竞争性谈判、竞争性磋商、单一来源、多源直接采购等方式。企业应充分利用采购供应链数字化平台，在采购寻源执行的全流程、各环节实现自动化、智能化、数据驱动的目标。

采购寻源的选择需要考虑的维度有哪些？在选择采购供应商的时候需要综合考虑，权衡比较，以便做出最优的选择，以下6种因素需要格外注意。

（1）产品质量。

原材料质量和相应的技术水准是供应商选择的重要因素，企业在选择供应商时最应该注重的就是产品的质量，从原材料开始保证自己的产品质量。

（2）供应能力。

即供应商在设备、生产、技术、管理、组织、运行控制等方面的能力。为了保证生产的顺利进行，必须选择供应能力强的供应商，保证供货及时，使生产活动正常进行。供应能力体现在供应商的财务状况、产能规模、商誉等方面。企业选择供应商时，要注重供应商的短期供应能力，更要注重对供应商的长期供应能力分析。

（3）供货价格。

因为原材料的价格会影响最终产品的成本，所以它是主要考虑因素。在保证质量的前提下，价格越低，企业的生产成本就越低，对提高企业的竞争力就越有优势。同时，对原材料也不能一味地追求低价，性价比高的产品才是最佳选择。

（4）地理位置。

它会直接影响采购成本，而好的地理位置在运输成本、送货时间、紧急订货、加急服务等方面都有很大的优势。

（5）售后服务。

它是采购工作的延续和保证采购连续性的重要因子。好的售后服务将给企业的采购带来很多方便，如果售后服务只流于形式，那么被选择的供应商只能是短时间配合与协作，不能成为长期伙伴关系。

（6）财务状况。

一般来说，原材料采购资金都比较大，而且并不是货到付款，目前大多企业都采用滚动付款的方式，如果财务出现了问题，那么很有可能会要求提前付款，甚至是直接停产。这对于企业的长期采购是非常不利的。

采购寻源执行过程通常包括如下过程。

（1）明确企业采购目标。

不同的企业有不同的竞争战略与经营目标，根据战略供应链构建四象限原则，不同的竞争战略目标需要相应的供应商匹配与支撑，如丰田公司的竞争战略为"向全球用户提供性价比最好的汽车"，在这个企业目标与产品定位下，采购战略与核心目标就是供应商产品的"性价比"，而与之相关的即为关键指标。

（2）确认产品市场状况调研的渠道。

可以查询相关网络媒体的介绍进行简单的了解，参加专业会议与讲座，对产品和市场进行深入全面的了解。也可以通过与业内人士进行交流，获取产品的一般性观点整合，与非业内人士进行沟通，对产品展开其他角度的信息收集。

（3）确认产品市场状况需调研的内容。

全方位地对产品的定位、销量、人气、品质、前景，以及当前业界的制造技术水平等进行分析把控。

（4）对产品所处的供应链进行分析。

针对产品的特性进行成本对比，从原料到客户。了解产业区的成本和品质，行业领先企业或垄断企业的成本和品质，把握市场供需现状。另外结合影响行业动向的因素，如政策因素、自然因素、人文因素等，对市场结构进行整合测评。

在对产品有了整体的认知后，接下来就是寻找产品的可供应厂商进行合作，可以通过以下方法去寻找：①专业门户网站信息搜索；②参加行业相关展会，现场进行业务咨询与洽谈；③现有上下游供应商介绍接洽，提供兄弟公司或行业合作伙伴信息；④产业集中地考察；⑤自身供应商渠道的长期积累应用。

证明材料需提供企业采购寻源执行的制度文件，考察采购供应链数字化平台的采购寻源执行的相关流程、功能，以及采购寻源执行数据记录，通过数字化平台的操作场景演示，衡量企业采购寻源执行的数字化成熟程度。

📍 提示

采购寻源执行不仅要求企业应具备灵活的电子招投标平台能力，而且要求企业应建立持续运营的采购寻源管理组织与管理体制，并使其成为采购供应全流程的关键环节。

❓ 问题

问：采购寻源执行的业务场景基于采购供应链数字化平台如何运行与操作？

答：采购寻源执行的业务支撑能力要求企业建立灵活开放的采购供应链数字化寻源平台，并且具备与国家法律法规要求的，产业相关、行业相关、企业上下游相关的组织与平台建立数据互通共享的业务应用能力。

3.4.2.2 采购合同谈判数字化应用

企业基于采购供应链信息系统或数字化平台开展采购合同谈判的数字化应用水平，应用覆盖采购合同范围等。

■ 评价所需证明材料：

①采购供应链数字化平台的合同谈判应用场景操作手册

②合同谈判数据档案

■ 指标评分细则：

A：手工或通过电子文件记录合同谈判过程，依赖采购企业与供应商的线下沟通与协作完成合同谈判。

B：企业建立合同管理信息系统，采购企业与供应商通过线下沟通与协作完成合同谈判，合同谈判过程数据无数字化平台记录。

C：通过采购供应链数字化平台支撑，实现企业大部分品类、业务单元的合同谈判过程记录。

D：通过采购供应链数字化平台支撑，实现企业全部品类、部分业务单元的合同谈判过程记录，结合企业内部相关数据，实现合同谈判过程的合同合法合规管理等智能分析。

E：通过采购供应链数字化平台支撑，实现企业全部品类、业务单元的采购合同谈判过程记录，结合内外部相关数据，实现采购合同谈判过程的采购价格、供应资源画像、合同合法合规管理等智能分析，提供合同谈判过程的辅助决策依据。

📎 **释义**

采购合同谈判过程，是采购双方维护各自利益的博弈过程，采购人员应依据对采购物资的依存性、冲突来源、时间压力、供应商背景及自身特质选择相应的谈判策略。谈到采购合同谈判，大多数人就会想到谈价格，但是正如现代采购供应链的发展需要反复强调的，采购合同谈判很多时候不仅是谈价格，还包括了谈质量、核心供应方式等。

需要思考的是企业跟供应商之间签订的是何种合同，各个企业都会有自己相应的采购标准合同，对于不同的合同，企业应该思考和观察合同中条款的目的何在，这些条款背后发生过哪些具体的问题？对于供应商提出的要求，某些条款应该让步到何种程度？针对供应商提出的方案如何应答，这是一个整体的过程。

从具体的方法上提供一个建议的步骤：谈判目标、谈判预案、日程表、采购和供应商的关系分析、平等交换分析。

（1）谈判目标。

事先和生产管理部门、质量部门等协商，以设定谈判的目标。具体来说就是和相关部门协商好，如果目标是价格，则重点围绕价格设定目标。如果目标是交期，则重点围绕交期设定目标。实践表明，80％的物料成本是在研发阶段确定的。因此谈判目标的设定至关重要。

（2）谈判预案。

不打无准备之仗，事先制定谈判预案，甚至连谈判达成协议的方式都预先拟定出来，特别是供应商可能重复提出的新方案，这一点必须进行充分的准备。

（3）日程表。

没有谈判是一天就能达成的。所以，要围绕不同的供应商体量和供应方式，设定最终达成协议的目标日期，并围绕最终的预期目标，制定合理有效的缓冲时间。综合考虑谈判次数、供应商内部的商讨时间、采购方自己的决策时间以制定日程表。

（4）采购和供应商的关系分析。

结合波特五力模型或最基本的供应商强弱与采购方强弱的模型，模拟采购方的底线和方向，如何将供应商有利的条件刻意引导出来，对于双方至关重要。很多中小企业往往认为自己的上游供应商都是大企业，非常强势。其实不然，在一些局部市场和局部行业，每一家企业都有其独特的竞争优势，可以利用交期或者采购量综合地换取包括价格质量等独特的优势。

（5）平等交换分析。

采购谈判最终并不是店大欺客，而是采购方和供应方的双赢。因此，采购部门和采购员应该有换位思考的能力，不仅考虑自己的利益，也能照顾供应商的利益，这是成功的关键所在。适当倾听供应商的声音，才能引导供应商提出有利条件并达成共识。

了解采购谈判流程是开展卓有成效谈判的重要条件，一个完整的谈判流程主要包括三个阶段，即谈判准备、谈判过程以及谈判总结。谈判准备包括内部谈判、提出采购谈判需求、采购谈判信息收集、制定采购谈判计划。谈判过程包括外部谈判、营造融洽的谈判气氛、双方交换信息和意见、按计划推进谈判议程、达成一致并获得协议。谈判总结包括内部谈判、谈判结果内部汇报、跟进合同实施情况、谈判文件归档整理。

采购合同谈判流程设计目的：①明确采购谈判的实施步骤；②规定谈判流程中关键环节的具体操作内容；③对采购谈判流程所用文件做出规定。

采购合同谈判流程设计要点：①梳理采购谈判工作的先后程序；②划分采购谈判流程中各环节的人员职责；③提出谈判工作事前、事中和事后的执行、监督要点。

采购合同谈判流程所用文件：《采购谈判计划》《供应商信息表》《采购谈判方案》《采购合同/协议》《采购谈判总结》。

采购合同谈判流程常见问题：①采购谈判前期准备不足；②谈判实施过程申请审批程序控制不严格；③容易忽略事后谈判总结汇报和资料整理工作。

证明材料需提供企业采购合同谈判的制度文件，考察采购供应链数字化平台的采购合同谈判的相关流程、功能，以及采购合同谈判数据记录，通过数字化平台的操作场景演示，衡量企业采购合同谈判的数字化成熟程度。

📍 **提示**

应结合采购合同谈判线下线上的关键流程环节，记录并应用相关数据，为采购与供应全流程提供应用服务。

❓ **问题**

问：采购合同谈判的业务场景基于采购供应链数字化平台如何运行与操作？

答：采购合同谈判的关键流程环节与重要过程数据应在采购供应链数字化平台记录并应用于采购与供应全流程。

3.4.2.3 寻源绩效管理数字化应用

企业基于采购供应链信息系统或数字化平台开展寻源绩效管理的数字化应用水平，应用范围应覆盖总部及所有下属各级单位和所有需求品类，包括采购经办人工作效率效能分析、寻源过程周期分析等数字化应用场景。

■ 评价所需证明材料：

①采购供应链数字化平台的采购寻源绩效模型、采购寻源绩效管理应用场景操作手册

②采购寻源绩效管理数据档案

■ 指标评分细则：

A：手工或通过电子表格收集采购寻源过程数据，通过手工方式进行采购寻源绩效管理。

B：通过采购信息系统支撑，实现企业部分品类、业务单元的采购寻源绩效管理与分析。

C：通过采购供应链数字化平台支撑，实现企业大部分品类、业务单元的采购寻源绩效管理与分析，实现企业采购寻源绩效的自动化分析，并结合企业内部系统初步建立采购绩效跟踪管理机制。

D：通过采购供应链数字化平台支撑，实现企业全部品类、业务单元的采购寻源绩效管理与分析，实现企业采购寻源绩效的自动化分析，并结合企业内部系统初步建立采购绩效跟踪管理机制，根据采购寻源历史数据，建立采购寻源绩效分析模型并持续跟踪优化采购寻源过程。

E：通过采购供应链数字化平台支撑，实现企业全部品类、业务单元的采购寻源绩效管理与分析，实现企业采购寻源绩效的自动化分析，并结合企业内部系统初步建立采购绩效跟踪管理机制，根据采购寻源历史数据，结合企业内外部数据，建立采购寻源绩效分析模型，智能分析寻源过程绩效指标，并持续跟踪优化采购寻源过程。

释义

采购寻源绩效管理是根据企业设计的采购寻源绩效指标体系，对采购寻源工作进行监督、监控管理，以实现提高采购寻源工作效率、降低采购成本的目标。

企业通常对采购寻源过程定义若干绩效管理指标，例如合规率、供应商缺陷率、紧急购买率、采购寻源及时率、降本率等，用以衡量采购寻源人员

的绩效与效能，以及采购寻源工作的效率。

企业在采购寻源管理中可以定义若干考核供应商寻源过程的绩效指标，如合规率、寻源响应及时率等，用以衡量供应商对采购寻源工作的配合程度，以及供应商全生命周期的绩效。

采购绩效评估应以"5R 原则"为核心，即适时（Right time）、适质（Right quality）、适量（Right quantity）、适价（Right price）、适地（Right place），并用量化指标作为考核尺度。

（1）时间绩效。

停工断料影响工时；

紧急采购（如空运）的费用差额。

（2）品质绩效。

进料品质合格率；

物料使用的不良率或退货率。

（3）数量绩效。

呆滞料金额；

呆滞料处理损失金额；

库存金额；

库存周转率。

（4）价格绩效。

实际价格与标准成本的差额；

实际价格与过去移动平均价格的差额；

比较使用时价格和采购时价格的差额；

将当期采购价格与基期采购价格比率同当期物价指数与基期物价指数之比率相互比较。

（5）效率指标。

其他采购绩效评估指标如下：

采购金额；

采购金额占销货收入的百分比；

采购部门的费用；

新开发供应商的数量；

采购完成率；

错误采购次数；

订单处理的时间；

其他指标。

证明材料需提供企业采购需求预测绩效跟踪管理的制度文件，考察采购供应链数字化平台的采购需求预测绩效跟踪管理的相关流程、功能，以及采购需求预测绩效数据记录，通过数字化平台的操作场景演示，衡量企业采购需求预测绩效跟踪管理的数字化成熟程度。

📍 提示

采购寻源绩效通常与采购执行绩效共同被纳入采购绩效体系进行设计，可以根据采购与供应流程的环节，按企业管理要求分解应用。

❓ 问题

问：采购寻源绩效管理的业务场景基于采购供应链数字化平台如何运行与操作？

答：采购寻源绩效指标应体现在采购供应链数字化平台中，按照管理要求，可以通过采购寻源绩效指标监控与预警采购寻源过程，并根据绩效分析结果持续优化，如调整采购寻源绩效指标权重，或重新定义采购寻源绩效指标。

3.5 履约执行数字化应用

企业应充分利用采购供应链信息系统或数字化平台开展采购履约执行，实现总部及所有下属单位采购履约执行过程的全面在线化。

3.5.1 采购订单管理数字化应用

3.5.1.1 采购申请管理数字化应用

企业基于采购供应链信息系统或数字化平台开展采购申请管理的数字化应用水平，应用范围应覆盖总部及所有下属各级单位和所有需求品类。

■ 评价所需证明材料：

①采购供应链数字化平台的采购申请管理应用场景操作手册

②采购申请管理数据档案

■ 指标评分细则：

A：手工或通过电子表格执行采购申请与采购申请审批。

B：通过信息系统，实现企业部分品类、部分业务单元的采购申请管理，部分品类的采购申请与采购订单创建建立关联，有时根据需要直接创建采购订单。

C：通过采购供应链数字化平台支撑，实现企业大部分品类、大部分业务单元的采购申请管理，根据对库存情况和供应商供应周期预测评价，采购经办人将审批后的采购申请手工转换为采购订单。

D：通过采购供应链数字化平台支撑，实现企业全部品类、业务单元的采购申请管理，根据对库存情况和供应商供应周期预测评价，平台自动将采购申请转换为采购订单。

E：通过采购供应链数字化平台支撑，实现企业全部品类、业务单元的采购申请管理，结合内外部数据，建立采购申请的智能分析模型与自动化流程工具，根据对库存情况和供应商供应周期预测评价，平台自动将采购申请根据寻源策略转换为采购订单。

释义

采购申请管理是请购管理，主要是指企业各需求部门向负责采购的部门提出未来一段时间内所需物品的种类以及数量等相关信息，并填制相应的表格交由采购部门。

采购申请是包含需求列表的文档。关于采购申请要注意的要点如下：采购申请是向采购组织发出的采购特定物料清单的请求；采购申请通常是内部文件，保留在组织内；采购申请需要获得采购组织的批准；如果已经批准了采购申请，则只能在有限的范围内对其进行修改。可以为以下采购类型创建采购申请：

标准是从供应商处获取成品材料；

分包是向供应商提供原材料并获得成品；

寄售是采购存放在公司场所的材料，并为此支付给卖方；

库存转移是从组织内部获取物料；

外部服务是从第三方供应商处获得维护等服务。

证明材料需提供企业采购申请管理的制度文件，考察采购供应链数字化平台的采购申请管理的相关流程、功能，以及采购申请数据记录，通过数字化平台的操作场景演示，衡量企业采购申请管理的数字化成熟程度。

📍 **提示**

采购申请不同于采购需求，企业的采购申请应在采购寻源结果和方式的选择范围内执行。

❓ **问题**

问：采购申请管理的业务场景基于采购供应链数字化平台如何运行与操作？

答：采购申请的流程应采用自动化的方式，减少采购人员的手工输入或系统录入操作。

3.5.1.2 采购订单执行数字化应用

企业基于采购供应链信息系统或数字化平台开展采购订单执行的数字化应用水平，包括目录式采购、电商化采购等采购订单执行的数字化应用场景。

■ 评价所需证明材料：

①采购供应链数字化平台的采购订单执行应用场景操作手册

②采购订单执行数据档案

■ 指标评分细则：

A：手工或通过电子表格执行采购订单创建，通过线下手工或简单信息技术方式与供应商联系执行采购订单。

B：通过信息系统或数字化平台支撑，实现企业部分品类、业务单元的采购订单执行，与供应商联系仍通过线下手工方式。

C：通过采购供应链数字化平台支撑，实现企业大部分品类、业务单元的采购订单执行，建立明确的采购订单流程，需采购经办人手工创建采购订单。

D：通过采购供应链数字化平台支撑，实现企业全部品类、业务单元的采购订单执行，建立明确的采购订单流程，采购订单流程的大多数环节实现自动化，通过电商化、目录化的便捷方式执行采购订单。

E：通过采购供应链数字化平台支撑，实现企业全部品类、业务单元的采购订单执行，建立明确的采购订单流程，采购订单流程实现完全自动化，通过电商化、目录化的便捷方式执行采购订单，采购请求可以基于品类的采购订单执行规则快速创建采购订单，企业根据采购订单执行数据动态调整订单执行规则与模型。

释义

采购订单是企业根据产品的用料计划和实际能力以及相关的因素所制定的切实可行的采购订单计划，并下达至供应商执行，在执行的过程中要注意对订单进行跟踪，以使企业能购买到所需的商品，为生产部门和需求部门输送合格的原材料和配件。

采购订单包括供应商、要订购的物料或服务、数量、价格、供货日期和供货条款、支付条款等，此外，采购订单确定订购的物料是存入库存还是在收货时就直接被消耗。

采购订单是存货在采购业务中流动的起点，是详细记录企业物流的循环流动轨迹、累积企业管理决策所需要的经营运作信息的关键。通过它可以直接向供应商订货并可查询采购订单的收货情况和订单执行状况，通过采购订单的关联跟踪，采购业务的处理过程可以一目了然。

采购订单执行是企业采购执行的重要流程，通过采购供应链数字化平台，企业可以通过自动化、智能化、友好交互的方式执行采购订单，与采购计划匹配，并按品类策略、寻源策略、采购管理制度等要求，实现数据在线化、流程自动化。

证明材料需提供企业采购订单执行的制度文件，考察采购供应链数字化平台的采购执行的相关流程、功能，以及采购订单数据记录，通过数字化平台的操作场景演示，衡量企业采购订单执行的数字化成熟程度。

提示

采购订单执行不但包括企业内部人员或系统的操作，而且包括企业外部人员或系统的操作。采购订单与采购计划、采购申请等相关数据密切相关。

问题

问：采购订单执行的业务场景基于采购供应链数字化平台如何运行与操作？

答：采购订单执行通常包括多种方式，例如采购商城订单、合同履约订单、协议履约订单，企业可以根据采购品类、采购方式应用不同的采购订单执行方式。

3.5.1.3 采购订单协同数字化应用

企业基于采购供应链信息系统或数字化平台开展采购订单协同的数字化应用水平，包括总部及所有下属各级单位的内部协同及供应商协同。

■ 评价所需证明材料：

①采购供应链数字化平台的采购订单协同应用场景操作手册

②采购订单协同数据档案

■ 指标评分细则：

A：采购企业与供应商通过手工或电子表格的方式进行采购订单协同。

B：通过采购供应链数字化平台支撑，实现企业部分品类、业务单元的采购订单内部协同，与供应商协作仍然通过线下手工方式完成。

C：通过采购供应链数字化平台支撑，实现企业大部分品类、大部分业务单元的采购订单协同，实现采购企业与供应商基于采购订单实时协同。

D：通过采购供应链数字化平台支撑，实现企业全部品类、业务单元的采购订单协同，实现采购企业与供应商基于采购订单实时协同，初步建立采购订单协同的自动化流程，采购订单协同流程大部分环节采用自动化协同的方式。

E：通过采购供应链数字化平台支撑，实现企业全部品类、业务单元的采购订单协同，实现采购企业与供应商基于采购订单实时协同，建立并持续优化采购订单协同的自动化流程，采购订单协同流程完全采用自动化协同的方式。

释义

采购企业通过数字化平台实现在线询价、生成订单、订单跟踪、订单收货、订单验收、订单付款申请等信息协同。供应商通过数字化平台实现在线报价、订单确认、订单发货、订单跟踪等信息协同。采购企业与供应商通过数字化平台可实时查看采购订单状态，有效避免拖单、错单、漏单，无须人工反复沟通。

以高效、敏捷的方式指导物料供应及配送，以快捷、准确的方法实现质量反馈，符合企业采购、材料供应物流管理运作模式，并能有效支持相应业务管理决策。

以低损耗、高耦合的信息融合方式，逐步实现采购供应链信息一体化，减少信息失真概率，改变企业供应商之间的信息共享模式，提升整体采购供应链的信息共享价值。

证明材料需提供企业采购订单协同的制度文件，考察采购供应链数字化平台的采购订单协同的相关流程、功能，以及采购订单协同数据记录，通过数字化平台的操作场景演示，衡量企业采购订单协同的数字化成熟程度。

提示

采购订单协同应包括企业内部采购订单协同，以及企业与外部供应商的采购订单协同。

问题

问：采购订单协同的业务场景基于采购供应链数字化平台如何运行与操作？

答：采购订单协同的业务场景应充分体现基于流程的自动化，基于采购订单数据的智能分析与预警功能。

3.5.1.4 采购订单验收数字化应用

企业基于采购供应链信息系统或数字化平台开展采购订单验收的数字化应用水平，包括总部及所有下属各级单位的订单。

■ 评价所需证明材料：

①采购供应链数字化平台的采购订单验收应用场景操作手册

②采购订单验收数据档案

■ 指标评分细则：

A：采购企业通过手工或电子表格的方式开展采购订单验收。

B：企业建立质检验收信息系统，实现部分品类、业务单元的采购订单验收管理。

C：通过采购供应链数字化平台支撑，实现大部分品类、业务单元的采购订单验收管理，实现采购订单验收的透明可视化。

D：基于采购供应链数字化平台，实现全部品类、业务单元的采购订单验收管理，实现采购订单验收结果的量价实时联动，基于验收结果自动化计算采购订单结算价格，实现采购订单验收的透明可视化。

E：基于采购供应链数字化平台，实现全部品类、业务单元的采购订单验收管理，建立数据智能分析模型，实现基于品类的验收规则与采购订单自动核算机制，实现采购订单验收结果的量价实时联动，基于验收结果自动化计算采购订单结算价格，实现采购订单验收的透明可视化。

📎 释义

采购订单验收是指当采购货物到达后，必须有采购员、质检员、收货员三方同时在场，由仓储部门指派验收人员对货物进行实物计量，并与货运单、订购单进行核对。尽管采购验收工作是由多部门参与，但它依旧是一项既复杂又重要的采购工作，是采购流程必不可少的环节。

企业应当根据规定的验收制度和经批准的订单、合同协议等采购文件，由专门的验收部门或人员、采购部门、请购部门以及供应商等各方共同对所购物品或服务等的品种、规格、数量、质量和其他相关内容进行验收，出具检验报告、计量报告和验收证明。

核对正确无误后填制收料单。收料单的内容包括供应商名称、收货日期、货物名称、数量和质量以及运货人名称、原订购单编号等。对验收过程中发现的异常情况，负责验收的部门或人员应当立即向有关部门报告，有关部门应当查明原因，及时处理。为了达到控制目的，验收入库的职能必须由独立于请购、采购和会计部门的人员来承担。对收货的控制有双重作用，既控制购买环节的经营活动，也控制存货的管理工作。

对于已经检验的物品由保管人员对发票、购销合同、请购单进行认真核对，同时点收实物的数量和质量，核对无误后填写按顺序编号的入库单。入库单通常一式三联，注明供应商名称、收货日期、物品名称、数量、质量以及运货人名称等内容。保管员在入库单签字后，一联留存，登记仓库台账；一联随有关凭证送交会计部门，办理结算；一联退回采购部门，与购销合同、请购单核对，核对后归档备案。交货数量超过订购量的部分应退回供应商；属于自然溢余的，在验收单"备注"栏注明自然溢余的数量或重量，经采购部经理同意后进行收货，并告知采购人员。交货数量未达到订购数量时，以要求补足为原则，由采购人员联络供应商进行处理。

对于验收合格的物资，检验人员于外包装上贴上合格标签，再由仓库人员入库定位；对于验收不合格的物资，检验人员应贴上不合格标签，并于验收报告上注明不合格原因，经负责人核实后通知采购部门送回货物，办理退货。

证明材料需提供企业采购订单验收的制度文件，考察采购供应链数字化平台的采购订单验收的相关流程、功能，以及采购订单验收数据记录，通过数字化平台的操作场景演示，衡量企业采购订单验收的数字化成熟程度。

● 提示

采购订单验收应包括采购订单的数量验收、质量验收、服务验收等多方面业务场景，应包括企业内部采购订单验收，以及企业与外部供应商的采购订单验收。

⑦ 问题

问：采购订单验收的业务场景基于采购供应链数字化平台如何运行与操作？

答：采购订单验收的业务场景与质量全生命周期管理的业务场景内容可以联动处理。

3.5.1.5　采购订单财务协同数字化应用

企业基于采购供应链信息系统或数字化平台开展采购订单的财务协同的数字化应用水平，包括总部及所有下属各级单位采购订单的对账、发票、付款、结算、供应链金融等数字化应用场景。

■ 评价所需证明材料：

①采购供应链数字化平台的采购订单财务协同应用场景操作手册

②采购订单财务协同数据档案

■ 指标评分细则：

A：采购企业通过手工或电子表格的方式开展采购订单的财务操作，包括对账、结算、发票管理、收付款等。

B：企业建立财务管理信息系统和采购管理系统，实现部分品类、部分业务单元采购订单财务协同，包括对账、结算、发票管理、收付款的相关处理。

C：通过采购供应链数字化平台支撑以及业务、财务系统集成，实现大部分品类、业务单元采购订单财务协同，实现采购订单的业务财务一体化管理。

D：通过采购供应链数字化平台支撑，从企业总体层面完成业务、财务系统集成，实现全部品类、业务单元采购订单财务协同，实现采购订单的业务财务一体化管理。

E：通过采购供应链数字化平台支撑，业务、财务全面集成实现全部品类、业务单元采购订单财务协同，实现采购订单的业务财务一体化管理，建成服务采购供应链上下游相关企业的供应链金融平台。

📎 **释义**

采购订单财务协同主要是通过建立采购发票与入库单的对应关系，确定货物的最终财务成本。采购结算对应的单据是入库单和发票。入库单是对采购实物入库数量的确认，也是对采购人员和供应商的一种监控，如果缺乏实物入库的控制，就无法防止采购人员与供应商串通舞弊，虚报采购量，发生实物短少的风险。它是企业内部管理和控制的重要凭证。采购订单是企业根据产品的用料计划和实际能力以及相关的因素，所制定的切实可行的采购订单计划，并下达至供应商执行，在执行的过程中要注意对订单进行跟踪，以使企业能从采购环境中购买到企业所需的商品，为生产部门和需求部门输送合格的原材料和配件。采购发票是供应商开给购货单位，作为付款、记账、纳税的依据。

供应链金融是金融机构围绕核心企业，管理上下游中小企业的资金流、物流和信息流，并把单个企业的不可控风险转变为供应链企业整体的可控风险，通过立体获取各类信息，将风险控制在最低的金融服务。一般来说，一个特定商品的供应链从原材料采购，到制成中间及最终产品，最后由销售网络把产品送到消费者手中，将供应商、制造商、分销商、零售商，直到最终用户连成一个整体。在这个供应链中，竞争力较强、规模较大的核心企业因其强势地位，往往在交货、价格、账期等贸易条件方面对上下游配套企业要求苛刻，从而给这些企业造成了巨大的压力。而上下游配套企业恰恰大多是中小企业，难以从银行融资，结果最后造成资金链十分紧张，整个供应链出现失衡。"供应链金融"最大的特点就是在供应链中找出一个大的核心企业，以核心企业为出发点，为供应链提供金融支持。一方面，将资金有效注入处于相对弱势的上下游配套中小企业，解决中小企业融资难和供应链失衡的问题；另一方面，将银行信用融入上下游企业的购销行为，增强其商业信用，促进中小企业与核心企业建立长期战略协同关系，提升供应链的竞争能力。在"供应链金融"的融资模式下，处在供应链上的企业一旦获得银行的支持，被注入资金这一"脐血"，也就等于进入了供应链，从而可以激活整个"链条"的运转；而且银行信用的支持，还为中小企业赢得了更多的商机。

证明材料需提供企业采购订单财务协同的制度文件，考察采购供应链数字化平台的采购订单财务协同的相关流程、功能，以及采购订单财务协同数据记录，通过数字化平台的操作场景演示，衡量企业采购订单财务协同的数字化成熟程度。

📍 提示

采购订单财务协同应包括对账管理、发票管理、收付款管理、供应链金融服务等业务场景，还应包括企业内部采购订单财务协同，以及企业与外部供应商的采购订单财务协同。

❓ 问题

问：采购订单财务协同的业务场景基于采购供应链数字化平台如何运行与操作？

答：采购订单财务协同是企业内外部多部门、多角色协作的关键流程，应充分体现基于流程的自动流转控制，以及基于采购订单、财务数据的智能分析与风控管理。

3.5.2　采购执行管理数字化应用

3.5.2.1　采购合同管理数字化应用

企业基于采购供应链信息系统或数字化平台开展线上合同起草、合同编制、合同签订与合同归档的数字化应用水平。

■　评价所需证明材料：

①采购供应链数字化平台的采购合同管理应用场景操作手册

②采购合同及管理记录的数据档案

■　指标评分细则：

A：手工或通过电子文件执行合同签订与合同归档，依赖采购企业与供应商的线下沟通与协作。

B：企业建立合同管理信息系统，实现企业部分品类、部分业务单元的合同签订与归档管理。

C：企业建立集中化合同管理信息系统，实现企业大部分品类、业务单元的合同签订与归档管理。

D：企业通过采购供应链数字化平台，实现企业全部品类、业务单元的采购合同签订与归档管理，结合企业内外部相关数据，采购企业可以识别所有战略品类与供应商，签订长期合同，合同包含严格的服务水平要求，以及对供应商表现不佳或不合规的补救/处罚条款。

E：企业通过采购供应链数字化平台，实现企业全部品类、业务单元的采购合同签订与归档管理，结合内外部相关数据，智能分析供应商是否可以成为企业的战略合作伙伴，灵活智能选择合同制式，建立合同合规管理模型，实现合同管理全过程的智能分析，提供合同签订与合同变更及合同管理全过程的辅助决策依据。

📎 **释义**

采购合同是企业（供方）与分供方，经过双方谈判协商一致同意而签订的"供需关系"的法律性文件，合同双方都应遵守和履行，并且是双方联系的共同语言基础。签订合同的双方都有各自的经济目的，采购合同是经济合同，双方受"经济合同法"保护并承担责任。

采购合同的条款构成了采购合同的内容，应当在力求具体明确、便于执行、避免不必要纠纷的前提下，具备以下主要条款。

（1）商品的品种、规格和数量。

商品的品种应具体，避免使用综合品名；商品的规格应具体规定颜色、式样、尺码和牌号等；商品的数量多少应按国家统一的计量单位标出。必要时，可附上商品品种、规格、数量明细表。

（2）商品的质量和包装。

合同应规定商品所应符合的质量标准，注明国家或颁布标准；无国家和颁布标准的应由双方协商凭样订（交）货；应规定副、次品的比例，并注明其标准；对实行保换、保修、保退办法的商品，应写明具体条款；对商品包装的办法，使用的包装材料，包装式样、规格、体积、重量、标志及包装物的处理等，均应有详细规定。

（3）商品的价格和结算方式。

合同要对商品的价格作出具体的规定，包括对作价的办法和变价处理等，以及对副品、次品的扣价办法的规定；对结算方式和结算程序的规定。

（4）交货期限、地点和发送方式。

交（提）货期限（日期）要按照有关规定，并考虑双方的实际情况、商品特点和交通运输条件等确定。同时，应明确商品的发送方式是送货、代运，还是自提。

（5）商品验收办法。

合同要具体规定在数量上验收和在质量上验收商品的办法、期限和地点。

（6）违约责任。

签约一方不履行合同，必将影响另一方经济活动的进行，因此违约方应承担责任，赔偿对方遭受的损失。在签订合同时，应明确规定，供应者有以下三种情况时应付违约金或赔偿金：

①不按合同规定的商品数量、品种、规格供应商品；

②不按合同中规定的商品质量标准交货；

③逾期发送商品。

购买者逾期结算货款或提货，临时更改到货地点等，应付违约金或赔偿金。

（7）合同的变更和解除条件。

合同应规定，在什么情况下可变更或解除合同，什么情况下不可变更或解除合同，通过什么手续来变更或解除合同等。

此外，采购合同应视实际情况，增加若干具体的补充规定，使签订的合同更切实际，行之有效。

采购合同的管理应当做好以下 4 方面的工作。

（1）加强对公司采购合同签订的管理。加强对采购合同签订的管理，一是要对签订合同的准备工作加强管理，在签订合同之前，应当认真研究市场需要和货源情况，掌握企业的经营情况、库存情况和合同对方单位的情况，依据企业的购销任务收集各方面的信息，为签订合同、确定合同条款提供信息依据。二是要对签订合同的过程加强管理，在签订合同时，要按照有关合同法规的要求严格审查，使所签订的合同合理合法。

（2）建立合同管理机构和管理制度，以保证合同的履行企业应当设置专门机构或专职人员，建立合同登记、汇报检查制度，以统一保管合同、统一监督和检查合同的执行情况，及时发现问题、采取措施、处理违约、提出索赔、解决纠纷，保证合同的履行。同时，可以加强与合同对方的联系，密切双方的协作，以利于合同的实现。

（3）处理好合同纠纷。当企业的经济合同发生纠纷时，双方当事人可协商解决。协商不成时，企业可以向国家工商行政管理部门申请调解或仲裁，也可以直接向法院起诉。

（4）信守合同，树立企业良好形象。合同的履行情况好坏，不仅关系企业经营活动的顺利进行，也关系企业的声誉和形象。因此，加强合同管理，有利于企业树立良好的形象。

证明材料需提供企业采购合同管理的制度文件，考察采购供应链数字化平台的采购合同管理的相关流程、功能，以及采购合同管理数据记录，通过数字化平台的操作场景演示，衡量企业采购合同管理的数字化成熟程度。

📍 提示

采购合同管理应包括合同起草、合同签订、合同归档应用场景操作以及合同档案管理等业务场景。

> ？ **问题**

问：采购合同管理的业务场景基于采购供应链数字化平台如何运行与操作？

答：采购合同管理应充分利用企业内外部数据，按照企业采购合同管理制度要求，实现流程自动化、数据智能化的业务应用效果。

3.5.2.2　采购执行绩效管理数字化应用

企业基于采购供应链信息系统或数字化平台开展采购执行绩效管理的数字化应用水平，包括采购订单履约时效管理、订单服务情况评价等数字化应用场景。

■ 评价所需证明材料：

①采购供应链数字化平台的采购执行绩效分析模型，采购执行绩效分析应用场景操作手册

②采购执行绩效管理数据档案

■ 指标评分细则：

A：企业通过手工或电子表格的方式收集采购执行过程数据，开展采购执行绩效分析，如订单完成周期、订单服务情况等。

B：通过采购信息系统支撑，实现部分品类、业务单元的采购执行绩效管理。

C：通过采购供应链数字化平台支撑，实现大部分品类、业务单元的采购执行绩效管理。

D：通过采购供应链数字化平台支撑，实现全部品类、业务单元的采购执行绩效管理，实现采购执行绩效的自动分析。

E：通过采购供应链数字化平台支撑，实现全部品类、业务单元的采购执行绩效管理，建立采购过程绩效分析与改进模型，结合企业内外部数据，智能分析采购执行过程绩效指标，提出采购执行过程优化建议。

📎 **释义**

采购执行绩效是指一系列监督跟踪管理采购执行过程的指标。采购执行绩效管理是根据企业设计的采购执行绩效指标体系，对采购执行工作进行监督监控管理，以实现提高采购执行工作效率、降低采购成本的目标，是对采购执行过程进行持续改进优化的方法与流程。

合规率、供应商缺陷率、采购订单精度、紧急购买率、供应商交货时间、采购订单周期、供应商可用性、每张发票和订单的对账成本、管理的支出（SUM）、采购投资回报率、价格竞争力，以上11个指标根据其目的还可以分为三大类：确保质量、改善交付、节省成本。

（1）质量关键绩效指标：确保质量。

①合规率。

合同和政策合规性是确保法律安全的关键。如果合规率下降，可能会增加间接和不必要的支出，而具有明确处罚条款的万无一失的采购合同可以提高合规率。

需要注意的指标：争议发票与发票总数的比率、支付价格与报价之间的总差额。

②供应商缺陷率。

供应商缺陷率用于评估供应商的等级和质量。它涉及测量不符合要求的规格或质量要求的产品数量占比。

通过跟踪供应商的缺陷率，公司可以洞悉哪些供应商比其他供应商更可靠。

供应商缺陷率 = 不合格产品数量/测试单元总数

③PO（Purchase Order，采购订单）精度。

PO指的是企业向供应商下的采购订单，各个公司的格式不同，基本上要包含采供双方公司名称、地址、电话、购买产品具体型号、说明、数量、付款信息等，信息越全，精度越高，采购过程追溯就越完整。

反之，低PO精度会增加运营成本，该指标可以帮助企业确保供应商是否交付订购的产品以及是否在正确的时间交付。

需要注意的指标：

在 PO 以外交付的产品或服务的占比；

单位时间内 PO 总数中错误交付的占比。

（2）交付关键绩效指标：改善交付。

①紧急购买率。

紧急采购订单是为防止产品/服务短缺而产生的计划外订单。紧急购买率是通过紧急购买与固定时间段内购买总数的比率来衡量的。

通过减少紧急订单的比率，组织可以节省成本、完善采购计划、降低供应风险、确保连续性。

②供应商交货时间。

供应商交货时间，也就是业内常说的提前期，指的是交货的前置作业时间（lead time），即供应商收到订单到交付到某地的时间差，通常以天为单位进行度量。

采购提前期是一个"客观存在"，并不是采购方说多长时间就多长时间。很多企业　直在想方设法缩短供应商的采购提前期，但提前期不仅受供应商影响，还受该类商品需求淡旺季的影响。

不尊重采购提前期的后果往往是物料短缺或呆滞生产。因此，作为采购方，需要有对采购提前期确认（verify）的过程，确认提前期的长短及是否可控，对采购来说也是非常关键的指标。

③采购订单周期。

采购订单周期以小时或天为单位，指的是从提交采购申请到将其传输到供应商或承包商的时间。

此指标涵盖构成整个采购订单周期的端到端订购流程，也是衡量处理采购订单效率的关键指标。

④供应商可用性。

供应商可用性用于衡量供应商响应紧急需求的能力。此采购指标可帮助组织确定供应商的可靠性程度。

供应商的可用性取决于供应商提供的商品数量与客户下达的订单数量之比。

（3）成本关键绩效指标：节省成本。

①每张发票和订单的对账成本。

也就是从订单创建到发票关闭处理订单的平均成本。每个采购订单的成本取决于多个因素，并且每个组织之间的成本也不同。

例如，使用人工方法处理发票的公司可能比使用自动化程序的公司具有更高的处理成本。

②管理的支出。

管理的支出是管理层监管或控制的采购支出。随着组织管理支出的增加，其优化成本和预测费用的能力也随之增加。

③采购投资回报率（ROI）。

采购投资回报率是一项内部分析，用于衡量采购部门的整体绩效。具体来说，它用于确定采购投资的盈利能力和有效性。采购投资回报率通常表示为年度节省成本与年度采购成本之比。

采购 ROI = 年度成本节约/年度采购成本

④价格竞争力。

如果供应商之间没有竞争，就可能导致少数供应商享有垄断地位，从长远来看，这可能会降低质量。这里的重点是为买家提供独特竞争优势的入围供应商。

价格竞争力可以通过将支付的价格与市场上的公开价格进行比较来衡量。

以上指标都可以为采购主管创建绩效报告提供关键数据，比如 PO 周期、紧急购买率以及年度采购成本节约。

证明材料需提供企业采购执行绩效跟踪管理的制度文件，考察采购供应链数字化平台的采购执行绩效跟踪管理的相关流程、功能，以及采购执行绩效数据记录，通过数字化平台的操作场景演示，衡量企业采购执行绩效跟踪管理的数字化成熟程度。

📍 提示

采购寻源绩效通常与采购执行绩效共同被纳入采购绩效体系进行设计，可以根据采购与供应流程的环节与企业管理要求分别应用。

？ 问题

问：采购执行绩效管理的业务场景基于采购供应链数字化平台如何运行与操作？

答：采购执行绩效指标应体现在采购供应链数字化平台中，按照管理要求，可以通过采购执行绩效指标监控与预警采购执行过程，并根据绩效分析结果持续优化，如调整采购执行绩效指标权重，或重新定义采购执行绩效指标。

3.6 仓储、运输与废旧物资处置数字化应用

企业应充分应用采购供应链信息系统或数字化平台开展仓储物流管理，仓储物流的数字化应用包括仓储数字化和物流运输数字化两方面。企业应充分利用采购供应链数字化技术、自动感知技术或数字化平台，全面实现出入库、收发货、库存管理，以及运单管理、运输计划的自动化和信息化，实现物流运输轨迹可视以及路径优化、仓储布局优化等，实现废旧物资处理的数字化。

3.6.1 仓储数字化应用

3.6.1.1 收货入库管理数字化应用

企业基于采购供应链信息系统或数字化平台开展收货管理的数字化应用水平，包含基于供应商预发货清单安排收货计划，基于收货物资的体积和重量、使用频次合理安排转储计划，在收货过程中考虑批次管理和序列号管理。

■ 评价所需证明材料：

①采购供应链数字化平台的物资收货入库上架管理应用场景操作手册

②收货入库管理数据档案

■ 指标评分细则：

A：企业无仓储管理系统或其仓储系统功能简单，未充分使用，对于采购收货凭证、入库凭证，通过手工或电子表格记录并验证。通过手工方式将收货凭证录入仓储系统。基于纸质文件管理仓库存放流程，对于库存变化，在实际库存调整后人工更新录入仓储系统。

B：企业的仓储系统功能简单，未充分使用，仅覆盖部分品类或仅部分业

务单元上线使用，对于采购收货凭证、入库凭证可通过手持终端或手工方式输入仓储系统。分批处理收货凭证，并按顺序进行存放。存放（存储库位）是非定向的，通过手持终端或手工方式在仓储系统进行更新。

C：通过采购供应链数字化平台或仓储管理系统支撑，覆盖企业部分品类、业务单元，对于采购收货凭证，根据 SKU 级别的预先发货清单（ASN）进行验证，并通过手持终端输入仓储系统。使用从接收到发货的直接换装方式，基于预先发货清单（ASN）进行安排。实时卸货到主要位置，无须任何中间步骤，系统提示最佳存储位置（必要时，包括批次和序列号管理）。

D：通过采购供应链数字化平台或仓储管理系统支撑，覆盖企业大部分品类、业务单元，基于个案的预先发货清单（ASN）验证采购收货凭证的准确性。根据供应商的分级分类管理，按照品类的收货策略进行自动化收货入库。基于预先发货清单，在实际收到之前进行在途分配（预接收），并实现直接换装。

最大化利用直接换装，以减少材料处理和存储所需的仓库空间/能源需求。基于预先发货清单（ASN）或预接收，指示收货库位，并将存储任务与其他仓库任务（如补货、库存转移、订单拣选等）集成在一起。

E：通过采购供应链数字化平台或仓储管理系统支撑，覆盖企业全部品类、业务单元，入库生产线通过云边端，对采购收货凭证进行视觉算法扫描判定，在平台中生成物料和财务凭证。在采购物资上架过程中，拣货机器人基于物料重量、体积、品类、历史使用频次等，自动上架到合理的货位，在数字化平台中，基于物料凭证和上架规则，生成转储凭证，同时包含货位信息。小型仓库采用无人货柜等方式，结合内外部数据，建立仓储管理的收货入库数据分析模型和训练数据集，持续优化提升收货入库的工作效率。

📎 **释义**

收货入库是整个仓库作业的开端，包括如下业务场景。

1. 创建发货单

通过采购订单创建好发货单和发布条码，做好收货准备。

2. 扫描收货

货物到仓库后，仓库会进行扫码收货，核对送货的物料、数量是否符合要求。

收货主要分为质检收货和非质检收货，如使用质检收货，需要将物料放到待检区等待质检。反之使用非质检收货，则直接上架即可。

3. 质检结果

质检员会将收货物料进行质检，质检完成后生成质检结果，显示哪些可以进行上架，哪些需要退货。

4. 上架和退货

扫描物料条码和上架储位，完成上架任务，增加物料库存。

扫描物料条码和待检储位，完成退货任务，减少物料库存。

证明材料需提供企业收货入库管理的制度文件，考察采购供应链数字化平台的收货入库管理的相关流程、功能，以及收货入库数据记录，通过数字化平台的操作场景演示，衡量企业收货入库管理的数字化成熟程度。

⊙ 提示

收货入库应充分利用物联网等新技术，提高业务流程的效率。

⊘ 问题

问：收货入库管理的业务场景基于采购供应链数字化平台如何运行与操作？

答：收货入库管理的业务数据（订单、仓单等）要与采购执行的业务数据（订单、合同）等保持一致。

3.6.1.2　内部作业管理数字化应用

企业基于采购供应链信息系统或数字化平台开展货位管理的数字化应用水平，包括根据不同物资存储容积、重量、使用频次来确定货位仓储类型，使用物联网新技术来定位物资货位、统计物资货位生命周期，基于物流情形来定期调整货位类型和参数。

■ 评价所需证明材料：

①采购供应链数字化平台的货位管理、仓位管理应用场景操作手册

②货位管理、仓位管理的数据档案

■ 指标评分细则：

A：企业未建立仓储管理系统或仓储管理系统非常简单，随机进行 SKU 货位分配，人工管理库存，未对有效期或批次进行跟踪。

B：企业未建立仓储管理系统或仓储管理系统未得到充分应用，主要基于使用频次进行 SKU 货位分配，通过电子表格工具或仓储管理系统进行货位管理，对有效期和批次进行跟踪。

C：通过采购供应链数字化平台或仓储管理系统支撑，覆盖企业部分品类、业务单元，基于使用频次进行货位分配，基于拣货类型/优化拣货和仓储容积进行货位管理，通过数字化平台管理库存。在仓库运营中，使用数字化平台及仓库终端工具（如 RFID 芯片）。

D：通过采购供应链数字化平台或仓储管理系统支撑，覆盖企业大部分品类、业务单元，结合内外部数据，建立仓储管理数据分析模型，基于使用频次（如 XYZ 分析）、优化拣货、仓储容积和相关因素（如下架速度、产品族、库存类型等），对 SKU 级别货位进行动态分配。上述内容作为约束因素集成在货位优化工具中。通过托盘配置化，实现有效存储而无须重新堆叠，使用任务交叉的自动化仓储系统及先进的 RFID 芯片。

E：通过采购供应链数字化平台或仓储管理系统支撑，覆盖企业全部品类、业务单元，结合内外部数据，建立仓储管理数据分析模型和智能训练数据集，考虑物资使用频次（如 XYZ 分析）、拣货方式、仓储容积、下架速度、库存类型等因素，根据仓储管理训练集和模型的智能判定，对 SKU 级别货位进行智能分配与调度，以提高整体货位上下架效率、库存管理效率。通过基于 AIoT（人工智能物联网）的智能货架等硬件设备实现数据实时采集。

📎 **释义**

内部作业基于货位、仓位进行精细化管理。

货位管理是指对仓库存放物资的货位进行的规划、分配、使用、调整

等工作。

货位管理就是在物流中心依据一定的规则，以每个类别货品在物流中心的存放位置为基础进行重新定义，忽略货品出厂定义的属性，在物流中心操作员的分拣单、盘点单以及脑海中，货品的第一印象是本物流中心的货位编码。

货位管理为仓管人员提供便捷的管理方式，从而加强对货品在物流中心具体位置的管理。货位管理单据分为出库货位分配单、入库货位分配单、货位调拨单、货位分布表。通过货位单据，可统计物流单据中货品的货位分布情况，查询关联的物流单据。也可以通过所有物流单据查询货位单据，并且支持一个物流中心中货位之间的调拨，统计货品在仓库中的具体位置。

货位管理主要是一种思想：不少管理者以企业库存不大、硬件设施不全等为由，没有推行货位管理。其实货位管理是一种运作思想，以物流中心自有的定义标准，统一不同货品的属性，方便基层人员的具体操作，以此提高物流中心工作效率。

货位按照使用方式，分为固定货位和自由货位。为了便于对货位的管理，可采用货位编号的方法，如采用"四号定位"法。若能利用计算机进行货位管理则比较理想。它可以按照设定的条件分配提供货位，并可进行各种查询，随时了解货位利用情况。

自由货位亦称"自由料位"或"随机货位"。每一个货位均可以存放任何一种物资（相互有不良影响者除外）。只要货位空闲，入库货品均可存入。其主要优点是能充分利用每一个货位，充分发挥每一个货位的作用，提高物流中心的储存能力。其缺点是每个货位的货品经常变动，每种物资没有固定的位置，管理人员在收发查点时寻找货品比较困难，影响工作效率并容易造成收发差错。如利用计算机进行货位管理，一般均采取自由货位。

固定货位亦称"固定料位"。对某一货位严格规定只能存放某一规格品种的货品，而不能存放其他货品。其主要优点是每一种货品存放的位置固定不变，管理人员容易熟悉并记住各种货品的不同货位，便于收发查点，能提高收发货效率并减少差错。如将固定货位绘制成货位分布图，非本库管理人员也能比较容易地找到所需货位。其缺点是不能充分利用每一个货位，造成储存能力的浪费。为了利用其优点，克服其缺点，存入货架的小件货品可不用固定货位，就地堆垛的大宗货品可采用自由货位。

货位管理的基本要素主要包括储存空间的管理、物料的管理、人员的管理三个方面。

（1）储存空间。

不同功能的仓库，对储存空间的重视程度不同，考虑的重点也不一样。对于侧重物料保管功能的仓库，主要考虑保管空间的货位分配，对于侧重流通转运的仓库，则主要考虑保管空间的货位如何能够提高拣货和出货的效率。在货位配置规划时，需先确定货位空间，而货位空间的确定必须综合考虑空间大小、沂柱排列、有效储存高度、通道、搬运机械的回旋半径等基本因素。

（2）物料。

处于保管中的物料，由于不同的作业需求使其经常以不同的包装形态出现，包装单位不同，其设备和存放方式也不一样。此外对物料保管的影响因素如下：供应商，物料由谁以什么方式供应，有无行业特点；物料特性，物料的品种、规格、体积、重量、包装周转速度、季节分布、理化性能等因素；物料采购时间，进货到达时间，物料的产量、进货量、库存量等。

（3）人员。

人员包括保管、搬运、拣货作业人员等。在储存管理中由保管人员负责物料管理及盘点作业；拣货人员负责拣货、补货作业；搬运人员负责入库、出库、翻堆作业。为了既提高作业效率，又达到省力的目的，首先，作业流程必须合理、精简、高效；其次，货位配置及标识必须简单、清楚；最后，表单简要、统一且清晰。

（4）相关因素。

设备，货位管理中的设备主要包括储存设备、搬运与运输设备两大类。设备的选用必须综合考虑物料特性、辅助工具、作业方式、设备成本等基本条件，例如，自动立体仓库的选用，高层货架、重力式货架的选用。此外还必须注意其配套设施，如电子辅助标签、无线传输设备及相关软件的配置等。

辅助物品，辅助物品主要包括包装材料与容器、转运托盘等。打贴标签、重新包装、组合包装等流通加工项目越多，对相应包装材料的需求就会增加。

托盘、容器等运载工具，随着流通设施通用性的增强，物流过程对托盘等运载工具的依赖性也就越强，因此，其管理也变得更加重要。废旧包装物的回收利用，如果不进行统一管理会影响其他作业的顺利进行。对这些辅助物品的管理可以规划一些特定的货位，按照类似物料保管的要求来管理。

证明材料需提供企业仓储内部作业管理的制度文件，考察采购供应链数字化平台的仓储内部作业管理的相关流程、功能，以及仓储内部作业数据记录，通过数字化平台的操作场景演示，衡量企业仓储内部作业管理的数字化成熟程度。

提示

货位管理的目标是充分有效地利用空间，尽可能提高人力资源及设备的利用率。有效保护好物料的质量和数量。维护良好的储存环境，使所有在储物料处于随存随取状态。

问题

问：仓储内部作业管理的业务场景基于采购供应链数字化平台如何运行与操作？

答：货位明确化，仓库中储存的物料应有明确的存放位置；存放物料合理化，每一种物料的存放遵循一定的规则精细地进行管理；货位上物料存放状况明确化，当物料存放于货位后，物料的数量、品种、位置、拣取等变化情况都必须正确记录，采购供应链数字化平台对物料的存放情况应明确清晰。

3.6.1.3 库存与储备管理数字化应用

企业基于采购供应链信息系统或数字化平台开展库存与储备管理的数字化应用水平，包含不同物资的库存分级分类管理、安全库存管理、储备定额管理、联储联备等数字化应用场景。

■ 评价所需证明材料：

①采购供应链数字化平台的库存管理、储备管理应用场景操作手册

②库存管理、储备管理数据档案

■ 指标评分细则：

A：企业未建立仓储管理系统或仓储管理系统功能非常简单，手工管理并记录库存与储备信息，未对库存与储备进行分类管理，库存与储备信息不准确及时。

B：企业建立了仓储管理系统，但仓储管理系统功能简单或者未得到充分应用，主要通过电子表格或仓储管理系统进行库存管理、储备管理，对库存与储备进行了基本分类，未建立安全库存与储备定额管理，库存与储备信息更新有一定时间的延迟。

C：通过采购供应链数字化平台或仓储管理系统支撑，覆盖企业部分品类、部分业务单元，库存具备分类管理（包括安全库存、周转库存等），储备管理按企业生产使用的经验总结进行了基本的定额管理，利用仓库终端工具（如 RFID 芯片）实现库存与储备信息的准实时更新，结合出入库数据进行库存周转率的数据分析。

D：通过采购供应链数字化平台或仓储管理系统支撑，覆盖企业全部品类、业务单元，结合内外部数据，以及企业生产使用历史数据，建立库存与储备管理的数据分析模型，建立联储联备的企业级库存共享管理机制，按照品类建立基于安全库存、生产计划、库存占用成本、采购周期等维度的数据模型，通过平衡利库、自动订购等多种方式灵活管理库存与储备，利用 AIoT 设施实现库存与储备信息的实时更新。

E：通过采购供应链数字化平台或仓储管理系统支撑，覆盖企业全部品类、业务单元，结合内外部数据，以及企业生产使用的历史数据，建立库存与储备管理数据分析模型和智能训练数据集，按照品类建立基于安全库存、生产计划、库存占用成本、采购周期等维度的数据模型，建立联储联备的企业上下游产业供应链级的库存共享管理机制，利用 AIoT 物联网设施实现库存与储备信息的实时更新。

📎 释义

"库存"（inventory）一词的定义是"以支持生产、维护、操作和客户服务为目的而存储的各种物料，包括原材料和在制品，维修件和生产消耗品，成品和备件等"。库存管理主要是"与库存物料的计划与控制有关的业务"，目的是支持生产运作。

不同的企业对于库存管理历来有不同的认识。概括起来主要有以下三种。

一是持有库存。一般而言，在库存上有更大的投入可以带来更高水平的客户服务。长期以来，库存作为企业生产和销售的物资保障服务环节，在企业的经营中占有重要地位。企业持有一定的库存，有助于保证生产正常、连续、稳定进行，也有助于保质、保量地满足客户需求，维护企业声誉，巩固市场的占有率。

二是库存控制保持合理库存。库存管理的目的是保持合适的库存量，既不能过度积压，也不能短缺。让企业管理者困惑的是，库存控制的标准是什么？库存控制到什么量才能达到要求？如何配置库存是合理的？这些都是库存管理的风险计划问题。

三是"零库存"。主要代表是准时制生产方式（JIT）。这种生产方式认为，库存即浪费，零库存就是其中的一项高效库存管理的改进措施，并得到了企业广泛的应用。

（1）库存控制的作用。

主要是在保证企业生产、经营需求的前提下，使库存量经常保持在合理的水平上；掌握库存量动态，适时、适量提出订货，避免超储或缺货；减少库存空间占用，降低库存总费用；控制库存资金占用，加速资金周转。

（2）库存的合理控制。

库存量过大所产生的问题：增加了仓库面积和库存保管费用，从而提高了产品成本；占用了大量的流动资金，造成资金呆滞，既加重了货款利息等负担，又会影响资金的时间价值和机会收益；造成了产成品和原材料的有形损耗和无形损耗；造成了企业资源的大量闲置，影响其合理配置和优化；掩盖了企业生产、经营全过程的各种矛盾和问题，不利于企业提高管理水平。

库存量过小所产生的问题：造成服务水平的下降，影响销售利润和企业信誉；造成生产系统原材料或其他物料供应不足，影响生产过程的正常进行；使订货间隔期缩短，订货次数增加，使订货（生产）成本提高；影响生产过程的均衡性和装配时的成套性。

证明材料需提供企业库存与储备管理的制度文件，考察采购供应链数字化平台的库存与储备管理的相关流程、功能，以及库存与储备管理数据记录，通过数字化平台的操作场景演示，衡量企业库存与储备管理的数字化成熟程度。

物资储备管理是根据企业生产管理要求，以及生产物资的储备要求，对物资库存进行周期式管理的特定业务应用，包括物资入库、物资检验、物资使用、物资循环、储备定额、储备自动补货、储备消耗等业务场景。

◉ 提示

库存管理和物资储备管理有关联关系，同时应独立考虑各自的业务场景应用。

❓ 问题

问：库存与储备管理的采购供应链数字化平台如何运行与操作？

答：库存与储备管理的业务应用效果，根据物资类别、企业对库存管理的精细化要求而体现不同的情况，企业应以库存周转率为衡量目标，充分应用数字技术，提高库存管理的精细化程度，保障企业生产经营需要。

3.6.1.4　拣货出库管理数字化应用

企业基于采购供应链信息系统或数字化平台开展拣货出库管理的数字化应用水平，包含拣货出库过程中需要考虑的波次规则、拣货批次批量、货物类型、转储订单的时间优先级等，实现拣货出库效率最大化。

■ 评价所需证明材料：

①采购供应链数字化平台的拣货出库管理应用场景操作手册

②拣货出库管理数据档案

■ 指标评分细则：

A：企业无仓储管理系统或仓储管理系统非常简单，人工记录或事后录入拣货、出库等信息，手工从货架上对单个订单进行拣货，尚未实施批量拣货和语音拣货。

B：企业无仓储管理系统或仓储管理系统未得到充分应用，手工或半手工混合使用单一订单拣货和批量拣货，尚未实施语音拣货出库。

C：通过采购供应链数字化平台或仓储管理系统支撑，混合使用整托盘产品的直接换装和从库存中拣货，以及批量拣货和语音拣货等方式，实现拣货出库的生产效率提升。

D：通过采购供应链数字化平台或仓储管理系统支撑，混合使用整托盘产品和部分托盘产品的直接换装和从库存中拣货，以及批量、波次拣货和语音拣货，且传送系统实现在线称重和显示，实现拣货出库的生产效率持续优化。

E：通过采购供应链数字化平台或仓储管理系统支撑，结合内外部数据，建立拣货出库的训练数据集和分析模型，平台对拣货出库的波次、批量、类型等进行分析，基于算法对拣货波次规则、批量、类型进行动态调整，保证拣货出库的最大效率。

📎 释义

订单交付要求物资包装出库，在仓库管理中需要实现拣货包装出库，可以手工完成，也可以通过自动化、机器人完成。人工拣货的方式是仓库人员从货架上提取物料，将物料带到暂存区、配送区或提货区。拣货人员也可以在拣货站分拣物资，通过转盘和配送带分拣收集物资，接下来组装、打包、装运。大型仓库通常使用自动化、机械化的系统，通过存储调度和配送装置完成订单的拣货包装出库交付。全自动化的拣货模块是大吞吐量配送中心的最佳选择，可以提高效率，改善订单交付的拣货出库时间。企业可以充分使用手持设备、智能语音、图像识别、室内定位等先进科技实现自动化的拣货、出库、包装等订单交付流程环节。

证明材料需提供企业拣货出库管理的制度文件，考察采购供应链数字化平台的拣货出库管理的相关流程、功能，以及拣货出库数据记录，通过数字化平台的操作场景演示，衡量企业拣货出库管理的数字化成熟程度。

📍 提示

企业需要根据总体成本测算，判断在仓库管理系统中使用自动化科技的程度。

⑦ **问题**

问：拣货出库管理的业务场景基于采购供应链数字化平台如何运行与操作？

答：拣货出库管理的业务场景包括拣货、物料跟踪、包装管理、装运、配送单管理等，通过数字化平台实现拣货出库的可视化管理。

3.6.2 运输数字化应用

3.6.2.1 运单管理数字化应用

企业基于采购供应链信息系统或数字化平台开展运单管理的数字化应用水平，包括根据运单类型、运单优先级管理运单，运单状态过程管理，运单异常管理，以及运单与销售订单、采购订单的协同联动。

■ 评价所需证明材料：

①采购供应链数字化平台的运单管理应用场景操作手册

②运单管理数据档案

■ 指标评分细则：

A：企业无物流运输管理系统，人工或借助其他工具跟踪管理物流运输状态与运单信息。

B：通过物流管理系统对货物在交付流程中的主要节点进行跟踪。由承运人以预先确定的时间间隔提供货物状态信息。

C：通过采购供应链数字化平台或物流管理系统支撑，对货物在交付流程中的大多数节点，包括进口/出口等，进行运单状态跟踪。运单状态如有异常，平台将进行异常提醒并人工重新规划，通过平台实现提货请求和运输状态的全过程跟踪查询。

D：通过采购供应链数字化平台或物流管理系统支撑，实现对采购订单和采购订单明细的物流精细化跟踪管理，实现运输过程的实时跟踪。结合供应链事件管理和风险管理，基于物流管理与运输风险控制规则对异常状态的运单进行监控，自动进行物流计划调度，通过平台实现自动提货请求和运输状态的全过程跟踪查询。

E：通过采购供应链数字化平台或物流管理系统支撑，实现对采购订单和采购订单明细的物流精细化跟踪管理，实现运输过程的实时跟踪。基于物流管理与运输风险控制规则对异常状态的运单进行监控，自动进行物流计划调度，通过平台实现自动提货请求和运输状态的全过程跟踪查询，结合内外部数据智能学习积累物流事件规则库与风险控制模型。

📎 释义

采购管理人员必须了解采购过程中物料的流动和存储，也就是物流。物流管理包括管理产品完成并完成包装后发生的所有活动，响应订单以及下游各方的所有运输及退货。运单管理是物流数字化管理的功能。企业应通过第三方物流承运商或物流管理数字化平台实现运单的可视化管理，以及以运单为主题的运输调度计划与实施状态展示，为订单交付提供预警与跟踪等应用。

证明材料需提供企业运单管理的制度文件，考察采购供应链数字化平台的运单管理的相关流程、功能，以及运单管理数据记录，通过数字化平台的操作场景演示，衡量企业运单管理的数字化成熟程度。

📍 提示

运单与采购订单的关系是采购供应链数字化平台的一个重要数据。

❓ 问题

问：运单管理的业务场景基于采购供应链数字化平台如何运行与操作？

答：运单管理的业务场景包括订单关联运单、运单状态跟踪管理、运单交付预警等，通过数字化平台实现运单管理的灵活可视化。

3.6.2.2 运输计划与调度数字化应用

企业基于采购供应链信息系统或数字化平台开展运输计划与调度的数字化应用水平，包括考虑运输资源的类型、运输能力、运输路线、运单优先级、运输计划的进度监控和轨迹可视，运输计划中的异常订单管理，运输路径的优化，仓储布局的优化，以及运输计划与发货计划、生产计划的协同联动。

■ 评价所需证明材料：

①采购供应链数字化平台的运输调度模型、运输计划及运输调度应用场

景操作手册

②运输计划与调度管理数据档案

■ 指标评分细则：

A：对物流承运方进行手工管理，依靠人工建立运输计划流程，通过人工调度运输。

B：基于电子文档，利用起运地/目的地进行运输路线计划。主要由企业的第三方物流承运方负责运输计划与调度决策。按用户企业建立固定的运输时间表路线。第三方物流承运商通过初级物流信息系统记录运输计划的基础信息并通知客户。

C：通过采购供应链数字化平台或物流管理系统支撑，在公司层面和每个区域内实施运输计划集中化管理。运输计划规划主要包括运输调度场景和运输路线数据建模。对指定的运输路线基于人工经验考虑运输合并。对多个用户企业实行固定的运输时间表；能够在固定时间表之外通过人工调度发货，并使用预先发货清单（ASN）提高运输计划效率。通过数字化平台与承运方协同运输计划。

D：通过采购供应链数字化平台或物流管理系统支撑，实现公司全部范围的运输计划与调度集中管理，将运输品类、运输方式、运输约束作为输入因素纳入运输计划规划中。自动对运输路线的节点进行合并优化，对承运方的决策进行自动优化。对路线进行优化，以最大限度地减少燃料使用，并减少碳排放。通过运输流程协同，实现货物运输状态可视化，并可以根据用户企业请求和承运方运力自动调整计划。通过数字化平台与承运方协同运输计划与优化建议。

E：通过采购供应链数字化平台或物流管理系统支撑，将运输约束（运输路线、车辆载荷、实时卫星定位路况等）作为运输计划规划与调度的关键输入因素。平台建立并持续优化运输计划业务规则库，结合内外部数据，智能学习与训练运输调度训练集模型，平台提供优化后的运输计划。平台通过移动端等多种方式将运输计划与承运方协同，承运方根据平台的运输计划优化建议实时调整运输路线。

释义

企业的运输规划与调度通常需要考虑运输资源的类型、运输能力、运输路线、运单优先级、运输计划的进度监控和轨迹可视，运输计划中的异常订单管理，运输路径的优化，仓储布局的优化，以及运输计划与发货计划、生产计划的协同联动。

证明材料需提供企业运输计划与调度管理的制度文件，考察采购供应链数字化平台的运输计划与调度管理的相关流程、功能，以及运输计划与调度管理数据记录，通过数字化平台的操作场景演示，衡量企业运输计划与调度管理的数字化成熟程度。

提示

运输计划与调度需要企业协同承运方（企业与第三方承运方）的运输能力管理。

问题

问：运输计划与调度管理的业务场景基于采购供应链数字化平台如何运行与操作？

答：企业采购与供应在运输计划与调度方面的管理主要是为了实现企业对采购供应交付过程的全面可视化，需要企业协同承运方（企业与第三方承运方）的运输能力管理来共同实现。

3.6.2.3 运费管理数字化应用

企业基于采购供应链信息系统或数字化平台开展运费管理的数字化应用水平，包含运费核算、运费凭证的校验和审核，运费凭证的统计，基于运费凭证的支付方式。

■ 评价所需证明材料：

①采购供应链数字化平台的运费管理应用场景操作手册

②运费数据档案

■ 指标评分细则：

A：运费包含在采购物资价格中，无须管理，或需要管理但采用手工方式管理，主要是基于纸质文件进行运费计算与支付。

B：采用物流管理系统对运费进行计算审核与支付，相关票据凭证通过线下手工收集，在物流管理系统作人工记录。

C：通过采购供应链数字化平台或物流管理系统支撑，自动收集记录运费相关票据与凭证，基于运费发票电子文件人工进行审核，自动执行运费计算与支付。

D：通过采购供应链数字化平台支撑，自动收集记录运费相关票据与凭证，基于发票电子文件自动进行票据审核、运费审核与支付，实时跟踪采购交易数据并与财务会计系统实现自动数据更新。

E：通过采购供应链数字化平台支撑，自动收集记录运费相关票据与凭证，运费电子发票与采购数字化平台自动关联，平台通过视觉算法，自动对发票进行校验，实时形成运费支付凭证，根据运费管理记录智能统计分析运输费用及优化方案。

📎 **释义**

大多数情况下，运输费率与距离紧密相关，距离越长，运输成本越高。然而根据运输方式不同，可以采用各种不同的方法降低运输成本。最常见的是将更大数量的货物合并到相同目的地，采用同样的运输方式，可以降低企业的运输成本。

运费管理是指企业根据物流承运商提供的运输费率或运价，为每批货物、不同货物类型选用的不同运输方式所支付的运输费用的管理。企业应将运输费用管理纳入采购与供应的总成本管理，并根据交货周期、库存成本、交付时间等多方面平衡，灵活科学选择运输方式。

证明材料需提供企业运费管理的制度文件，考察采购供应链数字化平台的运费管理的相关流程、功能，以及运费管理数据记录，通过数字化平台的操作场景演示，衡量企业运费管理的数字化成熟程度。

提示

运费管理应考虑运输费用的管理，以及国际物流中的保险费用等多方面运输费用。

问题

问：运费管理的业务场景基于采购供应链数字化平台如何运行与操作？

答：运费管理的业务场景应包括运价管理、运输方式、承运商管理、成本预估等。

3.6.3 废旧物资处置数字化应用

3.6.3.1 废旧物资处置数字化应用

企业基于采购供应链信息系统或数字化平台，开展拆旧换新、坏件返修、废旧物资集中处置的数字化应用水平，包括废旧物资信息发布、废旧物资竞价拍卖、废旧物资交割等数字化应用场景。

■ 评价所需证明材料：

①采购供应链数字化平台的逆向物资处置应用场景操作手册与记录，如拆旧换新、坏件返修、废旧物资集中处置等

②逆向物资处置数据档案

■ 指标评分细则：

A：手工或通过电子表格记录废旧物资处置过程与结果数据。

B：通过信息系统记录部分品类的废旧物资处置的部分过程与结果数据，未覆盖企业的全部业务单元。

C：通过采购供应链数字化平台支撑，实现企业部分业务单元、品类的废旧物资处置数字化支撑，利用数字化平台的招标竞价拍卖等方式，以及与企业外部产权交易中心结合，进行废旧物资处置信息公告、废旧物资处置结果公示等。

D：通过采购供应链数字化平台支撑，实现企业全部业务单元、品类的废旧物资处置数字化支撑，利用数字化平台的招标竞价拍卖等方式，以及与企业外部产权交易中心结合，实现废旧物资鉴定、回收、入库、保管、评估、

处置的全生命周期处置流程的公开透明，提升废旧物资处置效率。

E：通过采购供应链数字化平台支撑，实现全部企业业务单元、品类的废旧物资处置数字化支撑，利用数字化平台的招标竞价拍卖等方式，或与企业外部产权交易中心结合，实现废旧物资智能评估、处置审批、价值评估、发布、竞拍、收付款、交割、保证金管理等全流程在线管理、公开透明，提升废旧物资处置效率，提高物资处置溢价率。

📎 释义

提升企业可再生资源利用率，维护企业利益，结合企业实际，企业应充分利用采购供应链数字化平台开展废旧物资处置工作，业务场景包括废旧物资鉴定、废旧物资估价、废旧物资竞拍、废旧物资回收、废旧物资出入库、废旧物资结算等。

证明材料需提供企业废旧物资处置的制度文件，考察采购供应链数字化平台废旧物资处置的相关流程、功能，以及废旧物资处置数据记录，通过数字化平台的操作场景演示，衡量企业废旧物资处置的数字化成熟程度。

📍 提示

废旧物资处置可以作为物资全生命周期跟踪管理的重要业务应用环节，也可以独立作为业务应用场景。

❓ 问题

问：废旧物资处置的业务场景基于采购供应链数字化平台如何运行与操作？

答：废旧物资作为企业物资管理的特殊处理环节，也可以作为独立业务场景应用，企业提供采购供应链数字化平台，支撑灵活的废旧物资处置。

3.7 质量管理数字化应用

企业应充分利用采购供应链信息系统或数字化平台开展质量管理，实现物资质量全生命周期管理的数字化，包括质量管理策略的数字化、质量事件管理的数字化等应用场景。

3.7.1 质量策略管理数字化应用

3.7.1.1 质量管理策略数字化应用

企业基于采购供应链信息系统或数字化平台开展采购供应质量数字化策略制定的数字化应用水平，包含规划和制定企业执行各类质量管理标准，为采购供应的质量管理提供全面、完整的管理工具，管理供应商合同的技术标准，质量管理的解决方案库建设，构建质量持续性改进机制等数字化应用场景。

■ 评价所需证明材料：

①采购供应链数字化平台的质量策略模型、质量策略管理应用场景操作手册

②质量管理策略数据档案

■ 指标评分细则：

A：企业还未构建各类质量管理标准，尚未在质量管理系统中进行应用；针对质量关键业务场景，提供管理文档——线下统计的简单质量信息记录。

B：企业正在构建各类质量管理标准，尚未在质量管理系统中进行应用；质量管理员在线下手工统计和整理质量问题的解决方案库；通过线下手工方式，不断积累质量与采购库存业务的问题与解决方案，通过线下人工业务流程驱动质量问题的持续改善。

C：通过采购供应链数字化平台或质量管理系统支撑，实现企业部分品类、部分业务单元的质量管理，有较为明确的质量管理数字化战略目标：企业已经构建各类质量管理标准，部分在质量管理系统中进行应用。

D：通过采购供应链数字化平台或质量管理系统支撑，质量管理覆盖企业大部分采购品类、业务单元，有非常明确的质量数字化目标：企业建立了相关质量管理标准，并在质量管理系统中进行应用；建立质量全生命周期的解决方案库，不断积累质量与采购库存业务的问题与解决方案，形成基于质量问题的业务改善机制与智能知识库。

E：通过采购供应链数字化平台或质量管理系统支撑，质量管理覆盖企业全部品类、业务单元，有全面的质量数字化目标：通过数字化平台固化了全面的质量管理标准，针对质量全生命周期管理提供全面、完整的数字化管理

工具，自动灵活地获得全生命周期的质量过程数据；实现各类质量问题及其解决方案的信息共享，通过质量数字化平台和数据驱动，建立基于品类的质量全生命周期管理及质量持续改进优化业务流程。

📎 **释义**

全面质量管理是全过程的管理。企业产品质量形成过程可分为四个基本过程：产品的设计过程、产品的制造过程、辅助生产过程、销售和使用过程。

1. 设计过程的质量控制

设计过程是形成产品质量的第一步，其质量好坏直接决定产品的适销性和适用性。设计的第一步是找市场，通过市场调研，了解消费者需要何种产品以及质量要求。

设计质量可通过设计过程的质量控制来保证，其内容包括：制定设计计划，制定检验测试规程，进行设计评审和验证，改进设计，样机的试制、鉴定和设计定型，销售前的准备工作。

2. 制造过程的质量控制

制造过程开始于工艺准备，体现于工艺规范，整个制造过程必须严格执行工艺规范。这一过程质量控制的内容包括以下 8 个方面。

（1）原材料和外购件的质量控制。

原材料质量是影响产品质量的重要因素之一，企业应做到不合格的原材料不许入库，禁止发生混料和错料的事件。例如，在基础地理信息工程中，要严把原始数据、原始图纸的关，不规范的数据和图纸不能接受。要从根本上保证原材料和外购件的质量，有效的方法是对供方的质量保证体系进行质量评审和质量监督。

（2）严肃工艺纪律。

企业要严格要求操作者忠实执行工艺规程，并在关键工序设立质量控制点，有重点地控制工序质量。

（3）验证工序能力。

即验证工序是否能稳定地加工出符合要求的产品。通过试生产，边加工、边检验、边调试，保证工序具有生产合格产品的能力。

（4）工序检验。

在生产过程中，操作者应牢固树立"一切为了用户""下一道工序就是用户"的观念，要做到这一点，必须对每一道工序出产的产品进行质量检验。检验的方法包括操作者自检、自动化检验、工序巡回检验、最终检验。同时，工序检验要做到自检、互检、专检三结合。

（5）验证状态的控制和不合格品处理。

验证状态有三种：合格状态、不合格状态和待检验状态。对各状态应做好明显标记，以防混淆。

对不合格品的处理，一定要慎重，处理不妥可能给企业带来无法挽回的损失。

（6）检验设备的控制。

没有先进的检验设备，就不可能有高质量的产品，企业应按计量工作的具体要求，建立健全的计量器具管理制度并严格实行计量器具的检测制度。

（7）技术文件的控制。

（8）纠正措施。

3. 辅助生产过程的质量控制

辅助生产过程的质量控制包括辅助材料的质量控制；生产工具的质量控制、生产设备的质量控制；动力、水、暖、风、气等的质量控制；运输、保管中的质量控制。

辅助生产过程的质量控制容易被人忽视，而事实上这一过程对产品质量的影响仍然非常大。食品因保管不善而变质，家用电器因粗暴运输而损坏等，都是因为辅助生产过程的质量控制不善而造成的。

4. 销售和使用过程的质量控制

生产线上出产了合格产品并不等于质量管理的终结，企业还应把合格产品送到用户手上，并对产品使用过程中的质量进行跟踪控制。

使用过程的质量控制内容包括：提供产品说明书、用户使用手册、专用工具，便于用户安装、使用、保养；做好售后服务工作，如对用户提供技术咨询、办培训班、建立维修网点、保证零备件供应、支持版本的更新、执行产品责任制。

使用过程的质量控制不仅是为用户提供服务，而且是为了企业自身的发展。企业因此可广泛收集市场信息、了解客户的需求、拓宽销售渠道、提高企业信誉、改进和提高产品质量、完善产品的功能，更好地满足用户的需要。

证明材料需提供企业质量策略管理的制度文件，考察采购供应链数字化平台的企业质量策略管理的相关流程、功能，以及企业质量策略管理数据记录，通过数字化平台的操作场景演示，衡量企业质量策略管理的数字化成熟程度。

📍 **提示**

企业质量策略管理在采购与供应领域重点关注采购验收与物料使用过程的质量管理。

❓ **问题**

问：企业质量策略管理的业务场景基于采购供应链数字化平台如何运行与操作？

答：企业质量策略管理的业务场景应细化为管控业务规则，通过采购供应链数字化平台实现并应用。

3.7.1.2　质量管理流程数字化应用

企业基于采购供应链信息系统或数字化平台开展采购供应质量数字化流程运营的数字化应用水平，包含采购供应质量管理平台的建设，质量检测检验申请提报、审批的全过程，产品质量数据采集，针对产品质检检测结果进行检验判定等数字化应用场景。

■ 评价所需证明材料：

①采购供应链数字化平台的质量过程管理应用场景操作手册

②质量过程管理数据档案

■ 指标评分细则：

A：尚未形成基于流程驱动的质量管理工具，如 PDCA 流程闭环，质量管理员根据线下质量管理业务场景，通过电子文档记录产品检测申请、编制检测方案，通过简易检测设备对采购供应产品进行检测，通过电子文档记录质量检测结果；基于检测结果，通过办公文档，对采购批次进行判定结果记录。

B：通过质量管理系统初步形成基于流程驱动的质量管理工具，如 PDCA 流程闭环，根据质量业务流程的需求，质量管理员根据线下质量管理业务场景，通过质量管理系统填写产品检测申请、记录检测方案；通过线下方式（如邮件）发给质量流程干系人进行审批；通过检测设备对采购供应产品进行检测，通过质量管理系统手工记录质量检测结果；基于质量检测结果，通过电子文档对采购批次进行判定结果记录。

C：通过采购供应链数字化平台或质量管理系统支撑，实现企业部分品类、部分业务单元的质量管理过程和质量管理工具数字化，如形成基于流程驱动的质量管理 PDCA 流程闭环，根据质量管理需求，在质量管理系统中发起质量检测申请、编制检测方案，发给质量流程干系人进行审批；通过检测设备对采购供应产品进行检测，在质量管理系统记录质量检测结果；基于质量检测结果，对采购批次进行判定结果记录；通过质量管理系统进行质量管理的基础统计分析。

D：通过采购供应链数字化平台或质量管理系统支撑，实现企业大部分品类、业务单元的质量管理过程和质量管理工具数字化，如形成基于事件驱动的质量管理 PDCA 流程闭环，系统根据质量管理策略判断因何业务进行产品质量检测，自动发起质量检测申请，基于质量检验计划和检验历史方案库，自动创建质量检测方案，基于工作流自动进行审批；通过检测设备对采购供应产品进行检测，自动记录质量检测结果；基于检测结果，自动对采购批次进行检验判定，通过数字化平台自动进行质量全生命周期统计分析。

E：通过采购供应链数字化平台或质量管理系统支撑，实现企业全部品类、业务单元的质量管理过程和质量管理工具数字化，如形成基于数据驱动的质量管理 PDCA 流程闭环，能够基于质量策略自动触发流程，判断因何业务进行产品质量检测；质量检测申请，基于检验计划和检验方案，通过 RPA（机器人流程自动化）的方式自动创建检测方案，自动进行审批；通过 AIoT 的非结构化数据（如图片）采集，记录质量检测结果；通过训练算法模型，对质量检测结果进行趋势判断，用于辅助决策，通过数字化平台自动进行质量全生命周期的全面统计分析与趋势预测。

📎 释义

质量管理过程通常包括如下步骤：

确定顾客的需求和期望；

建立组织的质量方针和目标；

确定实现质量目标所需的过程和职责；

对每个过程实现质量目标的有效性确定测量方法；

运用测量方法以确定每个过程的现行有效性；

确定防止不合格并消除产生不合格原因的措施；

寻找提高过程有效性和效率的机会；

确定并优先考虑那些提供最佳结果的改进；

为实施已确定的改进对战略、过程和资源进行策划；

实施改进计划；

监控改进结果；

对照预期结果，评价实际结果。

证明材料需提供企业质量过程管理的制度文件，考察采购供应链数字化平台的质量过程管理的相关流程、功能，以及质量过程管理数据记录，通过数字化平台的操作场景演示，衡量企业质量过程管理的数字化成熟程度。

📍 提示

企业质量过程管理的数字化应实现质量管理全过程的数字化支撑，通过跟踪质量事件，分析提升企业采购供应与物料使用的质量目标。

❓ 问题

问：企业质量过程管理的业务场景基于采购供应链数字化平台如何运行与操作？

答：企业应以质量管理策略定义的业务规则，以质量事件为核心，实现质量管理全过程的可视化和自动化。

3.7.2 质量事件管理数字化应用

3.7.2.1 质量事件过程协同数字化应用

企业基于采购供应链信息系统或数字化平台开展采购供应质量事件全过程协同管理的数字化应用水平，包含与供应商、用户方协同对采购货物接收时的质检，采购流程质量控制，质量投诉处理，转储货物检测，库存到期检测等数字化应用场景。

■ 评价所需证明材料：

①采购供应链数字化平台的质量事件过程管理应用场景操作手册

②质量事件过程管理数据档案

■ 指标评分细则：

A：对于质检合格的采购交货单批次，采购人员根据线下收集和记录的质量电子文档，在办公管理软件中记录收货订单，对于质检不合格的采购交货单批次，采购人员通过办公软件记录退货订单。

B：通过采购管理系统或质量管理系统实现采购过程质量管理的协同，对于质检合格的采购交货单批次，采购人员根据质量文档记录的信息，在采购管理系统中对采购订单进行收货处理，对于质检不合格的采购交货单批次，通过采购管理系统创建退货订单，系统将质量管理记录与采购供应订单进行初步关联。

C：通过采购供应链数字化平台或质量管理系统支撑，实现企业部分品类、业务单元的质量管理过程协同，记录质量事件与质量过程协同，如对于质检合格的采购交货单批次，采购人员在信息系统中对采购订单进行关闭处理，对于质检不合格的采购交货单批次，通过信息系统创建退货订单。

D：通过采购供应链数字化平台或质量管理系统支撑，实现企业大部分品类、业务单元的质量管理过程协同，记录质量事件与质量过程协同，根据质量管理策略，自动处理质量事件，自动统计分析质量时间过程协同指标，如对于质检合格的采购交货单批次，通过扫描，在信息系统中对采购订单进行集中关闭处理，对于质检不合格的采购交货单批次，通过信息系统集中创建退货订单。

E：通过采购供应链数字化平台或质量管理系统支撑，实现企业全部品类、业务单元的质量管理过程协同，记录质量事件与质量过程协同，根据质量管理策略，自动处理质量事件，自动统计分析质量时间过程协同指标，智能分析质量全生命周期管理的指标，预警质量风险，如对于质检合格的采购交货单批次，通过 RPA 进行自动采购订单关闭，对于质检不合格的采购交货单批次，通过 RPA 参考采购交货单自动创建退货订单。

📎 释义

质量事件全过程协同管理，包括与供应商、用户方协同对采购货物接收时的质检、采购流程质量控制、质量投诉处理、转储货物检测、库存到期检测等数字化应用场景。

证明材料需提供企业质量事件过程协同的制度文件，考察采购供应链数字化平台的质量事件过程协同的相关流程、功能，以及质量事件过程协同数据记录，通过数字化平台的操作场景演示，衡量企业质量事件过程协同的数字化成熟程度。

📍 提示

质量事件过程协同应包括企业内部协同，企业与供应商的外部协同。

❓ 问题

问：质量事件过程协同的业务场景基于采购供应链数字化平台如何运行与操作？

答：质量事件过程协同应按企业质量管理策略要求能够分等级、分阶段进行差异化的过程协同。

3.7.2.2 质量事件结果处理数字化应用

企业基于采购供应链信息系统或数字化平台开展采购供应质量事件结果处理的数字化应用水平，包含标准采购货物不合格、委外采购货物不合格、货物到期不合格，对不合格货物转移至待检区的处理全过程数字化应用场景。

■ 评价所需证明材料：

①采购供应链数字化平台的质量事件结果处理应用场景操作手册

②质量事件结果处理数据档案

■ 指标评分细则：

A：通过电子文档或线下手机方式记录质量事件处理结果，如理货员把采购货物放置到质检区域，质检人员在办公文档中对货物进行记录，并通过办公软件记录合格产品，合格产品进入非限制仓储区域，不合格产品进入质检待处理区域。

B：通过采购管理系统或质量管理系统记录质量事件处理结果，如理货员把采购货物放置到质检区域，质检人员对货物进行检验检测，在质量管理系统手工记录检测结果，并通过采购管理系统记录合格产品，合格产品进入非限制仓储区域，不合格产品进入质检待处理区域，系统将质量管理记录与采购供应订单进行初步关联。

C：通过采购供应链数字化平台或质量管理系统支撑，实现企业部分品类、业务单元的质量事件结果的记录跟踪，如理货员把采购货物放置到质检区域，质检人员对货物进行检测并在质量管理系统记录，并通过质量管理系统对检测的数据进行集中处理，通过采购数字化平台记录合格产品，合格产品进入非限制仓储区域，不合格产品进入质检待处理区域，通过数字化平台进行采购订单与质量结果的关联统计分析。

D：通过采购供应链数字化平台或质量管理系统支撑，实现企业大部分品类、业务单元的质量事件结果记录跟踪与分析，如理货员把采购货物放置到质检线，质检人员对货物进行扫描，通过数字化平台根据质量管理策略判定采购货物批次是否合格并记录采购订单与质量结果，合格进入中央立体仓储，不合格进入质检待处理区域，通过数字化平台自动统计分析采购订单与质量事件结果，提供质量全生命周期管理与决策依据。

E：通过采购供应链数字化平台或质量管理系统支撑，实现企业全部品类、业务单元的质量事件结果记录跟踪与分析，通过数字化平台根据质量管理策略自动获取质量事件处理结果，智能分析质量全生命周期指标，分析采购订单与质量事件关系与发展趋势，预警质量风险，如采购货物通过自动分拣机自动进入质检线，基于 AIoT 设备自动采集非结构化数据（如图像等），通过边缘计算模型判定采购货物批次是否合格，合格就进入自动立体货架，不合格就自动进入待处理区域。

释义

企业质量事件处理结果包含标准采购货物不合格、委外采购货物不合格、货物到期不合格，对不合格货物转移至待检区的处理全过程。

证明材料需提供企业质量事件结果处理的制度文件，考察采购供应链数字化平台的质量事件结果处理的相关流程、功能，以及质量事件结果处理数据记录，通过数字化平台的操作场景演示，衡量企业质量事件结果处理的数字化成熟程度。

提示

质量事件处理结果应可以为企业持续优化改进质量管理体系提供参考分析依据。

问题

问：质量事件结果处理的业务场景基于采购供应链数字化平台如何运行与操作？

答：企业应基于质量事件结果处理建立质量事件库，为持续改进优化质量管理体系提供参考分析依据。

3.8 风险管理数字化应用

企业应充分利用采购供应链数字化平台或信息化系统，实现采购供应链风险管理的数字化，包括交付风险、成本风险、质量风险、采购违法违规风险等的数字化应用场景。

3.8.1 供应风险管理数字化应用

供应风险是指造成业务损失和业务中断的因素，包括无法获取原材料、商品、产能，或者企业生产运营需要的其他物资、设备和服务等。

供应风险管理是指识别、分析、减缓某一特定流程或特定类别的风险，管理风险的措施包括接受、减缓、转移和控制风险等。

控制采购供应风险的主要手段：做好年度采购预算及策略规划；慎重选

择供应商，重视供应商的筛选和评级；严格审查订货合同，尽量完善合同条款；拓宽信息渠道，保持信息流畅顺利；完善风险控制体系，充分运用供应链管理优化供应和需求；加强过程跟踪和控制，发现问题及时采取措施处理以降低采购供应风险。

3.8.1.1 交付风险管理数字化应用

企业基于采购供应链信息系统或数字化平台识别、管理和分析交付风险的数字化应用水平。

■ 评价所需证明材料：

①采购供应链数字化平台的交付风险管理应用场景操作手册

②供需平衡分析、供应风险模型及交付风险管理数据档案

■ 指标评分细则：

A：通过线下收集数据，分析供应能力与需求匹配情况。

B：通过系统获取需求与供应能力数据，供需平衡分析实现线上化管理。

C：能够结合客户、行业状况分析供应能力，并根据分析结果指导需求预测，同时嵌套业务流程，指导业务应对风险。

D：通过采购供应链数字化平台或风险管理平台支撑，对接外部数据，获取产业链上下游交付风险信息，可以及时监控区域性风险，如地震、火灾、疫情等。

E：通过采购供应链数字化平台或风险管理平台支撑，基于供应风险模型进行风险预警，并提供有效的决策建议。同时供应风险模型具备根据市场行情变化自我调整的能力。

📎 释义

适时、适地、适质、适量的交付为采购供应链的精益实施提供有力保障，由于外界环境的不确定性和内部的复杂性，交付风险不可避免。交付风险通常包括交付延迟风险、交付地点风险、交付数量风险、交付柔性风险、交付信息风险。交付延迟风险是指交货延迟引起的生产停滞、顾客不满意风险，可以通过延长交货率衡量。交付地点风险是指由于订单差错、运输故障导致产品不能按时送达指定地点而引起的物资短缺、客户不满意

风险，可以通过地点错误率衡量。交付数量风险是指未能按要求的采购量供应引起生产停滞的风险，可以通过错误数量交货率衡量。交付柔性风险是指由于企业自身实力或其他不确定因素，对供应产品的数量、供应时间不能实现按采购要求动态变化而引起企业生产受困的风险。交付信息风险是指由于信息交互、沟通不畅导致交付信息延迟或失真，以及交付信息泄露等方面的风险。

证明材料需提供企业采购交付风险管理的制度文件，考察采购供应链数字化平台的采购交付风险管理的相关流程、功能，以及采购交付风险管理数据记录，通过数字化平台的操作场景演示，衡量企业采购交付风险管理的数字化成熟程度。

📍 提示

交付风险管理应该是识别产生交付风险的相关因素，分析风险概率，评估影响，建立交付风险管理策略与应急预案等。

❓ 问题

问：采购交付风险管理的业务场景基于采购供应链数字化平台如何运行与操作？

答：交付风险管理应充分利用采购供应链数字化平台，通过数据实现智能的风险预警与监管。

3.8.1.2 成本风险管理数字化应用

企业基于采购供应链信息系统或数字化平台识别、管理和分析成本风险的数字化应用水平，包括采购成本上涨、采购组织成本目标无法达成或采购成本控制失效等方面的风险分析和管控。

■ 评价所需证明材料：

①采购供应链数字化平台的成本风险管理应用场景操作手册

②采购成本分析报告、成本风险模型和成本风险管理数据档案

■ 指标评分细则：

A：通过线下开展成本方面行情数据收集与分析。

B：通过系统监控成本变化，并有专项团队对市场行情信息进行收集和整理。

C：通过采购供应链数字化平台或风险管理平台支撑，能够结合市场行情预测，具备系统化的价格风险分析能力，对材料成本未来趋势进行判断。

D：通过采购供应链数字化平台或风险管理平台支撑，能够与外部平台对接信息，建立成本分析模型，与行业进行对标。

E：通过采购供应链数字化平台或风险管理平台支撑，实现成本风险系统监控，能够基于系统分析，提供不同的购买策略以及成本管控策略。

释义

成本风险最为关键的就是采购成本风险。在企业物资采购的过程中，费用与成本直接决定采购成本的高低。企业根据自身的实际情况采购合理的数量，如果采购物资数量较多，就会造成产品积压，成本增加。当然，运输方式不当同样会产生成本风险，采购回来的产品如果不进行适当的储存，就容易导致损坏或者磨损，进而产生成本风险。因而，在企业物资采购的过程中需要合理、适当地根据生产经营计划管理库存与储备，才有利于降低成本风险。

证明材料需提供企业采购成本风险管理的制度文件，考察采购供应链数字化平台的采购成本风险管理的相关流程、功能，以及采购成本风险管理数据记录，通过数字化平台的操作场景演示，衡量企业采购成本风险管理的数字化成熟程度。

提示

成本风险管理应该是识别产生成本风险的相关因素，分析风险概率，评估影响，建立成本风险管理策略与应急预案等。

问题

问：采购成本风险管理的业务场景基于采购供应链数字化平台如何运行与操作？

答：成本风险管理应充分利用采购供应链数字化平台，结合 TCO（总体拥有成本）模型分析，通过数据实现智能的风险预警与监管。

3.8.1.3　质量风险管理数字化应用

企业基于采购供应链信息系统或数字化平台识别、管理和分析采购供应质量风险的数字化应用水平，包括采购产品或服务等质量风险管理，如外观不良、功能缺陷、性能不达标等方面的风险分析和管控。

■ 评价所需证明材料：

①采购供应链数字化平台的质量风险管理应用场景操作手册

②采购质量分析报告、质量风险模型和质量风险管理数据档案

■ 指标评分细则：

A：通过线下开展质量数据统计，并基于材料和供应商特点，定期分析质量风险。

B：通过系统记录质量问题，有专门的质量管理人员定期进行质量问题复盘。

C：能够通过信息系统协同供应商的质量管控体系，进行协同管理，获取更详细的质量分析数据。

D：通过采购供应链数字化平台或质量管理平台支撑，能够获取行业内相关产品质量信息，同时延伸产业链更上游信息。与供应商建立更深层次的质量风险管控合作。

E：通过采购供应链数字化平台或质量管理平台支撑，建立完整的质量分析体系和质量管理制度。质量风险管控向前延伸，在供应商环节进行预警。

📎 **释义**

质量风险是指由于各种不确定因素，以及供应产品的次品率高引起企业生产停滞、顾客不满意等方面的风险，可以通过供应产品的次品率衡量。质量风险在企业物资采购中具有重要的影响。质量风险通常指的是产品在品质和交货、供应商的供货方面所面临的风险。产品的品质和交货风险在市场中通常指的是所购入原材料的某种性能并不能达到采购的规格要求，或购入原材料本身品质就非常低劣。如常见的有在产品交付的时候，由于运输造成损

坏或者货物发错等情况。当然也有的时候出现在合同履行的过程中，物资采购标准突然发生改变，导致产品质量不能获得满足。一旦出现这些情况，就容易给企业带来一定的损失。另外就是供货商供货风险，指的是供货商有没有按照合同的规定来供货。常见的有延期交货、产品不达标等。合作方或者是供应商投资方向发生改变，就会造成采购的物资停产，导致企业需要寻求另外一家买家，这些现象的出现都会给产品质量与供应带来一定的风险。

证明材料需提供企业采购质量风险管理的制度文件，考察采购供应链数字化平台的采购质量风险管理的相关流程、功能，以及采购质量风险管理数据记录，通过数字化平台的操作场景演示，衡量企业采购交付质量管理的数字化成熟程度。

📍 **提示**

质量风险管理应该是识别产生质量风险的相关因素，分析风险概率，评估影响，建立质量风险管理策略与应急预案等。

❓ **问题**

问：采购质量风险管理的业务场景基于采购供应链数字化平台如何运行与操作？

答：质量风险管理应充分利用采购供应链数字化平台，结合质量全生命周期管理，通过数据实现智能的风险预警与监管。

3.8.2 监管风险管理数字化应用

3.8.2.1 采购违法风险管理数字化应用

企业基于采购供应链信息系统或数字化平台识别、管理和分析采购违法风险的数字化应用水平，包括对采购行为存在违反招标投标法或当地法律法规要求的风险管理，如出口管制法、反贿赂法、招标投标法、电子招标投标规范等方面的风险分析和管控。

■ 评价所需证明材料：

①采购供应链数字化平台的采购违约风险管理应用场景操作手册

②采购违法风险管理数据档案、采购违法风险线上化管控清单

■ 指标评分细则：

A：通过线下收集与识别采购业务相关法律风险，但无规范化的管理。

B：设置专门的采购合规经理，对采购业务相关法律风险进行系统化的管控，相关法律风险信息可通过系统进行传递。

C：将相关法律条款嵌入业务流程环节，并通过信息系统进行管控，法律风险线上化管控程度达到80%以上。

D：与外部法律法规信息平台进行数据对接（如启信宝的被执行人信息、外部网站的出口管制信息），能及时识别相关供应商、原材料的合规性信息。

E：通过法律风险识别与分析平台，实时监控采购相关违法风险，为采购相关操作者及管理人员发出预警，并通过流程与系统的自我优化，持续提升采购合规性。

📎 释义

采购违法风险管理是指企业采购行为必须符合政府相关法律法规要求，必须提供真实、准确和完整的采购相关记录。如《政府采购法》《电子招投标法》《合同法》等。涉及国际采购业务的企业要根据企业和供应商所属地的法律法规要求，提供采购监管数据，如美国的《萨班斯—奥克斯利法案》（SOX）、《反海外腐败法》、英国的《反贿赂法》《国际贸易法》等。同时企业依托采购供应链数字化平台，实时监控预警违法违规风险。采购违法风险还包括雇佣关系相关的法律、与知识产权相关的法律、与环境相关的法律等。

证明材料需提供企业采购违法风险管理的制度文件，考察采购供应链数字化平台的采购违法风险管理的相关流程、功能，以及采购违法风险管理数据记录，通过数字化平台的操作场景演示，衡量企业采购违法风险管理的数字化成熟程度。

📍 提示

采购违法风险管理应该是识别产生违法风险的相关因素（政府法律法规、行业法规），分析风险概率，评估影响，建立采购违法风险管理策略与应急预案等。

❓ **问题**

问：采购违法风险管理的业务场景基于采购供应链数字化平台如何运行与操作?

答：采购违法风险管理应充分利用采购供应链数字化平台，结合政府法律法规要求，通过数据实现智能的风险预警与监管。

3.8.2.2 采购内控风险管理数字化应用

企业基于采购供应链信息系统或数字化平台识别、管理和分析采购内控风险的数字化应用水平，包括采购人员在业务活动中违反公司流程制度的要求、识别采购人员的违规行为等方面的风险分析和管控。

■ 评价所需证明材料：

①采购供应链数字化平台的采购内控风险管理应用场景操作手册

②采购内控风险管理数据档案、采购内控风险线上化管控清单

■ 指标评分细则：

A：开展采购内控风险的人工识别与分析，主要通过内部审计、外部审计及举报等渠道识别采购内控风险（如采购人员收受贿赂的行为、违反流程规定的行为等）。

B：设置专门的采购内控经理，对采购内控开展系统化的管理，有较为规范的采购内控管理体系，可以通过信息系统读取数据，开展内控风险分析。

C：设定明确的采购内控风险点，将相关内控风险控制点嵌入业务流程环节，并通过信息系统进行管控，内控风险线上化管控程度达到80%以上。

D：采购内控风险平台与上下游供应网络打通，可以通过外部渠道获取、识别采购内控风险信息。

E：通过采购内控风险管控平台，实时监控采购内控风险，进行风险预警，并通过流程与系统的自我优化，持续提升采购内部控制水平。

📎 **释义**

企业需要建立和维持一个有效和高效的内控系统，实现定期审计与实时监管。内部控制是指企业由管理层实施的过程，是为实现与运营、报告和合

规相关的目标提供合理的保证。内控系统通常包括控制环境或组织体系、风险评估流程、控制活动、信息与沟通、监控。审计是一种结构审查，由独立方（企业内部或第三方审计师）实施，审计过程中对采购过程数据进行分析，以验证付款、账目、记录或绩效是否与预期一致，应审核接收报告和供应商发票是否量价一致，并审查工作流。

证明材料需提供企业采购内控风险管理的制度文件，考察采购供应链数字化平台的采购内控风险管理的相关流程、功能，以及采购内控风险管理数据记录，通过数字化平台的操作场景演示，衡量企业采购内控风险管理的数字化成熟程度。

📍 提示

采购内控风险管理应该是识别产生采购供应内控风险的相关因素，分析风险概率，评估影响，建立采购内控风险管理策略与应急预案等。

❓ 问题

问：采购内控风险管理的业务场景基于采购供应链数字化平台如何运行与操作？

答：采购内控风险管理应充分利用采购供应链数字化平台，通过数据实现智能的风险预警与监管。

3.8.2.3 可持续性采购风险管理数字化应用

企业基于采购供应链信息系统或数字化平台识别、管理和分析可持续性采购风险的数字化应用水平，包括采购行为对社会、经济、环境的不良影响等方面的风险分析和管控。

■ 评价所需证明材料：

①采购供应链数字化平台的可持续性采购风险管理应用场景操作手册

②可持续性采购风险管理数据档案、可持续性采购风险线上化管控清单

■ 指标评分细则：

A：主要基于商业客户要求，线下收集与识别可持续性采购风险信息。

B：制定可持续性采购的政策，有专人牵头进行采购可持续性管理体系的

建设，有系统支撑可持续性管理方面的数据和信息管理（如原材料环保数据、供应商的资质证书等）。

C：通过采购供应链数字化平台或采购风险管控平台支撑，将可持续性管理的要求融入采购业务流程环节，如采购寻源、新材料导入、供应商审核等。

D：通过采购供应链数字化平台或采购风险管控平台支撑，能够根据内部政策、外部利益相关方要求及时识别可持续性采购风险信息，可持续性管理水平能实现外部对标。

E：通过采购供应链数字化平台或采购风险管控平台支撑，基于数字化的采购可持续性管理，实现可持续性风险的预警，提出动态的可持续性改善的策略建议。

 释义

可持续性采购应该作为企业业务连续性管理的重要内容之一。企业业务连续性管理包括持续进行的综合性过程，目标是确保企业能够提供连续不断的生产经营与运营服务。

可持续性采购风险管理包括预测供应中断、提前制定应急计划和业务恢复计划等一系列措施，至少应包括对可能影响采购连续性的风险制定应急规划，灾难响应计划，灾难恢复、业务恢复、业务重续和应急计划等。

可持续性采购风险管理覆盖企业内部和企业外部。企业内部的可持续性采购风险评估要素通常包括有效库存管理与配送能力、直接生产物资和间接生产物资的采购供应机制、仓库管理的灾难恢复时长等。企业外部（供应商侧）的可持续性采购风险评估要素通常包括供应交付的故障点分析、应急储备计划、应急生产能力、灾难恢复后生产能力等。

证明材料需提供企业可持续性采购风险管理的制度文件，考察采购供应链数字化平台的可持续性采购风险管理的相关流程、功能，以及可持续性采购风险管理数据记录，通过数字化平台的操作场景演示，衡量企业可持续性采购风险管理的数字化成熟程度。

📍 提示

可持续性采购风险管理应该是识别产生可持续性采购风险的相关因素，分析风险概率，评估影响，建立质量风险管理策略与应急预案等。

❓ 问题

问：可持续性采购风险管理的业务场景基于采购供应链数字化平台如何运行与操作？

答：可持续性采购管理应充分利用采购供应链数字化平台，通过数据实现智能的风险预警与监管。

案例6：数字化赋能，实现采购供应链精益智能评审

作为关系国民经济命脉和国家能源安全的特大型国有重点骨干企业，国家电网有限公司（以下简称国家电网或国网）落实党中央要求，全面贯彻新发展理念，积极服务新发展格局和推动能源转型，围绕建设"具有中国特色国际领先的能源互联网企业"战略目标，以新技术赋能传统供应链转型升级，全面突出精益智能，提升采购质效，依托"大云物移智边链"现代技术，在以智能采购为核心的供应链数字化创新与应用等方面进行了一系列积极探索。通过构建"5E一中心"一体化平台，彼此连接、互为协同，建成以采购管理为核心，智能采购、数字物流、全景质控三大业务链融会贯通、内外高效协同的国网绿色现代数智供应链管理体系，推动公司资源交易和实物资源管理的全过程数字化。

一、采购供应链数字化之精益智能评审

国家电网依托以电子商务平台ECP2.0（以下简称ECP2.0）为主体的"5E一中心"一体化平台（见图8），将数据和技术作为两大赋能力量，努力推动采购数字化的新业态不断向前发展，聚焦客观量化评审的智能化水平提升，从功能智能好用、数据多样贯通等方面着手，构建"采购数据标准化、数据应用多元化、专家评审智能化"的精益智能评审。

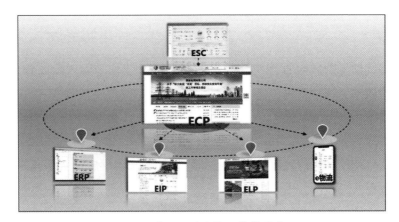

图8 "5E—中心"一体化平台

精益智能评审，以数据标准化为基础，按照数据分层管理理念，创新建立"基础数据明细层、采购应用数据层、智能采购评审层"主体架构，建立数据来源索引进行差异化贯通，并在招标采购客观量化评审中深化应用，通过灵活配置评审规则，实现多元客观评审因素"一键式"智能比对与精益评审，实现招标采购从电子化向全面结构化、数字化、智能化的跨越发展（见图9）。

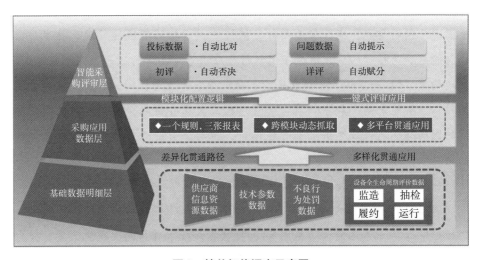

图9 精益智能评审示意图

（一）采购数据标准化

深化采购数据标准化建设，以数据应用为抓手，驱动传统招投标业务转型升级。在业务标准化上，全面梳理各类采购方式及业务特点，编制结构化业务模板，将采购全流程各业务节点操作通过平台进行固化，实现招投标流程标准化实施。在技术标准化上，基于 ECP2.0 建成全球最大的电网物资采购标准体系，形成18.2万条物资和服务主数据、870余项采购标准，均进行结构化部署。在供应商信息标准化上，组织开展免费常态化供应商信息核实，企业基本信息、经营状况、生产装备、技术能力等数据经核实后，以统一形式结构化存储于云端，供应商在投标时可以直接引用。在设备全生命周期评价数据标准化上，采购平台与公司投资、计划、预算、设备、法律等专业系统以及供应商生产系统互联互通，将各专业质量评价数据进行结构化存储，联动到招标采购评审得分。通过上述业务、技术、供应商信息、设备全生命周期评价数据等的多维标准化体系建设，为采购数字化转型和智能评审奠定基础。

（二）数据应用多元化

基于采购数据的标准化建设成果，让"数据多说话"，通过差异化路径，实现供应商结构化响应的资源实力信息、技术参数以及设备全生命周期评价信息等多样化数据贯通应用至采购评审。供应商资源实力信息，基于核实服务，供应商在投标时可直接引用结构化存储的资源实力数据。精益智能评审构建"一个规则，三张报表"（一套统计规则形成投标数据表、核实数据表、评审数据表三张报表）的技术路径。资源实力数据可基于 ECP2.0 模块间数据贯通通道，依据供应商投标时提交的"资质业绩凭证单"文件，为平台提供数据索引关系，将数据贯通至采购评审，通过前台配置筛选、加总、计数、判断等多样化数据统计规则，将资源实力结构化明细型数据计算成评审所需汇总型数据，形成报表为自动评审提供数据基础。技术参数数据，依托结构化部署的技术参数主数据和采购标准体系，供应商可通过 ECP2.0 投标工具实现技术参数的结构化响应，精益智能评审可实现结构化投标数据的自动读取应用。设备全生命周期多样化数据，应用"5E 一中心"一体化平台的协同作用，精益智能评审可将设备、营销、调度等多专业绩效评价，供应商不良行为处理等结构化信息，通过平台间数据的互联互通直接进行动态抓取并应用，做到"一次存储、共享共用"。

（三）专家评审智能化

深化应用人工智能技术，将供应链内外部数据在采购评审环节深化应用，推广客观量化评审，精益智能评审按照"筛选＋汇总"的模块化评审规则配置思路进行功能设计，使评审规则通过筛选层和汇总层两个模块分步进行配置；筛选层规则实现将供应商资质能力核实、监造抽检、合同履约、绩效评价、不良行为处理、信用信息等内外部专业数据从平台底层明细型数据库中挑选出来；汇总层规则实现对筛选出的数据进行处理，达到评审应用维度。按照各采购项目初评、详评的评审规则，业务人员可以通过精益智能评审前台分别对筛选层和汇总层进行灵活配置，通过筛选逻辑与汇总逻辑的任意排列组合，形成多样化比对和计算逻辑来满足各采购项目的差异化评审需要，对投标人相应的结构化数据进行智能评审，实现投标数据自动比对，问题数据自动提示，初评智能否决，详评智能赋分。

对于供应商资源实力信息，平台依据配置的比对和计算逻辑，自动对数据进行关联应用、统计分析，"一键式"智能量化评审。对于技术参数数据，平台根据结构化技术规范中的技术要求，对供应商响应的结构化数据进行自动比对，为评标专家提供技术评审建议。对于设备全生命周期多样化数据，平台对应配置的评分规则，自动评审赋分，客观真实地反映设备在交付验收、安装调试、设备运行等过程中的质量情况，极大地提高了评审质效。

二、精益智能评审的创新亮点

应用精益智能评审的智能采购实践，以"采购数据标准化、数据应用多元化、专家评审智能化"为思路，相较其他同类经验做法，主要呈现以下亮点（见图10）。

实现数据深入挖掘利用，发挥数据应用价值，推动"业务数据化"向"数据业务化"转变，大幅提升采购评审工作质效，节约采购双方成本，有助于持续做好企业降本增效的"减法"和转型升级的"加法"。

实现数据分层管理，按照数据分层原则，创新建立"基础数据明细层、采购应用数据层、比对及计算逻辑数据配置层"主体架构。基础数据明细层，以结构化形式存储系统底层数据；采购应用数据层，可视化呈现采购应用到的供应商结构化数据，形成可查询、可补正的供应商信息数据表；比对及计

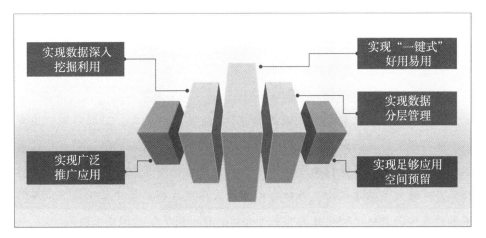

图 10　精益智能评审的五大亮点

算逻辑数据配置层，实现初评、详评规则灵活配置。

实现"一键式"好用易用，通过前台配置筛选、加总、计数、比较、判断、取值等多样化规则，将海量结构化明细型数据，计算成评审所需汇总型数据，依据各种初评详评客观规则，通过前台灵活配置比对和计算逻辑，实现初评自动否决、详评客观分自动打分，否决及详评客观分自动回传平台端，为评标专家提供高效的辅助支撑，有效提升评分效率及准确性。

实现广泛推广应用，通过模块化配置、自动关联、分层应用的设计思路，平台端与工具端相结合的实现路径，精益智能评审具备较强的可拓展性，在有效保证数据处理能力的前提下，可实现用户根据实际需要自行配置规则，兼顾用户灵活应用需要，有利于在不同形式采购项目上推广应用。

实现足够应用空间预留，具备很强的应用数据扩大能力，可将采购评审涉及的各类结构化信息数据纳入精益智能评审范围，以数据驱动业务再提升，推动供应链规范管理、提质增效。

三、精益智能评审的应用成效

国家电网积极践行央企责任担当，持续深化绿色现代数智供应链应用，以数据应用为抓手，将质量保证能力作为核心要素融入评审全过程，深化应用人工智能技术，推广客观量化评审，进一步驱动传统采购业务转型升级，推动智能采购业务再提升，以智能采购带动供应链全流程数字化效能发挥，服务"双碳"目标和新型电力系统建设，让国网现代智慧供应链惠及更多市场主体，助推国家高质量发展。公司现代智慧供应链获评全国首批供应链创新与应用示范企业，有关经验做法成功入选世界互联网领先科技成果典型案例，招标采购连续 7 年保持中央企业采购管理对标第一名。

（一）助力专家评标公正高效

从"经验判断"转型为"数据画像"，实现"一键式"自动评审，使专家打分有据可依、高效公正，将专家从烦琐的信息检索、提取、整理、比对工作中解放出来，有效提高了评审质量和效率，使专家打分有据可依、高效公正，有效防范廉政风险。同时有助于最大限度地推广客观量化评审，规范专家的自由裁量权，持续打造"公平公正、规范诚信"的阳光采购品牌。

以国家电网大规模集中招标输变电线路材料采购项目为例，一个项目涉及近 300 家供应商的 25 万余项结构化数据，应用精益智能评审可实现秒级精准汇集全量客观评审项的自动比对，3 万余项客观评审要素自动算分，大幅减轻专家评标工作强度，进一步提升评审精确度，实现客观量化评审无差错。

（二）培育采购发展新动能

通过差异化选取数据整合方式，模块化配置数据整合逻辑，精益智能评审有极强的功能拓展、共享、复用能力，可以最大限度地满足不同行业领域、不同采购形式项目的个性化定制需求。目前，精益智能评审已在国家电网输变电项目 13 大类电网物资 7 万余种物料中展开应用，满足资格预审、资格后审等多种形式的采购项目自动评审，进一步提升智慧化水平，助力智能评标全覆盖，纵深推进采购领域提档升级。

与此同时，精益智能评审汇聚多平台跨模块的采购评审数据，对海量数据进行深入挖掘，挖掘结果又可作为采购策略制定的重要数据支撑。行使招标采购的闭环管理，有效打破信息孤岛，充分发挥数据应用价值，辅助招标人不断优化采购策略，进一步提升采购策略的科学性和实时适应性，从而获得更佳采购效果，助力招投标行业改革创新和价值创造。

（三）引领电工装备产业提档升级

数字化、智能化采购向招投标市场传递高质量采购导向，拉动产业链供应链提档升级。强化数据互联共享，在电子化采购中贯彻"质量第一"导向，运用人工智能、大数据技术建立数据模型，对设备生产、运行、履约、抽检等全生命周期数据深度挖掘、灵活应用，将供应商管理成果与招标联动，质量管理数据在评标过程中得到充分应用。

在智能采购评审中，更加注重技术实力水平、更加注重质量服务提升、更加注重长期安全可靠运行。国家电网输变电项目采购优质供应商市场占有率已达 100%，从源头确保采购设备质量，推动采购从"选设备"向"优选供应商"转变，实现采购"好中选优"，推动电网装备迈向中高端，培育了一批质量过硬、掌握核心技术的电工装备制造企业，在国内外市场形成核心竞争力，实现产业链高质量发展。

（四）服务绿色低碳产业链发展

在"双碳"背景下，更加注重对供应商技术实力水平的评价。加强对电工装备的能效等级标准研究，例如节能变压器，将节能高效水平纳入结构化技术评审，通过智能评标"助手"实现"绿色参数"（体现高效节能、低碳环保的技术参数）的自动筛查比对，智选出符合要求的高能效装备，引导产业链供应商上下游绿色低碳生产，降低社会能耗。

同时，运用现代物联技术，将数字化从招标采购向全供应链延伸，推动形成更高效、更柔性、更便捷的全供应链协同发展方式。将智能采购信息交互与共享延伸至供给侧制造领域和物流领域，促进电工装备设计研发、生产制造及物流服务等加快数字化、智能化改造，推动产业绿色转型、提档升级。通过"绿色采购"，推动产业链供应链上下游绿色低碳生产，助力构建新型电力系统，实现"双碳"目标。（国家电网　杨砚砚、陈少兵、黄柱、张元新、赵宇思）

4 数字化成效与贡献

数字化成效与贡献维度下的指标设置，包含 2 个一级指标、4 个二级指标、13 个三级指标，分述如下。

4.1 数字化成效

4.1.1 采购供应链全业务在线率

企业应推动业务全面上线运行，实现业务的全面数据化，包括业务全程端到端各环节全面上线、企业所有需求品类采购业务全面上线、企业所有部门及所有下属单位采购业务全面上线运行。

4.1.1.1 业务全程在线率

企业采购供应链业务从需求提出到需求满足的全流程端到端各环节上线应用程度。

■ 评价所需证明材料：

①业务上线通知发文

②下属单位全流程端到端的业务流程环节清单

③上述清单中各环节的业务在线开展情况

■ 指标评分细则

A：采购供应链业务仅不到30%的环节上线，未实现全流程端到端的业务在线化。

B：通过采购供应链数字化平台的支撑，实现业务流程近50%的环节线上管理。

C：通过采购供应链数字化平台的支撑，实现业务流程50%以上的环节线上管理，未实现全流程业务在线。

D：通过采购供应链数字化平台的支撑，实现企业内各级组织范围的采购供应业务全流程80%以上环节线上管理。

E：通过采购供应链数字化平台的支撑，实现企业内各级组织范围、上下游相关企业的采购供应业务全流程各环节100%闭环线上管理。

释义

本指标中端到端流程涵盖采购供应链业务的全部环节，是从提出采购需求端出发到满足客户需求端去，提供端到端服务，端到端的输入端是市场，输出端也是市场。

提示

指标评分遵循"就高不就低"原则，譬如某企业采购供应链业务有90%的环节线上管理，已满足并超过4档分级标准，但还达不到5档评分级标准，则企业得分为D。

⑦ 问题

问：本指标中的业务数据化指什么？

答：业务数据化，也可以叫业务信息化。大多数企业采购供应链管理都是从单个信息系统开始建设，譬如 OA 系统、CRM 系统、ERP 系统等的运行其实都属于业务的数据化，但是由于许多采购环节是在线下展开，目前做到完全数据化尚有困难。本指标强调采购业务从需求提出到需求满足的全环节都在信息化系统中（线上）运行，才能实现业务的全程数据化。

4.1.1.2 组织上线率

企业的采购供应链业务组织上线应用程度（涉及军工等特殊要求需要保密的除外）。

■ 评价所需证明材料：

①业务上线通知发文

②分子公司清单

③相应分子公司近一年线上业务数据汇总表

■ 指标评分细则：

A：采购供应链业务仅有不到30%下属单位上线，未实现全组织的业务在线化。

B：通过采购供应链数字化平台的支撑，实现近50%的下属单位采购供应链业务线上管理。

C：通过采购供应链数字化平台的支撑，实现50%以上的下属单位采购供应链业务线上管理，但未实现全部下属单位的业务在线化。

D：通过采购供应链数字化平台的支撑，实现企业80%以上的下属单位采购供应链业务线上管理，但未实现全部下属单位的业务在线化。

E：通过采购供应链数字化平台的支撑，实现企业从总部到下属单位全组织范围、上下游相关企业的采购供应链业务线上管理。

⊘ 释义

在互联网、大数据和云计算等信息技术快速发展及技术应用日趋成熟的背景下，企业采购全流程电子化已成为必然要求和发展趋势。近年来，许多集团型企业都搭建了电子化采购平台，实现总部部门及下属企业采购全流程在线交易和监管，完成从"线下"采购到全流程"线上"采购的蜕变。电子化采购不仅可以节省时间、提高效率、降低企业参与成本、方便供应商，还有助于提升企业采购透明度、规范采购行为、全程留痕，让监督管理变得更容易，最大限度地避免人为因素的干扰，抑制腐败现象的发生，实现"全集团一张网"。

📍 提示

指标评分遵循"就高不就低"原则，譬如某企业采购供应链业务有40%的下属单位实现线上管理，满足2档分级标准，达不到3档评分级标准，则企业得分为B。

❓ 问题

问：企业建设统一采购供应链数字化平台的价值体现在哪些方面？

答：企业依托统一采购供应链数字化平台，可统一管理采购文件范本、统一分析采购价格的合理性和竞争的充分性，对供应商、评标专家实施统一监管。统一平台可以充分发挥招标采购一体化协同效应，促进货物、服务和工程等各类招标采购最佳实践分享和知识流动。

4.1.1.3 品类上线率

企业采购供应链业务所需品类纳入线上管理和业务操作应用的程度（涉及军工等特殊要求需要保密的除外）。

■ 评价所需证明材料：

①业务上线通知发文

②采购需求全品类清单或物料编码清单

③对应清单的线上采购记录

■ 指标评分细则：

A：采购供应链业务仅不足30%的品类通过系统平台支撑，无法实现全品类的业务在线化。

B：通过采购供应链数字化平台的支撑，实现近50%的品类的线上采购供应管理。

C：通过采购供应链数字化平台的支撑，实现50%以上的品类的线上采购供应管理，但未实现全品类的业务在线化。

D：通过采购供应链数字化平台的支撑，实现80%以上的品类的线上采购供应管理，但未实现全品类的业务在线化。

E：通过采购供应链数字化平台的支撑，实现企业工程建设、生产运营、管理服务全品类的线上采购供应管理。

📎 释义

本条中"品类"即商品的分类，每个企业根据实际需要，进行采购品类管理，品类一般分为大类、中类和小类，是企业采购专业度的体现。物料编码是唯一标识物料的代码，通常用字符串（定长或不定长）或数字表示，是计算机系统对物料的唯一识别代码。

📍 提示

企业采购供应链数字化平台上线后，一般会先将集团及下属企业的重点大额采购品类上线运行，在对操作程序日益了解与熟练的基础上，再扩展其他的采购品类上线操作，最终目标是将从总部部门到所有下属单位的全部采购品类纳入线上管理和业务操作，实现业务全面数据化。

❓ 问题

问：企业采购物资品类根据采购特点可如何划分？

答：根据卡拉杰克矩阵，按照收益影响和供应风险两个重要方面，将采购物资分为4个类别：杠杆物资、战略物资、非关键性物资和瓶颈物资。杠杆物资就是可选供应商较多、能够为买家带来较高利润的采购物资。战略物资就是对买方的产品或生产流程至关重要的采购物资。非关键性物资就是指供给丰富、采购容易、财务影响较小的采购物资。瓶颈物资就是指只能由某一特定供应商提供、运输不便、财务影响较小的采购物资。

4.1.1.4　供应商动态量化考核在线率

企业供应商的考核评审项目在线动态量化考核应用程度，包括但不限于准入评审、年度评审、季度评审（如有）、合同（订单）履约评审、即时评审等。

■ 评价所需证明材料：

①供应商管理及考核评价制度

②供应商动态量化考核系统功能

③近一年度供应商动态量化考核数据

■ 指标评分细则：

A：针对供应商的准入评审、年度评审、季度评审（如有）、合同（订单）履约评审、即时评审等，采用线下打分考核评价，或在线打分考核（供应商比例或打分项比例）不足30%。

B：针对供应商的准入评审、年度评审、季度评审（如有）、合同（订单）履约评审、即时评审等，采用在线动态量化考核评价（供应商比例或打分项比例）近50%以上，但未实现供应商全覆盖或打分项全覆盖。

C：针对供应商的准入评审、年度评审、季度评审（如有）、合同（订单）履约评审、即时评审等，采用在线动态量化考核评价（供应商比例或打分项比例）达到50%以上，但未实现供应商全覆盖或打分项全覆盖。

D：针对供应商的准入评审、年度评审、季度评审（如有）、合同（订单）履约评审、即时评审等，采用在线动态量化考核评价（供应商比例或打分项比例）达到80%以上，但未实现供应商全覆盖或打分项全覆盖。

E：集团或企业所有供应商的准入评审、年度评审、季度评审（如有）、合同（订单）履约评审、即时评审实现100%全面在线打分考核、数据齐全，按照模型自动汇总评价、分级。

📎 释义

本条中"动态"是相对于静态而言的，指实时反映供应商表现的发展变化情况；"量化"就是将一些不具体，模糊的因素用具体的数据来表示，从而达到分析比较的目的。

提示

企业实行全面的供应商动态量化考核体系，培育诚实守信、实力过硬的优质供应商群体，增强对供应商的管控能力，选出自己的优质主力供应商队伍，可有效规避物资供应风险，降低采购成本，保证安全、及时、经济供应。

问题

问：即时评审与阶段评审的区别是什么？

答：即时评审是企业对于供应商的具体表现做出的即时表扬与批评。阶段评审是企业对于供应商阶段性的供应表现做出的一定时期的总体评价，具体包括年度评审、季度评审、合同履约评审等。

4.1.2 采购供应链数字化效能

评价企业通过推进采购供应链数字化的实施，在采购供应链业务操作自动化、采购供应链运营的预测与决策智能化、采购供应链上下游内外部集成协同化等方面取得的成效。

4.1.2.1 采购供应链业务操作自动化水平

企业采购供应链全流程各环节业务的自动化处理程度，包括但不限于需求的自动归集汇总、自动分发，预算自动控制、基于规则的订单自动下达、招采环节的响应要素自动评审、供应商相关市场信息的自动搜集、出入库自动感知、库存自动盘点、自动计量等。

■ 评价所需证明材料：

①采购供应链业务操作自动化功能清单

②业务操作自动化记录

■ 指标评分细则：

A：采购供应链全流程业务中基本没有操作自动化或只有个别环节实现了简单的自动化操作。

B：采购供应链全流程业务中 1～2 个场景采用了自动化处理，例如需求自动归集汇总、采购申请自动分发、预算自动控制、供应商相关市场信息的自动收集等。

C：采购供应链全流程业务中不少于 3 个场景采用了自动化，如需求自动归集汇总、预算自动控制、供应商相关市场信息的自动收集、出入库自动感知、库存自动盘点等。

D：采购供应链全流程业务中不少于 5 个场景采用了自动化处理，例如需求自动归集汇总，采购申请自动分发，预算自动控制，出入库自动感知，库存自动盘点、自动计量，有规则订单自动下达，招采环节相应要素自动评审等。

E：采购供应链全流程各环节均有自动化处理场景，包括但不限于需求的自动归集汇总，采购申请自动分发，基于规则的订单自动下达，招采环节的相应要素自动评审、供应商相关市场信息的自动收集，出入库自动感知，库存自动盘点、自动计量等。

释义

本条中采购供应链业务操作自动化是指机器设备、系统或过程（生产、管理过程）在没有或较少人工直接参与的情况下，按照人的要求，经过自动检测、信息处理、分析判断、操纵控制，实现采购供应链业务操作预期目标的过程。

提示

目前国内自动化技术的发展速度，已超出了很多人的想象，自动化的概念已扩展为用机器不仅代替人的体力劳动，而且代替或辅助脑力劳动，以实现自动地完成特定的作业。

问题

问：企业实现全流程各环节业务自动化处理有什么价值？

答：企业可大幅降低人力成本，提高工作效率，减少工作差错，具体如下：①帮助企业员工从烦琐、缓慢的文书工作过渡到在线系统的快捷操作；②减少重复任务中的手工劳动，加快工作效率并最大限度地减少错误的发生；③使员工专注于需要人工干预和智能的工作；④可使来自不同系统的数据安全地被存储及访问；⑤随着外部环境变化和内部需求调整，可帮助企业快速调整流程。

4.1.2.2 采购供应链集成协同化水平

企业建设一体化的数字化平台或集成化的采购供应链管理系统，与供应商、需求用户、相关管理部门的信息系统或数字化平台集成共享程度，从以往的线下沟通到数字化时代的系统集成、线上交互、商务协作、价值创造和生态共赢等集成协同程度。

■ 评价所需证明材料：

①采购供应链系统或数字化平台上下游、内外部集成清单

②鼓励上下游、内外部集成协同化功能及应用报告

■ 指标评分细则：

A：与供应商、需求用户、相关管理部门没有系统集成，没有网上协同，仅通过电话、邮件、社交工具等离线途径进行信息交换，仅通过文本邮寄等进行交流沟通、数据获取，主要采用线下协同处理。

B：与供应商、需求用户、相关管理部门全部或部分实施了信息系统或数字化平台的接口互联和数据信息交换，数据线上推送、传递，提高数据获取便捷性和交流沟通效率，初步实现线上协同协作。

C：与供应商、需求用户、相关管理部门全部或部分实施了信息系统或数字化平台的深度集成、实时交互，以需求或订单为载体实施数据资源共享，能够开展需求协同、财务法务协同、在线签约、产品上架、订单协作、物流协同、验收支付结算协同等，实现与上下游、内外部的商务和业务协作。

D：与供应商、需求用户、相关管理部门全部实施了信息系统或数字化平台的深度集成、实时交互、数据资源共享、全面网上协同，基于市场洞察和需求预测，主动服务需求客户、创造价值，主动对接供应商协同设计、协同制造。实现了从设计、市场、策略、计划、采购、制造、交付、运维等环节与客户、供应商的全面协同。

E：与供应商、需求用户、相关管理部门全部实施了信息系统或数字化平台的深度集成、实时交互、数据资源共享、全面网上协同，根据本企业产业链总体战略，主动介入需求形成过程，拓展、发展、培育、管理供应资源，

挖掘合作伙伴价值，聚合产业链，建立涵盖需求方、采购方、供应方的数字化供应链生态，创新商业模式，实现三方价值创造和协同共赢。

释义

本条中"集成"是指聚合而成，"协同"是指协调两个或者两个以上的不同资源或者个体，协同一致地完成某一目标的过程或能力。采购供应链集成协同不仅指企业内部各部门之间、各信息系统之间的协同，还包括与供应商、用户之间的信息系统协同，以实现内外部资源共享、共创的目标。

提示

供应链的核心是协同，包括内部供应链与外部供应链两个方面的协同。内部供应链是指企业内部产品生产和流通过程中所涉及的采购部门、生产部门、仓储部门、销售部门等组成的供需网络。外部供应链是指企业外部的，与企业相关的产品生产和流通过程中所涉及的供应商、生产商、储运商、经销商以及最终消费者组成的供需网络。

问题

问：供应链价值效益如何才能充分发挥？

答：研究及数据表明，当供应链数字化实现跨环节、跨领域集成，价值效益才能充分发挥，产生量变到质变的飞跃，价值效益才能呈现指数级增长。

4.1.2.3 采购供应链决策预测智能化水平

企业基于统一的业务数据标准和业务流程模板，采购供应链各环节研究建立辅助决策、预测数字化模型，通过数据模型的智能、仿真分析，驱动供应链业务运行、提供业务优化与商业模式创新建议程度。包括但不限于基于品类的需求预测模型、安全储备模型、供应商评价模型、智能评标模型、采购供应数据全链路分析模型等，协同供应链上下游企业数据信息实现智能决策、预测和供应链优化。

■ 评价所需证明材料：

①采购供应链决策预测模型清单

第二篇　《企业采购供应链数字化成熟度模型》释义及评价指南

②决策预测智能化报告

■ 指标评分细则：

A：采购供应链全流程中未建立任何数据分析模型开展智能分析辅助决策，或只有个别非常简单的数据分析应用。

B：采购供应链全流程中1~2个场景建立了简单的数据分析模型，基于模型开展数据分析，用于辅助决策或预测。

C：采购供应链全流程中3~5个场景建立了成熟的数据分析模型，基于模型实现了智能分析、辅助采购供应链管理及业务的辅助决策、动态预测。

D：基于统一的业务数据标准和业务流程模板，采购供应链全流程中5个以上场景建立了较为完善的数据分析模型，通过采购供应数据智能分析，建立覆盖全组织、全品类、流程各环节的采购供应数据全链路分析应用，辅助进行智能决策、智能预测和供应链运行优化，提高了供应链绩效。

E：基于统一的业务数据标准和业务流程模板，为采购供应链各场景研究建立了辅助决策、预测数字化模型，通过数据模型的智能、仿真分析驱动采购供应链业务运行，提供业务优化与商业模式创新建议等，包括但不限于基于品类的需求预测模型、安全储备模型、供应商评价模型、智能评标模型、采购供应数据全链路分析模型等，协同供应链上下游企业数据信息实现智能决策、预测和优化。

📎 **释义**

本条中"决策"指决定的策略或办法，是企业为各种事件出主意、作决定的过程，预测指预先推测或测定。采购供应链决策预测智能化指企业通过采购供应链信息系统或管理平台，可以对供应链管理提供决策支持，对采购预测提供智能参考。

📍 **提示**

数据是数字经济时代最关键的生产要素，也是企业的核心资产。

❓ **问题**

问：企业对数据资源的开发利用和价值挖掘工作可如何开展？

— 301 —

答：近年来，部分国有企业已经建立规范的数据标准和有效的管理机制，为数据的采集、存储、传递奠定了坚实的基础，数据工作重心逐步转向数据资源的开发利用和价值挖掘，对内建立数据驱动的智能辅助决策和全局优化体系，不断提升全要素生产力；对外通过数据的资产运营培育壮大数字业务，形成数据驱动的新技术、新产品、新模式和新业态。

4.2 产业数字化贡献

4.2.1 行业引领示范作用

4.2.1.1 数字化发展模式领先情况

企业在推进采购供应链数字化的过程中，形成路径清晰、功能完整的采购供应链数字化发展模式和数字化成果的情况。

■ 评价所需证明材料：

①供应链数字化规划报告

②来访学习交流记录

③媒体报道相关材料

■ 指标评分细则：

A：尚未形成采购供应链数字化发展模式或者正在形成模式的初期。

B：采购供应链数字化发展模式基本形成且在企业内部得到认可。

C：采购供应链数字化发展模式在其产业上下游得到普遍认可。

D：采购供应链数字化发展模式在行业交流中得到普遍认可。

E：采购供应链数字化发展模式在媒体广泛传播，在社会层面得到认可。

📎 释义

本条中"数字化发展模式"指企业结合自身实际情况所形成的数字化发展方向，以及在数字化建设体制、结构、思维和行为方式等方面的特点。数字化成果是指企业在数字化建设方面的心得或收获，并通过文字或其他形式进行展现。

📍 提示

中央企业和国有重点骨干企业不仅要做好分内工作，更要有社会责任感，带动中小企业数字化新发展，服务国家经济和社会民生，充分发挥国有企业的排头兵作用。

② 问题

问：供应链数字化发展模式和数字化成果推介宣传的方式有哪些？

答：一是沉淀形成可视化成果对外开放；二是转化为相关产品或服务对外赋能；三是塑造供应链数字化建设领先品牌；四是发布相关指数与行业发展报告；五是开展全渠道成果的传播推广；六是推动成果的第三方认可等。

4.2.1.2 采购供应链数字化标准制定情况

企业在推进采购供应链数字化的过程中，在采购供应链数字化领域参与国家标准/团体标准的制定，将采购供应链管理及数字化的理念、模式融入标准制定中，用于服务社会情况。

■ 评价所需证明材料：

①参与或独立承担标准制定清单

②标准证明材料

■ 指标评分细则：

A：未参与国家标准/行业标准/团体标准的制定，或者已经开始参与相关标准的制定但尚未完成。

B：参与完成了1项国家标准/行业标准/团体标准的制定；积极宣传、推动所参与标准在本企业落地应用。

C：参与完成了2~3项国家标准/行业标准/团体标准的制定；所参与标准在本企业基本得到落地应用。

D：参与完成了3~4项国家标准/行业标准/团体标准的制定；所参与标准在本企业得到全面落地应用，效果良好。

E：参与完成了5项以上国家标准/行业标准/团体标准的制定；所参与标准在本企业得到全面落地应用，同时积极推动其在供应链上下游企业以及国内外其他企业的应用。

📎 **释义**

本条中"数字化标准"是对企业数字化建设行为作出的统一规定，它以科学技术和实践经验的结合成果为基础，经有关方面协商一致，由主管机构批准，以特定形式发布，作为共同遵守的准则和依据。

📍 **提示**

没有规矩不成方圆。各种标准的制定和实施，可帮助相关企业提高管理水平，并获得稳定的市场秩序和社会效益。

❓ **问题**

问：我国的标准根据制定主体不同，可以分为哪些类别？

答：我国的标准根据制定主体不同，可以分为国家标准、行业标准、地方标准、团体标准、企业标准。国家标准是指由国家机构通过并公开发布的标准，国家标准分为强制性国家标准和推荐性国家标准。行业标准是指没有推荐性国家标准，需要在全国某个行业范围内统一的技术要求。地方标准是指在国家的某个地区通过并公开发布的标准。团体标准是由团体按照团体确立的标准制定程序自主制定发布、由社会自愿采用的标准。企业标准是由企业内部需要协调统一的技术要求、管理要求和工作要求制定的标准。

4.2.2 新业态培育创新

4.2.2.1 采购供应链数字化带动水平

企业在采购供应链运营过程中带动供应商开展网上销售，例如供应商配合企业开展电商化销售或设立电商化销售部门、电商化岗位等，从而提升整个产业链、供应链的流通、运营效率。

■ 评价所需证明材料：

①配合开展网上销售或电商化销售供应商名录

②相应供应商的信息系统集成清单

③带动供应商开展数字化销售的典型案例材料

■ 指标评分细则：

A：无明确措施来推动供应商在本企业采购商城开展网上销售、电商化销售（如供应商建立电商平台或设立电商化销售部门、电商化岗位等），对供应商信息化或数字化转型基本无（或较少有）带动作用。

B：有意识地带动供应商在本企业采购商城开展电商化销售，带动供应商建立电商平台/销售系统（设立电商化销售部门、电商化岗位），其比例占年度交易供应商群体的15%（含）以下，对供应商数字化转型有一定推动作用。

C：积极带动供应商开展电商化销售或带动供应商设立电商化销售部门、电商化岗位，其比例占年度交易供应商群体的15%～30%（含），对供应商数字化转型有较大推动作用。

D：积极倡导和大力推动供应商开展销售数字化转型，带动供应商开展电商化销售或带动供应商设立电商化销售部门、电商化岗位，其比例占年度交易供应商群体的30%～45%（含）。

E：制定激励措施，大力推动供应商开展采购、销售数字化转型，带动供应商开展网上采购、电商化销售或带动供应商设立电商化销售部门、电商化岗位，其比例占年度交易供应商群体的45%以上。

释义

本条中"采购供应链数字化带动"是指通过在采购供应链管理活动中施加动力使供应商在供应链数字化建设方面相应地行动起来，引导其前进。供应链核心企业承担着供应链组织者和协调者的功能，在用户需求的拉动和利润需求推动下，驱动整条供应链的运行，是供应链运行的动力源。

提示

供应链核心企业通过信息化带动供应商群体共同形成供应链一体化，从而牵头带动产业发展。

？问题

问：供应链核心企业的认定标准是什么？

答：供应链核心企业至少需具备以下条件之一：在产业供应链中居关键位置，它的存在与运营状态决定了产业供应链的存在与运营状态；掌握核心技术，这个核心技术可以是生产制造技术，也可以是管理或信息技术；生产经营规模或资金规模居于链条上相关企业之首。

4.2.2.2　网络协同制造带动水平

企业在主要设备、物资的采购过程中，将采购供应链数字化能力延伸至供应资源端，影响和带动供应商，从产品设计、生产计划、质量要求等方面与企业开展网上制造协同，达成供应端与企业采购需求的高效配合。

■ 评价所需证明材料：

①配合开展网络协同制造的供应商名录

②供应商协同制造典型案例材料

■ 指标评分细则：

A：带动供应商开展协同制造，与供应商生产、制造管理系统进行互联互通，共享制造、检验、库存、出厂等过程数据，通过工业互联网配合本企业采购需求进行生产的供应商比例达到1%（含）以内。

B：积极带动供应商开展协同制造，与供应商生产、制造管理系统进行互联互通，共享制造、检验、库存、出厂等过程数据，通过工业互联网配合本企业采购需求进行生产的供应商比例达到1%～2%（含）。

C：积极带动供应商开展协同制造，与供应商生产、制造管理系统进行互联互通，共享制造、检验、库存、出厂等过程数据，通过工业互联网配合本企业采购需求进行生产的供应商比例达到2%～3%（含）。

D：积极带动供应商开展协同制造，与供应商生产、制造管理系统进行互联互通，共享制造、检验、库存、出厂等过程数据，通过工业互联网配合本企业采购需求进行生产的供应商比例达到3%～4%（含）。

E：积极带动供应商开展协同制造，与供应商生产、制造管理系统进行互联互通，共享制造、检验、库存、出厂等过程数据，通过工业互联网配合本企业采购需求进行生产的供应商比例超过 4%。

📎 释义

　　智能制造是一种新的制造模式，区别于传统制造，是制造业发展的方向，目标是高效满足个性化需求。供应链核心企业是驱动整条供应链发展的动力源，应该加强对网络协同制造方面的规划与设想，与供应商加强沟通协作，共同致力于达成供应端与企业采购需求的高效配合。

📍 提示

　　当前，全球制造业正加快迈向数字化、智能化时代，智能制造对制造业竞争力的影响越来越大。我国传统制造业总体上处于转型升级的过渡阶段，相当多的企业在产业分工中处于中低端环节，且很多企业仍满足低成本竞争，使用智能设备的动力不足。

❓ 问题

　　问：协同制造的优势有哪些？

　　答：协同制造是 21 世纪的现代制造模式，它打破时间、空间的约束，通过互联网络，制造模式使整个供应链上的企业和合作伙伴共享客户、设计、生产经营信息。从传统的串行工作方式，转变成并行工作方式，从而最大限度地缩短新品上市的时间，缩短生产周期，快速响应客户需求，提高设计、生产的柔性；通过面向工艺的设计、面向生产的设计、面向成本的设计、供应商参与的设计，大大提高产品设计水平和可制造性以及成本的可控性；有利于降低生产经营成本，提高质量，提高客户满意度。

4.2.2.3　数字技术服务产业带动水平

　　企业采购供应链信息系统或数字化平台采用或推动研发新的数字技术、新的数字化功能的应用，致力于拉动同行业或社会的数字化服务需求，推动采购供应链数字化新技术的开发或应用推广。

　　■ 评价所需证明材料：

　　①供应链数字化创新功能建设报告

②数字化新技术开发或新技术应用证明材料

③典型案例证明材料

■ 指标评分细则：

A：尚未采用数字技术开展采购供应链数字化建设，或采购供应链信息化、数字化设施比较简单，仅满足内部应用，对外借鉴价值不高。

B：通过引入数字技术开展供应链数字化建设或支持数字技术开发应用，对数字技术服务产业发展做出了一定贡献。

C：积极推进采购供应链信息化、数字化建设，推动应用最新数字技术、最新软件产品，并将成熟应用成果对外宣传交流，有较强的参考借鉴价值，一定程度上促进了数字技术服务产业的发展。

D：在采购供应链信息化、数字化建设过程中，支持开发或应用最新数字技术、最新软件产品，在某一领域弥补技术产品空白或处于领先水平，通过将成熟技术或应用成果对外宣传交流，促进同行企业借鉴使用，从而带动数字技术服务产业的发展。

E：在建设智能先进的采购供应链数字化平台过程中，大力推动信息技术、数字技术创新开发或创新应用，在多个领域弥补技术产品空白并对外积极推广应用，对数字技术、数字经济及产业发展起到了极大的带动作用。

释义

供应链核心企业应充分发挥带头引领作用，促进供应链与互联网、物联网深度融合，积极应用供应链新技术、新模式，高效整合各类资源和要素，打造大数据支撑、网络化共享、智能化协作的供应链数字化体系，拉动同行业或社会的数字化服务需求，推动供应链数字化新技术的开发或应用推广。

提示

国务院办公厅发布了《关于积极推进供应链创新与应用的指导意见》，意见提出要"以提高发展质量和效益为中心，以供应链与互联网、物联网深度融合为路径，以信息化、标准化、信用体系建设和人才培养为支撑，创新发展供应链新理念、新技术、新模式，高效整合各类资源和要素，提升产业集成和协同水平，打造大数据支撑、网络化共享、智能化协作的智慧供应链体系，推进供给侧结构性改革，提升我国经济全球竞争力"。

⑦ 问题

问：企业采购数字化服务的价值有哪些？

答：首先，通过运用大数据、O2O、移动支付、AR/VR、人工智能等技术，能为企业提供在线销售、数字技术开发、用户数据托管、数字资产建立等数字化解决方案。其次，通过企业数字化服务，助推转型升级，加速行业结构调整，实现资源的优化配置与循环利用，让传统经营模式下的企业个体转变为"数字化个体"，从而实现经济高质量发展。

4.2.2.4 数字经济生态带动水平

企业致力于构建采购供应链数字化生态，将采购供应链生态体系下的各要素融入企业采购供应链数字化平台，协同提质增效，带动数字化价值向产业生态扩张。

■ 评价所需证明材料：

①企业数字经济生态组成报告

②数字经济生态运行业绩报告

③典型案例证明材料

■ 指标评分细则：

A：以企业内部采购信息化系统封闭运行为主，未形成采购供应链生态，尚无与采购相关的外部生态要素接入。

B：企业采购供应链数字化平台或相关设施适度对外开放，采购供应链相关的上下游资源以及金融、物流、保险、支付、质检、监造等外部生态要素开始接入，但以数据积累利用为主。

C：企业采购供应链数字化平台或相关设施对外开放，采购供应链相关的上下游资源以及金融、物流、保险、支付、质检、监造等生态要素部分接入，尝试构建数字经济生态，带动相关生态要素共同发展。

D：企业采购供应链数字化平台或相关设施对外开放，与采购供应链相关的上下游资源以及金融、物流、保险、支付、质检、监造等生态要素接入，形成数字经济生态雏形，相关生态要素成为采购供应链协同智能不可或缺的组成部分。

E：企业采购供应链数字化平台或相关设施对外开放，与采购供应链相关的上下游资源以及金融、物流、保险、支付、质检、监造等生态要素充分接入，形成了相关生态要素深度协同的数字经济生态圈，带动相关生态要素一起构建协同高效、柔性快反的数字化供应链体系。

释义

本文中数字经济生态是指在供应链核心企业的带动下，将供应链生态体系下的各要素融入企业采购供应链数字化平台，使供应链数字化建设工作进入可持续发展的状态。产业生态是指产业内供应链各企业有机循环的机理，在产业承载能力范围内，供应链各企业与自然环境、社会环境进行耦合优化，实现充分利用资源，消除环境破坏，协调自然、社会与经济的持续发展。

提示

中央企业和国有重点骨干企业在数字经济生态带动中要发挥主力军作用。

问题

问：在数字经济新生态建设中，中央企业和国有重点骨干企业应承担起什么职责？

答：针对我国供应链数字化人才短缺、产业资源不足、创新动力不够等问题，发挥中央企业和国有重点骨干企业自身特点和资源优势，集中智力、资本、数据等资源，推动创新资源的整合协同，与民营企业、中小企业相互融合、共同发展，加快建设数字经济新生态。

案例 7：华能智链，以创新助力能源行业供应链数字化转型

按照华能集团提出的"数字华能、智慧华能"建设要求，华能电商抢抓历史机遇，坚持以"场景管理为基石，数智科技为引擎，供应链解决方案为

抓手"，加快推进数字化建设和转型工作。

　　基于全方位的数字化战略，通过转变理念文化，调整组织架构，更新制度流程，从战略到运营，从前端到后端，从客户端到运营端，综合利用大数据、云计算、物联网、人工智能、移动互联网、区块链等数字技术，创新打造了供应链集成服务平台——华能智链（见图11），成功构建了集招标、采购、销售、物流、金融及云服务为一体的全生命周期、全状态、全场景、全方位综合支撑的数字化智慧供应链集成服务体系。业务涵盖新能源、燃料、电力物资、电力工程、储能、售电、仓储运输、供应链金融等多个板块，赋能能源产业生态圈整体降本增效，有效助力能源及相关行业高质量发展，建设数字化生态圈。

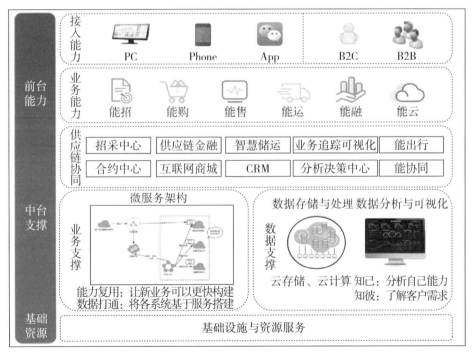

图11　电力行业智慧供应链集成服务平台——"华能智链"架构

　　"华能智链"利用数字技术全面整合商流、物流、信息流、资金流各方供应链资源，推进数字化供应链建设，实现资源及要素优化配置，提升产业集成和协作水平，有效破解能源行业供应链转型升级面临的突出问题。

一、实现产品和服务的数字化

1. 能源大宗供应链板块

围绕电力行业燃料供应需求，以市场化、平台化发展为核心理念，以燃料类产品运营为主导，整合社会产业资源，打造了一站式能源大宗供应链集成服务平台。借助大数据、物联网、可视化等新技术，联合产业链上下游战略合作伙伴，为客户提供专业的综合解决方案，有效降低供应链成本，为客户创造价值，推动传统大宗能源市场的转型升级。目前客户行业领域已由电力行业逐渐延伸至冶金焦煤和水泥煤等领域，并形成了为客户提供涵盖交易、仓储、运输、供应链金融等一站式服务的强大能力。

2. 能源物资供应链板块

（1）穿透式电力供应链管理服务。

可视化管理服务：聚焦风电、光伏、水电等发电板块，以物资供应链为中心，以信息化手段穿透上下游供应商、运输服务公司、监理单位、招标公司等供应链上企业的外部系统（如供应商 ERP 系统、第三方物流系统、供应商管理系统、招采系统等），或通过供应商在系统内填报物资信息的方式，及时获取并采集物资的生产供应情况，通过对采集的供应商信息、物资基础信息、物资状态、物流状态、现场照片、供货问题等相关数据的综合分析，并对关联项目进行基础数据维护，从而向各类用户直观地展示项目物资各环节的可视化报表，对物资供应及时性、项目计划执行情况、运输异常、物资供给问题等进行综合预警，保障物资供应链信息的可管、可查、可见、可控、可防。

电力物资供应服务：针对可视化管理服务中穿透上下游供应链上企业发现的问题及预警，通过整合优质供应商资源，优化供应链服务结构，全面提升运营效率。运用互联网、物联网等信息技术升级产业生态，聚焦长三角一体化、京津冀一体化、粤港澳大湾区建设等国家战略以及集团公司"两线""两化"战略布局区域，为风电、光伏、水电等板块提供电力物资采购、销售、物流、金融及大数据应用等一站式物资供应服务。目前物资供应业务规模超过百亿元，品类SKU超13万个，客户覆盖电力生产企业、电力输配企业、电力设备制造企业、电力建筑企业以及各类新能源企业等产业链上下游各个环节。

（2）能源行业工业品电商平台。

积极顺应工业品采购电商化的趋势，深刻把握行业爆发式增长机遇，构建面向能源及相关行业生态圈的工业品电商交易平台。在公司承接集团公司物资供应中心相关工作的背景下，依托集团公司内部存量千亿级物资供应市场规模，迅速拓展工业品交易业务。平台通过整合集团内部仓储物流线下资源，结合公司供应链集成服务能力，开展工业品模式创新，形成了集撮合模式、平台模式、自营模式、严选模式于一体的工业品电商交易平台。最终平台业务将逐渐从集团公司内部向能源行业和生态圈拓展，随着自动对账、精准营销、智能风控、大数据分析等应用的逐步落地，平台运营模式将向数字化、自动化、智能化方向发展。

3. 智慧物流板块

（1）网络货运服务。

智慧物流平台（能运）是针对能源行业供应链存在的运输服务成本高、资金成本高、服务效率低等痛点，以"无车承运＋多式联运"模式为基础，利用云计算、物联网、大数据等创新技术，打造的一站式智慧物流服务平台。平台致力于用轻资产的模式撬动物流重资产，打造全新的智慧物流生态圈。目前平台经过两年的业务实践，先后获得了"无车承运人"试点资质和"无船承运人"资质，间接收购并托管了具有物联网（IoT）科技研发和应用能力并取得国家"无车承运人"试点资质的无锡远迈信息科技公司。目前在道路运输（网络货运）领域已形成了成熟的业务模式、搭建了稳定的物流平台产品，旗下车联网平台入网车辆数达到45万辆以上，无车承运平台注册车辆数近13万辆，可承运货物类型覆盖散货、件杂货、大件货物等。

（2）数字化仓储服务。

数字化仓储平台利用智能物联网、大数据、区块链等核心技术，立足于第三方仓储物流、生产制造等大宗商品行业客户，为企业提供货物出入库管理、货物存放、货物状态实时追踪、仓单管理等全周期的仓储管理服务功能，使企业对仓储实行智能化、数字化、可视化管理。

4. 供应链金融板块

针对传统能源供应链信任机制缺乏、核心企业信用无法传递等行业痛点，公司以区块链底层技术为基础，依托电厂供应链上真实的贸易背景，连接电厂、供应商、合作机构等供应链生态中的各方，通过区块链技术将电厂资产数字凭证化，实现核心企业信用的跨级传递，打造出"能信"供应链金融业务模式，解决了能源供应链上游中小企业融资难、融资贵问题。"能信"基于华能体系各基层企业的真实贸易背景，在付款时向其供应商在线开立"能信"，供应商接收后，可以在供应链场景中进行拆分、流转，在平台申请融资或持有到期收款。

二、实现企业管理治理数字化

（1）优化企业组织架构。

对组织架构进行优化调整，形成四大职能支持后台、四大业务运营管理支持中台以及涵盖集团物资供应、物流、金融等共8个（类）事业部制业务前台，充分精简、做精后台支持，做实、做强中台支持，做细、做专业务前台。

（2）建设华能智链智慧风控系统。

以上海电商历史交易数据、华能江苏售电公司提供的电力数据及外部公开入数据（工商、税务、司法等）为基础，自主构建了符合供应链行业特征的大数据智能风控模型，实现了对业务和资金风险的事前、事中、事后监管机制，有效防范了相关风险的发生，保障了供应链业务的安全稳定运行。

（3）建设华能智链合同管理中心。

建立合约中心，打通物资供应前后端全流程，形成链接物资供应前后端的枢纽，通过合约中心对条款、执行情况等进行跟踪，实现前台营销管理、中台合同管理及财务系统的对接，保障物资供应，有效提升合同履约质量。

三、数字化增值服务反哺业务

通过产品服务以及企业本身的数字化，可以积累大量的数据，通过对数据的挖掘再利用，实现增值服务，反哺业务转型。

（1）建设华能智链大数据平台。

针对企业在数字化运营中产生的所有数据，提供的一站式智能数据管理平台，包含数据集成、规范设计、数据质量监控、数据资产管理、数据服务等功能。平台支持多种计算和存储引擎服务，能够进行多维度数据分析与预测，可以帮助企业快速构建从数据接入到数据消费的端到端智能数据系统，消除数据孤岛，形成行业数据标准，孕育更多的数据驱动型产品，加快数据变现。

（2）建设华能智链区块链服务平台。

以区块链底层技术为基础，依托供应链上真实的贸易背景，链接核心企业、供应商、合作金融机构等多方；通过将核心企业资产数字凭证化，利用数字资产可拆分、可多级流传和融资贴现的优势，创新运用银行等资金方给国央企等核心企业的授信，实现核心企业信用的跨级传递，并保证了构成数据的真实有效、不可篡改。能够解决核心企业财务费用居高不下、企业三角债及中小企业融资难、融资贵等问题，解决核心企业确权难的问题，有效地降低供应商企业融资门槛，加快资金周转效率，降低供应链整体资金成本，践行供应链上中小微企业普惠金融服务的同时，实现对电厂采购环节的降本增效，助力集团高质量发展。

四、华能智链新冠疫情供应链数字化解决方案

1. 积极发挥"应急物流"平台优势，解决采购与供应链管理中存在的物流堵点

新冠疫情初期由于缺乏统一的运力调配能力和合理规划调度的能力，物流配送效率低，如何建立应急物流体系尤其重要。华能智链智慧物流平台在运输之前，可通过路径算法、调度算法等形成 AI 智能算法，根据订单价格、订单距离等特征，AI 会自主实现路径的最佳优化调整，根据运输路径自动匹配固定物流合作商。在物流合作商无法满足的情况下，观察这个订单所在的商圈的运力饱和度，根据订单与司机意愿的匹配程度进行优先推送的排序，从而提高物流运单的调度能力；在车辆运输途中，通过车载定位数据、车速数据等实时监控数据的更新，结合运单的收发货地结果预估数据，使运输过程实现过程可控、结果可预测。结合运输线路上的道路信息、天气数据、车联网设备获取的车辆状态数据，进行智能分析。物流中不可控因素都被排除在外，人为的、环境的、物候的影响都将被隔离，保证物流运输安全与运输质量；在物流准入、审核、结算等环节，通过数据建模、数据分析，形成平台标准化操作流程，以实时数据为导向，摒弃以人员组织和经验为主导的低效运营结构。

2. 建设统一的数据中心，打造"战疫"大脑

新冠疫情期间，华能智链积极发挥大数据多源性、海量性、广开放性等

技术特性，推出多项大数据服务，支撑驰援疫区和复工复产物资供应保障及运输决策。作为"战疫大脑中枢"，在采购环节，通过对品类采购数据、库存数据、交通数据等进行综合实时分析和查询；在物流环节，运用 RFID 技术、定位技术、5G 技术，实时采集物流运输数据，为客户提供仓储、配送全流程智慧物流解决方案；在金融环节，运用大数据建立风险数据库，对客户进行动态化的全面扫描，在提升风险防控数字化水平的基础上，精准赋能中小企业。

3. 搭建基于区块链技术的金融科技服务平台，为新冠疫情之下的中小企业开展供应链金融赋能

响应工信部印发的《关于应对新型冠状病毒肺炎疫情帮助中小企业复工复产共渡难关有关工作的通知》要求，平台进一步加强对中小企业的金融服务和创新支持，基于区块链技术，实现核心企业信用在链中的跨级传递，将高效、精准的融资服务传递到供应链更末层级的中小微供应商，化解其资金流动性压力，保障供应商复工复产的资金需求。

"能信"平台简化业务办理流程，对疫区钢铁、煤炭等物资生产、流通领域的中小微供应商加强业务支持，确保业务办理顺畅。通过云办公、云会议等形式高效沟通，实现在线申请、在线审批、在线放款，高效满足中小微供应商的金融需求。

四、PSC—DMM 应用

PSC—DMM 是辅助企业对其采购供应链数字化成熟度情况进行全面评价的有效工具。本工具的应用，有助于帮助企业准确衡量其采购供应链的数字化成熟度水平，明确企业采购供应链数字化所处的成熟度级别和发展阶段，发现、定位企业现存的短板和差距，并明确未来的优化提升方向。

（一）成熟度评价原则

1. 客观真实

采购供应链数字化成熟度评价工作的开展，应秉持客观公正的原则，在充分理解 PSC—DMM 模型基本逻辑和各项评价指标的分级标准基础上，紧扣企业实际情况，实事求是，既不高估也不低估，如实标识企业采购供应链数字化水平与成熟度，保障评价结果的客观真实。

2. 全面覆盖

采购供应链数字化成熟度评价工作应充分掌握本模型的评价体系，按照战略、行动、成效三个域及数字化战略等四个维度的指标设置，利用 PSC—DMM 评价工具，对企业采购供应链数字化的各个方面进行全面评价，评价内容应涵盖 PSC—DMM 中的各项评价指标，评价对象应覆盖企业集团总部及各分支机构。

3. 重点对标

PSC—DMM 模型的指标体系中，根据重要程度的不同，对指标分别设置了不同的权重，同时各指标的 E 档评分细则，为企业提供了该指标的最佳实践。企业在进行评价时，应着重透彻理解重点指标和高等级成熟度在本模型中的意义，基于组织现有的采购供应链数字化程度，找准并重点关注契合企业自身管理及业务特点的维度和指标成熟度层级，探索得到适合自身发展的提升路径。

4. 积极应用

各企业应充分发挥评价工作的价值作用，积极探索评价结果的应用。在获得评价结果和成熟度等级评定的基础上，结合本企业的采购供应链发展规划，进一步明确采购供应链数字化发展方向和目标，制定切实可行的采购供应链数字化改进提升计划，助力企业数字化转型成功。

（二）评价方式及流程

评价方式分为两种，一种是企业内部自评，另一种是第三方评价机构外部评价。企业自评时，宜邀请熟悉采购供应链管理及采购供应链数字化的外部专家参加。

PSC—DMM 评价流程如下：

a）制定工作计划。编制采购供应链数字化成熟度评价计划书，评价计划书的内容应包括评价对象、评价原则、时间安排、职责分工、程序步骤等。

b）组建评价小组。评价小组应由不少于 3 人的单数成员组成，至少应包括采购供应链管理专业人员、采购业务专家、信息技术专业人员。

c）收集证明材料。评价小组按评价计划书和 PSC—DMM 的每一个指标列出的"评价所需证明材料"要求，充分收集材料，包括文件、文档、数据，或进入相关信息系统获取系统能力证明等。

d）进行客观评价。评价小组对收集到的每一个指标的证明材料、数据或系统能力证明等进行详细梳理、分析，必要时可以对相关人员进行访谈，在准确把握每一个指标水平的基础上，按照"指标评分细则"对每一个指标分 5 档进行评价，分别判定企业采购供应链数字化水平在该三级指标上属于"A、B、C、D、E"中的哪一档，得出每个三级指标的评价结果。

e）计算评价得分。对评价结果中的 A、B、C、D、E 分别对应赋予 1 分、2 分、3 分、4 分、5 分的分值，即 Z_n 值，按照下述"评价得分计算"方法进行计算，算出每一个维度的分项得分和评价综合得分。

f）出具评价报告。评价报告内容应包括企业采购供应链数字化成熟度层级、问题分析、改进建议。

（三）评价得分计算

PSC—DMM 评价综合得分为四个维度分项得分之和，满分为 100 分。

PSC—DMM 评价综合得分按公式（1）计算：

式中：

$$T_{\text{PSC—DMM}} = \sum_{m=1}^{4} Y_m \tag{1}$$

式中：

$T_{\text{PSC—DMM}}$——企业 PSC—DMM 评价综合得分；

Y_m——各个维度得分。

各个维度得分为其所涵盖一级指标得分之和，按公式（2）计算：

$$Y_m = \sum_{j=1}^{n} X_j \tag{2}$$

式中：

Y_m——各个维度得分；

X_j——该维度所涵盖的各个一级指标得分。

各个一级指标得分为其所涵盖二级指标得分之和，按公式（3）计算：

$$X_j = \sum_{i=1}^{n} w_i \tag{3}$$

式中：

X_j——各个一级指标得分；

w_i——该一级指标所涵盖的各个二级指标得分。

各个二级指标得分为其所涵盖三级指标加权得分之和，按公式（4）计算：

$$w_i = \sum_{a=1}^{n} S_a \tag{4}$$

式中：

w_i——各个二级指标得分；

S_a——该二级指标所涵盖的各个三级指标加权得分。

各个三级指标加权得分，按公式（5）计算：

$$S_a = Z_n \times Q_n \tag{5}$$

式中：

S_a——各个三级指标加权得分；

Z_n——各个三级指标得分；

Q_n——各个三级指标所对应的权重。

（四）三级指标权重

三级指标权重如表 6 所示。

表 6 三级指标权重

一级指标	二级指标	三级指标	三级指标权重 Q_n
战略规划	战略与规划管理	总体战略与规划	16.0%
		数字化战略与规划	24.0%
		采购供应链数字化规划	40.0%
	目标与计划管理	企业数字化目标与计划	24.0%
		采购供应链数字化目标与计划	36.0%
体制保障	组织机构	采购供应链数字化领导机构	8.0%
		采购供应链数字化专责部门	8.0%
	制度与流程	采购供应链数字化制度建设	6.0%
		采购供应链数字化流程建设	6.0%
	人才储备与激励	采购供应链数字化队伍建设	6.0%
		采购供应链数字化人才激励措施	6.0%
机制和资源保障	执行机制保障	采购供应链数字化战略落地执行机制	18.0%
		采购供应链数字化战略执行评估机制	18.0%
	资源保障	采购供应链数字化预算与战略衔接	12.0%
		采购供应链数字化投资	12.0%
数智承载能力建设	数智支撑能力	数据治理能力	20.0%
		算法模型能力	20.0%
		数据洞察能力	16.0%
		数据穿透能力	18.0%
		数据共享能力	16.0%

续　表

一级指标	二级指标	三级指标	三级指标权重 Q_n
数智承载能力建设	数据标准化能力	采购主数据能力	20.0%
		数据资产化能力	16.0%
	数智协同能力	流程协同能力	18.0%
		数智监管能力	18.0%
		多端展示能力	18.0%
业务承载能力建设	采购需求计划管理数字化能力	采购需求管理数字化能力	14.4%
		采购计划管理数字化能力	14.4%
	采购寻源管理数字化能力	招标管理数字化能力	15.0%
		非招标管理数字化能力	15.0%
		商城直购数字化能力	15.0%
		价格管理数字化能力	15.0%
	供应商管理数字化能力	供应商准入与退出管理数字化能力	9.6%
		供应商评估与考核管理数字化能力	12.0%
		供应商分类与分级管理数字化能力	9.6%
	采购执行管理数字化能力	订单管理数字化能力	19.2%
		合同管理数字化能力	12.0%
		档案管理数字化能力	4.8%
	仓储物流与逆向物资处理数字化能力	出入库管理数字化能力	12.0%
		库存与储备管理数字化能力	19.2%
		物流配送管理数字化能力	7.2%
		废旧物资处置数字化能力	7.2%
	采购支撑管理数字化能力	在线支付与供应链金融数字化能力	12.0%
		模板管理数字化能力	12.0%
		专家管理数字化能力	7.2%
		场地管理数字化能力	7.2%
技术承载能力建设	多态适配能力	采购方式适配能力	10.0%
		采购规则适配能力	7.2%
		业务流程适配能力	7.2%
		审批流程适配能力	7.2%

续　表

一级指标	二级指标	三级指标	三级指标权重 Q_n
技术承载能力建设	敏捷持续能力	低代码开发能力	18.0%
		中台化能力	19.2%
		微服务能力	16.8%
		容器编排能力	14.4%
		持续集成能力	16.8%
	兼容扩展能力	内外互联能力	16.8%
		信创兼容能力	12.0%
		云原生能力	14.4%
安全防护能力建设	网络安全能力	防火墙防护能力	12.0%
		入侵检测能力	9.6%
		灾难恢复能力	12.0%
	系统安全能力	等级保护能力	12.0%
		访问控制能力	9.6%
		日志管理能力	9.6%
		系统运维能力	9.6%
	数据安全能力	数据采集安全能力	9.6%
		数据传输安全能力	9.6%
		数据存储安全能力	9.6%
		数据处理安全能力	9.6%
		数据销毁安全能力	7.2%
供应资源数字化应用	供应商全生命周期管理数字化应用	供应商准入数字化应用	26.0%
		供应商关系管理数字化应用	13.0%
		供应商退出数字化应用	13.0%
	供应资源协同数字化应用	供应资源计划协同数字化应用	13.0%
		供应资源订单协同数字化应用	13.0%
	供应资源绩效数字化应用	供应资源绩效策略数字化应用	13.0%
		供应资源绩效评价数字化应用	13.0%
	供应资源优化数字化应用	供应资源评审数字化应用	13.0%
		供应资源持续改进数字化应用	13.0%

续　表

一级指标	二级指标	三级指标	三级指标权重 Q_n
品类管理数字化应用	品类管理分析数字化应用	品类支出分析数字化应用	12.0%
		品类需求分析数字化应用	6.0%
		供应环境分析数字化应用	6.0%
	品类管理策略数字化应用	品类策略制定数字化应用	12.0%
		品类策略执行数字化应用	6.0%
	品类管理优化数字化应用	品类管理绩效数字化应用	12.0%
		品类管理持续改进数字化应用	6.0%
采购需求与计划数字化应用	采购需求管理数字化应用	采购需求收集数字化应用	20.0%
		采购需求预测数字化应用	20.0%
		采购需求预测绩效跟踪数字化应用	20.0%
	采购计划管理数字化应用	采购计划编制数字化应用	20.0%
		供应计划协同数字化应用	20.0%
采购寻源数字化应用	寻源策略管理数字化应用	品类寻源策略数字化应用	23.4%
		供应市场分析数字化应用	23.4%
		品类价格管理数字化应用	20.8%
	寻源执行与绩效管理数字化应用	采购寻源执行数字化应用	20.8%
		采购合同谈判数字化应用	20.8%
		寻源绩效管理数字化应用	20.8%
履约执行数字化应用	采购订单管理数字化应用	采购申请管理数字化应用	10.0%
		采购订单执行数字化应用	20.0%
		采购订单协同数字化应用	20.0%
		采购订单验收数字化应用	15.0%
		采购订单财务协同数字化应用	15.0%
	采购执行管理数字化应用	采购合同管理数字化应用	10.0%
		采购执行绩效管理数字化应用	10.0%
仓储、运输与废旧物资处置数字化应用	仓储数字化应用	收货入库管理数字化应用	15.0%
		内部作业管理数字化应用	15.0%
		库存与储备管理数字化应用	15.0%
		拣货出库管理数字化应用	10.0%

续　表

一级指标	二级指标	三级指标	三级指标权重 Q_n
仓储、运输与废旧物资处置数字化应用	运输数字化应用	运单管理数字化应用	20.0%
		运输计划与调度数字化应用	10.0%
		运费管理数字化应用	10.0%
	废旧物资处置数字化应用	废旧物资处置数字化应用	5.0%
质量管理数字化应用	质量策略管理数字化应用	质量管理策略数字化应用	14.0%
		质量管理流程数字化应用	10.0%
	质量事件管理数字化应用	质量事件过程协同数字化应用	10.0%
		质量事件结果处理数字化应用	6.0%
风险管理数字化应用	供应风险管理数字化应用	交付风险管理数字化应用	8.0%
		成本风险管理数字化应用	6.0%
		质量风险管理数字化应用	6.0%
	监管风险管理数字化应用	采购违法风险管理数字化应用	8.0%
		采购内控风险管理数字化应用	8.0%
		可持续性采购风险管理数字化应用	4.0%
数字化成效	采购供应链全业务在线率	业务全程在线率	40.0%
		组织上线率	40.0%
		品类上线率	40.0%
		供应商动态量化考核在线率	40.0%
	采购供应链数字化效能	采购供应链业务操作自动化水平	30.0%
		采购供应链集成协同化水平	40.0%
		采购供应链决策预测智能化水平	30.0%
产业数字化贡献	行业引领示范作用	数字化发展模式领先情况	30.0%
		采购供应链数字化标准制定情况	20.0%
	新业态培育创新	采购供应链数字化带动水平	17.6%
		网络协同制造带动水平	10.0%
		数字技术服务产业带动水平	12.4%
		数字经济生态带动水平	10.0%

（五）级别确定

企业采购供应链数字化成熟度层级的确定采用综合得分与专项得分相结合的方式。根据企业综合得分初步判定所处级别，再考核企业在业务数字化场景应用、数字化成效与贡献两个维度各自的得分是否符合初步判定级别要求，当同时满足综合得分与专项得分范围要求才可确定为该级别；如果企业在业务数字化场景应用、数字化成效与贡献任一维度中得分低于该级别的分值范围，则降低一个级别定级（见表7）。

表7   PSC—DMM 定级安排

级别		PSC—DMM Ⅰ	PSC—DMM Ⅱ	PSC—DMM Ⅲ	PSC—DMM Ⅳ	PSC—DMM Ⅴ
综合得分（分）		1~20（含）	20~45（含）	45~75（含）	75~90（含）	90~100
同时满足	业务数字化场景应用得分（分）	—	—	≥20	≥30	≥35
	数字化成效与贡献得分（分）	—	—	≥6	≥9	≥11

附录

工业和信息化部关于印发
"十四五"信息化和工业化深度融合发展规划的通知

工信部规〔2021〕182 号

各省、自治区、直辖市及计划单列市、副省级省会城市、新疆生产建设兵团工业和信息化主管部门，有关中央企业、行业协会，有关单位：

现将《"十四五"信息化和工业化深度融合发展规划》印发给你们，请结合实际，认真贯彻实施。

工业和信息化部

2021 年 11 月 17 日

信息化和工业化深度融合（以下简称两化深度融合）是信息化和工业化两个历史进程的交汇与创新，是中国特色新型工业化道路的集中体现，是新发展阶段制造业数字化、网络化、智能化发展的必由之路，是数字经济时代建设制造强国、网络强国和数字中国的扣合点。信息化是信息技术在国民经济各领域的应用，既是发展过程也是发展目的，信息化和工业化的融合既加速了工业化进程，也拉动了信息技术的进步。信息世界与物理世界的深度融合是未来世界发展的总趋势，两化深度融合顺应这一趋势，正在全面加速数字化转型，推动制造业企业形态、生产方式、业务模式和就业方式根本性变革。

为深入贯彻落实党中央、国务院关于深化新一代信息技术与制造业融合发展的决策部署，持续做好两化深度融合这篇大文章，根据《中华人民共和国国民经济和社会发展第十四个五年规划和2035年远景目标纲要》，编制本规划。

一、发展形势

"十三五"期间，通过政策制定、标准推广、工程实施、试点示范等系列举措，两化深度融合既推动了信息技术在制造业的广泛应用，也带动了信息技术产业的系统创新和蓬勃发展。两化深度融合"十三五"规划主要目标任务全面完成，以两化深度融合为本质特征的中国特色新型工业化道路更加宽广，步伐更加坚定，成效更加显著。一是融合发展政策体系不断健全。党中央、国务院先后出台《关于深化"互联网＋先进制造业"发展工业互联网的指导意见》《关于深化新一代信息技术与制造业融合发展的指导意见》等系列文件，融合发展顶层设计持续加强，推进机制日益完善。二是两化深度融合对传统产业提升作用显著。两化融合管理体系贯标持续推进，信息技术在制造业研发设计、生产制造、经营管理、运维服务等关键业务环节广泛应用，全国工业企业关键工序数控化率、经营管理数字化普及率和数字化研发设计工具普及率分别达52.1%、68.1%和73.0%，五年内分别增加6.7、13.2和11个百分点，制造业数字化转型不断加速。三是基于工业互联网的融合发展生态加速构建。我国工业互联网发展水平与发达国家基本同步，网络基础设施持续升级，标识解析体系基本建成，注册总量突破94亿，平台资源配置能力显著增强，设备连接数量超过7000万，行业赋能效果日益凸显，数字化管理、个性化定制、网络化协同、服务化延伸等融合发展新模式新业态蓬勃发展。四是融合发展基础设施不断夯实。建成全球规模最大的信息通信网络，开通5G基站超过70万个，5G商用部署初见成效，互联网协议第六版（IPv6）基础设施全面就绪，"蛟龙"下水、大飞机上天、北斗组网、高铁出海，关键领域核心技术、高端装备和重大短板攻关取得新进展。

"十四五"时期是建设制造强国、构建现代化产业体系和实现经济高质量发展的重要阶段，两化深度融合面临新的机遇和挑战。一是新一代信息技术处于加速创新的爆发期，两化深度融合面临新形势。新一代信息技术催生第四次工业革命，互联网、大数据、人工智能、区块链等新技术加速融合应用，数据要素赋能作用持续显现，正在引发系统性、革命性、群体性的技术突破和产业变革，不断催生融合发展新技术、新产业、新模式、新业态。二是全面建设社会主义现代化国家开启新征程，两化深度融合面临新任务。党的十九届五中全会提出 2035 年基本实现社会主义现代化的远景目标，并将"基本实现新型工业化、信息化、城镇化、农业现代化"（新四化）作为重要发展目标。"十四五"时期亟须通过两化深度融合，推动产业数字化和数字产业化，加快质量变革、效率变革和动力变革，赋能传统产业转型升级，壮大经济发展新引擎，为实现"新四化"提供有力支撑。三是世界正经历百年未有之大变局，两化深度融合面临新挑战。当前全球经贸环境日趋复杂，新冠疫情影响广泛深远，高端制造回流和中低端制造外迁对我国形成"双向挤压"。我国制造业仍面临低端供给过剩、高端供给不足、创新能力不适应高质量发展要求等诸多挑战，亟须深化新一代信息技术与制造业全要素、全产业链、全价值链融合发展，推进产业基础高级化、产业链现代化，促进国内国际双循环。

综合判断，我国两化深度融合发展仍处于走深向实的战略机遇期，正步入深化应用、加速创新、引领变革的快速发展轨道。"十四五"时期，要深刻认识并顺应当前国际国内形势，瞄准构建现代化产业体系的新目标，持续做好两化深度融合这篇大文章。

二、总体要求

（一）指导思想

坚持以习近平新时代中国特色社会主义思想为指导，深入贯彻党的十九大和十九届二中、三中、四中、五中、六中全会精神，立足新发展阶段，完整、准确、全面贯彻新发展理念，构建新发展格局，紧扣制造业高质量发展要求，以供给侧结构性改革为主线，以智能制造为主攻方向，以数字化转型为主要抓手，推动工业互联网创新发展，培育融合发展新模式新业态，加快重点行业领域数字化转型，激发企业融合发展活力，打造数据驱动、软件定义、平台支撑、服务增值、智能主导的现代化产业体系，全面推进产业基础高级化、产业链现代化，为实现"新四化"的战略目标奠定坚实基础。

（二）基本原则

坚持市场主导。发挥好市场在资源配置中的决定性作用，更好发挥政府在环境营造、生态构建中的政策引导作用，破解融合发展的体制机制约束，形成融合发展的市场化模式，促进供给和需求在更高水平上实现动态平衡。

坚持创新驱动。发挥新一代信息技术的创新活力，激发数据要素的转型动力，按照问题导向、应用牵引、系统突破的思路，着力补短板、锻长板，以集成创新加速产业变革、管理优化和战略转型，促进质量变革、效率变革和动力变革。

坚持系统推进。充分释放各方主体活力，发挥大型企业、龙头企业的标杆引领作用，打造资源富集、应用繁荣、产业进步、治理有序的平台化共建共享新生态，促进大中小企业、产业链上下游、跨行业跨领域融通发展。

坚持开放合作。通过新一代信息技术融合应用推动生产、分配、流通、消费各环节在国内市场实现良性循环，形成对全球资源要素的引力场，深化国际合作，构建互利共赢的开放合作新格局。

（三）发展目标

到 2025 年，信息化和工业化在更广范围、更深程度、更高水平上实现融合发展，新一代信息技术向制造业各领域加速渗透，范围显著扩展、程度持续深化、质量大幅提升，制造业数字化转型步伐明显加快，全国两化融合发展指数达到 105。

新模式新业态广泛普及。企业经营管理数字化普及率达 80%，企业形态加速向扁平化、平台化、生态化转变。数字化研发设计工具普及率达 85%，平台化设计得到规模化推广。关键工序数控化率达 68%，网络化、智能化、个性化生产方式在重点领域得到深度应用。

产业数字化转型成效显著。原材料、装备制造、消费品、电子信息、绿色制造、安全生产等重点行业领域数字化转型步伐加快，数字化、网络化、智能化整体水平持续提高。

融合支撑体系持续完善。新型信息基础设施建设提档升级，数字化技术快速进步，工业大数据产业蓬勃发展，工业互联网应用成效进一步显现，两化融合标准体系持续完善，产业基础迈向高级化。

企业融合发展活力全面激发。工业互联网平台普及率达 45%，系统解决方案服务能力明显增强，形成平台企业赋能、大中小企业融通发展新格局。

融合生态体系繁荣发展。制造业"双创"体系持续完善，产业链供应链数字化水平持续提升，带动产业链、创新链、人才链、价值链加速融合，涌现出一批数字化水平较高的产业集群，融合发展生态快速形成。

三、主要任务

（一）培育新产品新模式新业态

新型智能产品。支持制造企业与信息技术企业联合攻关，推动人工智能、5G、先进传感等技术的融合应用，培育工业级智能硬件、智能机器人、智能网联汽车、智能船舶、无人机、智能可穿戴设备、智能家居等新型智能产品。发展基于智能产品的场景化应用，加快智能产品在工业、交通、医疗、教育、国防科工、健康养老等重点行业领域应用推广，服务支撑产业转型升级和居民消费升级。

数字化管理。打通企业数据链，通过智能传感、物联网等技术推动全业务链数据的实时采集和全面贯通，构建数字化供应链管理体系，引导企业打造数字化驾驶舱，实现经营管理的可视化和透明化。鼓励企业基于生产运营数据重构战略布局、运营管理和市场服务，形成数据驱动的高效运营管理模式，提升智能决策、精益制造和精准服务能力。

平台化设计。依托工业互联网平台，实现高水平高效率的轻量化设计、并行设计、敏捷设计、交互设计和基于模型的设计，变革传统设计方式，提升研发质量和效率。发展平台化、虚拟化仿真设计工具，培育平台化设计新模式，推动设计和工艺、制造、运维的一体化，实现无实物样机生产，缩短新产品研发周期，提升产品竞争力。

智能化制造。提升企业信息技术应用能力，加快生产制造全过程数字化改造，推动智能制造单元、智能产线、智能车间建设，实现全要素全环节的动态感知、互联互通、数据集成和智能管控。推动先进过程控制系统在企业的深化应用，加快制造执行系统的云化部署和优化升级，深化人工智能融合应用，通过全面感知、实时分析、科学决策和精准执行，提升生产效率、产品质量和安全水平，降低生产成本和能源资源消耗。

网络化协同。促进企业间的数据互通和业务互联，推动供应链上下游企业与合作伙伴共享各类资源，实现网络化的协同设计、协同生产和协同服务。推广云化设计软件（CAX）、云化企业资源计划系统（ERP）、云化制造执行系统（MES）、云化供应链管理系统（SCM）等新型软件工具，共享设计模型、生产数据、用户使用信息、产品数据库等，基于工业互联网提升制造资源配置效率。

个性化定制。面向消费者个性化需求，发展客户需求分析、敏捷产品开发设计、柔性智能生产、精准交付服务等系统，增强用户在产品全生命周期中的参与度，实现供需精准对接和高效匹配。鼓励具有成熟经验和服务模式的个性化定制企业，基于自身个性化定制平台及模型库，培育形成一批集用户需求获取、研发设计、柔性生产、交付服务于一体的系统解决方案，加快大规模个性化定制模式的示范推广。

服务化延伸。推动工业企业产品供应和服务链条的数字化升级，从原有制造业务向价值链两端高附加值环节延伸，发展设备健康管理、产品远程运维、设备融资租赁、共享制造、供应链金融、总集成总承包等新型服务，实现从单纯出售产品向出售"产品＋服务"转变。鼓励工业领域工程服务商深化数字仿真、制造信息建模（MIM）等新技术应用，提升工厂建设和运维的数字化水平，实现从交钥匙工程向"工程建设＋运维服务"转变。

（二）推进行业领域数字化转型

原材料。面向石化化工、钢铁、有色、建材、能源等行业，推进生产过程数字化监控及管理，加速业务系统互联互通和工业数据集成共享，实现生产管控一体化。支持构建行业生产全流程运行数据模型，基于数据分析实现工艺改进、运行优化和质量管控，提升全要素生产率。建设和推广行业工业互联网平台，推动关键设备上云上平台，聚焦能源管理、预测性维护、安环预警等重点环节，培育和推广一批流程管理工业 APP 和解决方案。

装备制造。提升智能制造供给支撑能力，开展设计、工艺、试验、生产加工等过程中关键共性技术攻关和集成应用，加速工业技术软件化，攻克一批重大短板装备和重大技术装备。围绕机械、汽车、航空、航天、船舶、兵器、电子、电力等重点装备领域，建设数字化车间和智能工厂，构建面向装备全生命周期的数字孪生系统，推进基于模型的系统工程（MBSE）规模应用，依托工业互联网平台实现装备的预测性维护与健康管理。

消费品。实施"超高清视频 + 5G + AI + VR"融合创新应用工程，推动新技术产品在工业可视化、缺陷检测、产品组装定位引导、机器人巡检等消费品行业典型场景的创新应用。推动纺织服装、家具、家电等行业建设自动化、连续化、柔性化生产系统，支持食品、药品等行业建设产品信息追溯系统，基于工业互联网平台实现消费品行业的柔性生产和产需对接。开展基于消费数据的用户需求挖掘、产品研发、智能生产和数据增值等服务创新，推广大规模个性化定制、共享制造等新模式新业态，满足多样化、个性化消费升级需求。

电子信息。引导电子行业企业深化 5G、大数据、人工智能、边缘计算等技术的创新应用，提升软硬协同水平，加快发展人机协同装配、质量智能检测等新应用新模式。支持企业加强基于工业互联网平台的供应链协同管理，实现电子元器件采购、生产、库存、质量、物流等环节动态精准协同，优化全供应链资源配置效率，强化产业链上下游协同管控水平。面向电子信息产业集聚区，推动设计、制造、检测等设备和能力的平台化汇聚与共享，提升产业集群的协同发展和风险防范能力。

绿色制造。实施"互联网 +"绿色制造行动，引导企业应用新一代信息技术建设污染物排放在线监测系统、地下管网漏水检测系统、工业废水循环利用智慧管理平台和能源管理中心，开展资源能源和污染物全过程动态监测、精准控制和优化管理，推动碳减排，助力实现碳达峰、碳中和。加快绿色制造体系数字化，推进绿色技术软件化封装，培育一批数字化、模块化的绿色制造解决方案，推动成熟绿色制造技术的创新应用。建立工业领域生态环境保护信息化工程平台，聚焦重点行业重点产品全生命周期，加强部门间数据共享共治，构建资源能源和污染物公共数据库，提升资源能源管理水平。

安全生产。协同开展"工业互联网＋安全生产"行动，推动重点行业开展工业互联网改造，加快安全生产要素的网络化连接、平台化汇聚和智能化分析。建设国家工业互联网大数据中心安全生产行业分中心和数据支撑平台，分行业开发安全生产模型库、工具集，推进安全生产管理知识和经验的软件化沉淀。深化工业互联网融合应用，引导工业企业加快构建安全生产快速感知、全面监测、超前预警、联动处置、系统评估的新型能力体系。

（三）筑牢融合发展新基础

建设新型信息基础设施。加快5G规模组网建设及应用，制定重点行业5G发展计划，加快建成覆盖全国、品质优良、高效运行、全球领先的5G基础网络。完善工业互联网标识解析体系，推动5G、千兆光纤网络、IPv6、时间敏感网络（TSN）、软件定义网络（SDN）等新型网络技术在工业领域中的应用，加快工业企业内外网改造。构建工业互联网安全监测体系，实施工业互联网企业网络安全分类分级管理和贯标行动。建设国家工业互联网大数据中心体系，推动工业数据资源采集、传输、加工、存储和共享，构建跨区域、跨行业的工业大数据支撑服务体系。

提升关键核心技术支撑能力。通过融合应用带动技术进步，建设产学研用一体化平台和共性技术公共服务平台，开展人工智能、区块链、数字孪生等前沿关键技术攻关，突破核心电子元器件、基础软件等核心技术瓶颈，加快数字产业化进程。通过产品试验、市场化和产业化引导，加快工业芯片、智能传感器、工业控制系统、工业软件等融合支撑产业培育和发展壮大，增强工业基础支撑能力。支持企业构建具有自主知识产权的基础产品体系，利用好首台（套）重大技术装备保险补偿政策促进创新产品的规模化应用，发挥好税收优惠政策作用，加大信息技术创新产品推广力度，迭代提升软硬件产品和系统的就绪度、成熟度，提高产业链完整性和竞争力。

推动工业大数据创新发展。加快工业数据汇聚，开展工业数据资源调查，建立多级联动的国家工业基础大数据库和原材料、装备制造、消费品、电子信息等行业数据库。落实《工业数据分类分级指南（试行）》，开展企业数据管理能力成熟度评估国家标准贯标，提升企业数据管理水平。支持产业链上下游企业共建安全可信的工业数据共享空间，深化工业数据应用，激活数据要素潜能，发展数据驱动的新模式新业态，促进工业数据的价值提升。

完善两化深度融合标准体系。建立健全两化深度融合标准体系，依托全国两化融合管理标委会（TC573）、科研院所、联盟团体等各类专业技术组织，开展两化融合度、两化融合管理体系、数字化转型、工业互联网、信息物理系统（CPS）、数字孪生、数字化供应链、设备上云、数据字典、制造业数字化仿真、工业信息安全等重点领域国家标准、行业标准和团体标准制修订工作。加强两化融合度等关键标准的宣贯推广，组织开展两化融合度评估，明确不同融合度企业的发展重点和提升路径，引导企业逐级或跨级提升信息技术融合应用水平。

（四）激发企业主体新活力

培育生态聚合型平台企业。培育具有竞争力的工业互联网平台企业，建设一批跨行业跨领域的综合型平台、面向重点行业和区域的特色型平台以及面向特定技术和场景的专业型平台，强化工业大数据开发、制造资源配置和解决方案汇聚能力，加快工业知识的沉淀、传播和复用，打造基于平台的制造业新生态。促进平台间互联互通，通过制定平台间数据迁移标准，探索工业机理模型、微服务、工业APP的跨平台部署和调用机制，实现平台间的数据互通、能力协同与服务共享。

专栏1 工业互联网平台体系建设

发展跨行业跨领域综合型平台。建设覆盖原材料、装备制造、消费品、电子信息等多个行业以及研发设计、生产制造、运维服务等多个领域的综合型平台，提供工业资源集聚共享、工业数据集成利用、工业生产与服务优化创新等服务。

建设面向重点行业和区域的特色型平台。聚焦数字基础好、带动效应强的重点行业，面向制造资源集聚程度高、产业转型需求迫切的区域，建设面向重点行业和区域的特色型平台，发挥平台的知识沉淀转化和资源协同配置作用，为行业转型升级和区域协调发展提供带动作用。

培育特定技术领域的专业型平台。围绕特定工业场景，聚焦云仿真、设备上云、大数据建模等特定技术领域建设专业型平台，开展前沿技术与工业机理模型融合创新应用。

打造示范引领型骨干企业。支持企业利用新技术新应用进行全方位、全角度、全链条改造，培育一批创新能力强、品牌影响力突出的融合应用领军企业。充分发挥行业骨干企业的标杆引领作用，鼓励企业基于技术和产业优势，开展新技术新产品新模式先行先试，培育先进的行业系统解决方案，提升专业化服务能力。支持骨干企业建立技术开发与创新应用的紧密协作关系，推动行业系统解决方案复制推广，引领行业整体转型升级。

壮大"专精特新"中小企业。实施中小企业创新能力和专业化水平提升工程，孵化百万家创新型中小企业，培育十万家省级"专精特新"中小企业、万家专精特新"小巨人"企业。开展中小企业数字化赋能专项行动，培育推广一批符合中小企业需求的数字化产品和服务，降低中小企业数字化转型成本。鼓励大型企业通过开放平台等多种形式与中小企业开展互利合作，聚焦产业优势领域和产业链关键环节精耕细作，推动产业链上中下游、大中小企业融通创新。

发展专业化系统解决方案提供商。面向制造业数字化、网络化、智能化转型需求，培育系统解决方案提供商，提供规划设计、开发实施、集成应用、诊断咨询、运行维护等服务。聚焦新技术应用、特定场景优化、企业整体提升等需求，培育技术型、专业型、综合型等系统解决方案提供商。鼓励地方建设解决方案资源池，通过服务券等方式加速优质解决方案的应用推广，降低企业数字化转型门槛。

（五）培育跨界融合新生态

推动产业链供应链升级。推动数据赋能全产业链协同转型，深化应用5G、互联网、大数据、区块链等新一代信息技术，重构产业链的结构、流程与模式，强化产业链全渠道智能管控和动态优化，促进产业链向产业网络转型，增强产业链的自适应、自修复能力，提升产业链稳定性和竞争力。推动供应链全链条云端协同，引导上下游企业加强供应链数字化管理和一体化协同，基于平台开展协同采购、协同制造和协同配送，推动企业健全供应链安全管理体系，打造敏捷高效、安全稳定的数字化供应链和供应链网络。深化互联网、区块链等新技术应用，推动国际产能合作，加快重点企业产业链国际化，助力我国企业深度融入全球产业体系。

推进产业集群数字化转型。支持产业集群加快通信网络、数据中心、能源管控中心等数字化基础设施的建设完善和共建共享，实现资源在线化、产能柔性化和产业链协同化，提升产业集群综合竞争力。引导集群企业"上云上平台"，依托工业互联网平台实现制造能力的在线发布、协同和交易，优化制造资源配置效率，促进集群企业高端化、智能化、绿色化改造转型。创建一批工业互联网示范区，打造工业互联网产业示范基地和应用创新推广中心，加速工业互联网技术攻关和成果推广，打造工业互联网发展高地。

深化产学研用合作。加强产学研用合作，健全以企业为主体、产学研用协同的创新体系，支持企业牵头建设国家制造业创新中心，培育一批具有原始创新能力的技术策源地，加速科技研发与科技成果应用的双向迭代。完善产业与金融合作机制，探索建立基于生产运营数据的征信机制和融资模式，引导资本市场加大对数字化转型、工业互联网等领域的投资力度。夯实产教融合基础，支持信息技术"新工科"建设，完善校企合作机制，鼓励通过开展联合办学、建设实训基地等方式加强两化深度融合领域人才培养，依托国家重大人才工程加大对融合发展领军人才支持力度。

提升制造业"双创"水平。推进制造业"双创"与工业互联网协同发展，打造基于工业互联网平台的"双创"体系，加快研发、制造、管理、商务、物流、孵化等创业创新资源数字化改造、在线化汇聚和平台化共享，发展平台经济、零工经济等新业态，打造制造业"双创"升级版。坚持以人为本，鼓励企业建立以贡献为标准的薪酬制度和绩效考核机制，充分激发员工的积极性、主动性和创造性，增强企业创新活力。

四、重点工程

（一）制造业数字化转型行动

制定制造业数字化转型行动计划。建立健全部际协同、部省联动的工作推进机制，推动形成市场主导、政府引导、行业参与、企业主体、产学研用协同推进的制造业数字化转型工作格局。

制定重点行业领域数字化转型路线图。构建制造业数字化转型评估评价体系，制定推广企业数字化转型系列实施指南和工具集，推动原材料、装备制造、消费品、电子信息、绿色制造、安全生产等重点行业领域加快数字化转型。

构建制造企业数字化转型能力体系。组织开展新一代信息技术与制造业融合发展试点示范，重点提升融合管理、数据贯通、软件开发、智能应用和安全防护等新型能力，引导企业发展数字化管理、平台化设计、智能化制造、网络化协同、个性化定制、服务化延伸等新模式。

专栏 2	重点行业数字化转型重点
重点行业	数字化转型重点
钢铁	聚焦设备维护低效化、生产过程黑箱化、下游需求碎片化、环保压力加剧化等痛点，以工艺优化为切入点，加速向设备运维智能化、生产工艺透明化、供应链协同全局化、环保管理清洁化等方向数字化转型。
石化化工	聚焦设备管理不透明、工艺知识传承难、产业链上下游协同水平不高、安全生产压力大等痛点，以设备智能管控为切入点，在设备健康管理、智能炼化生产、供应链协同、安全监控等方向开展数字化转型。
煤炭	聚焦环境污染大、生产风险高、设备管理难等痛点，以安全生产为切入点，围绕生产、管理、物流、维护等环节，推动产业向智能化、无人化、绿色化等方向加速数字化转型。
航空航天	聚焦数据源差异大、模型适配性差、管理调整能力差、故障预测能力差等痛点，以网络化协同为切入点，从整合研发资源、重构生产范式、变革管理模式、提升维护效率等方向进行数字化转型。
船舶	聚焦优化提升船舶设计、研发、生产、管理到服务的全链条质量效益，以网络化协同和服务化延伸为切入点，从设计协同化、制造智能化、管理精益化、融资在线化、产品服务化等方向进行数字化转型。
汽车	聚焦设计周期长、下游需求个性化、售后服务低效化等痛点，以规模化定制生产为切入点，加速向研发协同化、生产柔性化、产供销协同化、制造服务化等方向数字化转型。
工程机械	聚焦资源调配效率低下、机械设备运维困难、金融生态不完善等痛点，以设备健康管理为切入点，加速向设备运维智能化、经营管理精益化、生产制造服务化等方向数字化转型。
家电	聚焦生产智能化水平低、供应链协同效率低、行业营收增速放缓等痛点，以个性化定制为切入点，加速向生产方式柔性化、经营管理平台化、产品服务生态化等方向数字化转型。
电子	聚焦新产品生产周期长、设备管理精度不够、劳动力较为密集等痛点，以设备智能为切入点，在设备健康管理、智能化生产、产品质量检测、供应链协同等方面开展数字化转型。

（二）两化融合标准引领行动

开展两化融合度标准制定与评估推广工作。组织制定两化融合度标准，明确企业在不同融合度等级下信息技术融合应用的准则和水平，组织开展企业两化融合度贯标，通过融合度对企业自动化、数字化、网络化、智能化水平进行评估，引领企业形成两化融合能力，拉动企业提高融合度等级。

打造两化融合管理体系贯标升级版。引导地方政府、央企集团、行业组织等创新开展两化融合管理体系试点示范与分级贯标评定，加快两化融合管理体系在重点领域和优势产业全覆盖，以及在中小企业集群的规模化普及。

健全标准应用推广的市场化服务体系。建设完善两化融合标准化公共服务平台，开发两化融合自动化贯标工具，提供贯标全流程服务，持续提升贯标的市场化服务能力与质量。

（三）工业互联网平台推广工程

完善工业互联网平台体系。培育综合型、特色型、专业型平台，引导跨行业跨领域平台汇聚更广范围生产要素资源，面向原材料、装备制造、消费品、电子信息等重点行业及产业集聚区建设行业和区域特色平台，建设云仿真、数字孪生、数据加工等技术专业型平台。

加快工业互联网平台融合应用。围绕技术融合、集成应用、模式创新等重点方向，遴选优秀试点示范项目，组织开展工业互联网平台赋能深度行、"工业互联网＋园区"等宣贯活动，培育和推广"平台＋产品""平台＋模式""平台＋行业/区域"等创新解决方案。

组织开展平台监测分析。完善平台数据字典，开展平台基础能力、运营服务、产业支撑等数据自动化采集，研发平台监测分析模型，编制发布工业互联网平台发展指数和工业互联网平台应用数据地图。加强对重点工业互联网平台、APP 的安全检测评估，开展监测预警、信息共享和协同处置，提升工业互联网平台安全防护能力。

（四）系统解决方案能力提升行动

打造系统解决方案资源池。分行业、分环节培育形成设备监测预警、精益研发、精益生产、产业链协同等一批高价值行业解决方案，支持打造解决方案资源池，有效提升行业系统解决方案专业化、集成化水平。

培育推广工业设备上云解决方案。聚焦高耗能设备、通用动力设备、新能源设备、智能化设备等重点设备，加快优质设备上云解决方案培育，持续完善设备上云标准体系和评估指标，探索发布设备上云绩效榜单和相关指数，引导企业有序规范推动设备上云。

健全完善解决方案应用推广生态。围绕规划设计、开发实施、集成应用、诊断咨询、运行维护等综合服务需求，加快打造一批系统解决方案提供商，推动解决方案提供商与工业软件、智能装备企业融通发展，打造供需精准对接、各方协同共赢的良好生态。

专栏3　重点工业设备上云		
重点工业设备	痛点问题	潜在应用场景
炼铁高炉	设备管理低效、环保管理粗放、生产过程不透明、设备互联水平低	健康管理、绿色生产、生产工艺优化、产线协同管控
工业锅炉	锅炉能效管理粗放、燃烧状态不透明、安全隐患高	能效管理、燃烧管控、健康管理
石化化工设备	设备能耗高、安全风险高、停机损失大、操作难度大	节能降耗、安全预警、预测维护、模拟操作
柴油发电机	核心设备依赖进口、设备服役工况复杂、设备易故障、污染排放	智能研发、在线管理、智能维修、智能生产
大中型电机	利用效率低、维护成本高、安全风险大、能耗成本高	状态监测、故障预警、智能运维、能耗优化
大型空压机	运行监控困难、能耗管理粗放、隐患后果巨大	运维管控、设备节能优化、后市场服务运维
风电设备	风电数据采集困难、设备运维成本高昂、风场管理效率低下	虚拟风场设计、设备预测维护、风场管理优化

重点工业设备	痛点问题	潜在应用场景
光伏设备	运营效率低成本高、能源利用率不稳定、安全运行隐患巨大	全景式监控、智能化分析、数字化管理
工程机械	设备故障情况多发、施工效率低下、金融体系不完善	远程运维、智慧施工、融资租赁
数控机床	设备运维成本高、设备利用效率低、生产管理即时性差、设备改造升级困难	生产能力共享、刀具智能运维、企业运营决策

（五）产业链供应链数字化升级行动

制定和推广供应链数字化管理标准。组织制定供应链数字化管理指南等关键亟需标准，面向航空、电子、汽车等重点行业开展贯标试点，以标准引领企业导入供应链数字化工具和解决方案，提升供应链数字化管理能力。

提升重点领域产业链供应链数字化水平。面向电子、医疗、工程机械等重点产业，引导行业组织、科研院所、龙头企业等深化大数据、区块链、工业互联网等技术应用，提升产业链供应链数字化水平，增强产业链供应链协同运作的精准性和敏捷性。

加快发展工业电子商务。引导大型制造企业采购销售平台向行业电子商务平台转型，提高企业供应链协同水平。引导第三方工业电子商务平台向网上交易、支付结算、供应链金融、大数据分析等综合服务延伸，提升平台运营服务能力。

五、保障措施

（一）健全组织实施机制

强化部际、部省、央地间协同合作，统筹推进工业互联网创新发展、制造业数字化转型、智能制造、工业大数据发展等重点工程和行动计划。各地要结合实际制定出台配套政策规划，落实规划总体要求、目标和任务，打好政策"组合拳"。发挥科研院所、行业组织、产业联盟等多元主体的桥梁作用，明确职责分工，强化协同联动。优化完善两化深度融合发展监测分析、绩效评估和监督考核机制，定期开展规划实施的跟踪评估工作，确保规划有效落实。

（二）加大财税资金支持

充分利用重大专项、制造业转型升级基金等机制，加大对数字"新基建"、工业互联网平台建设推广、两化深度融合共性技术研发及产业化等工作的财政支持。鼓励有条件的地方按照规定设立专项资金，探索建立多元化、多渠道社会投入机制，加强对中小企业数字化转型的资金扶持。落实好税收优惠政策，为制造企业创造良好发展环境。

（三）加快人才队伍培养

会同研究院所、行业组织协同推动两化深度融合、工业互联网、数字化转型等领域国家人才的培养，加快建立多层次、体系化、高水平的人才队伍。依托工业互联网平台工程实训基地、应用创新推广中心和创新合作中心等创新载体，打造产学研融合、区域协调联动和公益商业配合的人才培养模式。鼓励企业创新激励机制，建立适应两化深度融合发展需求的人事制度、薪酬制度和评价机制，完善技术入股、期权激励等人力资本收益分配机制，充分激发人力资本的创新潜能。

（四）优化融合发展环境

建立部门间高效联动机制，依托互联网平台、大数据平台等，推动跨部门、跨层级、跨区域的数据共享和流程互通，持续强化融合发展推进合力。放宽新产品、新模式、新业态的市场准入限制，清理制约人才、资本、技术、数据等要素自由流动的制度障碍，强化竞争政策的基础性地位。推动相关行业在技术、标准、政策等方面充分对接，强化知识产权保护，打造有利于两化深度融合的外部环境。多形式开展宣传推广和培训交流，提升政府、企业、行业组织、科研院所等各类参与主体对两化深度融合的认识水平，强化互联网思维、大数据思维，增强利用新一代信息技术创新各项工作的本领。

（五）加强国际交流合作

充分利用双多边国际交流合作机制，深化两化深度融合、工业互联网、开源软件、供应链金融等领域的国际合作，加强国际标准化工作，开展知识产权海外布局。扩大制造业对外开放，鼓励外资企业在境内设立研发机构。落实"一带一路"倡议，支持优秀企业、产品、技术全球化协作，加强融合发展"中国方案"的国际推广。